Auf dem größten Misthaufen wachsen die schönsten Blumen

von Wanda Fröhlich

Auf dem größten Misthaufen wachsen die schönsten Blumen

Wanda Fröhlich

Autobiografie

Impressum

Bibliografische Information der Deutschen Nationalbibliothek:
Die Deutsche Nationalbibliothek verzeichnet diese Publikation in der Deutschen
Nationalbibliografie; detaillierte bibliografische Daten sind im Internet über
http://dnb.dnb.de abrufbar.

Herstellung und Verlag: BoD – Books on Demand, Norderstedt

ISBN: 978-3-7543-2257-4

Inhaltsverzeichnis

1. Einleitung

Zu Beginn dieses Buches möchte ich mich gerne einmal vorstellen. Ich bin Wanda, 32 Jahre alt und lebe mit meinem Mann in einem kleinen Häuschen in meiner alten Heimat. Mit 19 bekam ich die Diagnose „Bulimia nervosa", mit 21 die Diagnose „Borderline Persönlichkeitsstörung". Ich habe sehr viele Therapien gemacht, sowohl ambulant als auch stationär. Ich war in der Psychiatrie, habe in einer betreuten Wohneinrichtung gelebt und zwischenzeitig den Glauben an mich fast verloren.

Mittlerweile kann ich mit Stolz sagen, dass ich das erste symptomfreie Jahr hinter mir habe, dass ich seit sechs Jahren nicht mehr in der Klinik war und ich keine Tabletten mehr zur Unterstützung benötige.

Schon seit fast sechs Jahren arbeite ich wieder als Heilerziehungspflegerin in einem Wohnheim, habe einen tollen Mann an meiner Seite und fühle mich in meiner Umgebung bei meiner Familie und meinen Freunden sehr wohl.

Ich habe schon lange den Traum, ein Buch zu veröffentlichen und ich freue mich, dass ich jetzt endlich wieder daran arbeite.

In meiner schwierigen Phase habe ich gerne Autobiografien gelesen. Vor allem von Menschen, die eine ähnliche Problematik hatten wie ich. Mir hat das das Gefühl gegeben, nicht alleine zu sein.

Ich möchte anhand meiner Geschichte zeigen, wie sich eine Essstörung entwickeln kann. Und vor allem, wie schnell man in diesem Strudel ist, der einen immer weiter herunterzieht. Ich habe es selbst nie für möglich gehalten, dass gerade mir so etwas passiert.

Ein ganz großes Bedürfnis ist es mir, Mut zu machen. Ich habe den Mut an gewissen Punkten in meinem Leben fast verloren. Leider hatte ich auch mit PsychologInnen und SozialarbeiterInnen zu tun, die nicht daran geglaubt haben, dass ich es schaffen kann. Sie haben nicht geglaubt, dass ich jemals wieder arbeiten, Beziehungen aufbauen und am „normalen Leben" teilhaben kann.

Lasst euch von mir sagen, dass es **immer** einen Weg gibt. Vielleicht mit Umwegen, Sackgassen, Einbahnstraßen – aber es gibt Wege aus dieser Erkrankung.

Ich hatte das große Glück, dass neue Menschen in mein Leben kamen, die immer ein bisschen Mut für mich mit hatten – bis ich ihn selber hatte.

Ich habe gekämpft und es hat sich gelohnt. Mehr dazu in meiner Geschichte.

Bevor ich damit beginne, möchte ich sagen, dass ich in einer wunderbaren Familie aufgewachsen bin. Ich habe die tollsten Eltern und die besten Geschwister, die man sich vorstellen kann. Ich bin als viertes Kind der Familie auf die Welt gekommen. Meine Eltern haben uns mit Liebe großgezogen und haben uns wunderbare Werte wie Mitgefühl, Optimismus, Wertschätzung und Zuversicht vermittelt – um nur einige zu nennen. Wir haben mit der Familie wunderbare Reisen gemacht, ich habe bereits in jungen Jahren viel von der Welt gesehen. Ich bin schon sehr früh selber lange Radtouren gefahren und konnte stolz auf mich sein. Wir waren eine aktive Familie mit viel Spaß und gemeinsamer Zeit.

Mir ist es wichtig, dies im Vornherein zu sagen – meine Beschreibungen aus meinem Leben klingen teilweise sehr traurig, hart und einsam. Es ist nicht so, dass alles schlecht war. Ich hatte sehr viele, sehr schöne Momente. Ich konzentriere mich in diesem Buch nur auf die Zeiten im Leben, auf die ich aus meiner jetzigen Sicht zurückschaue und mir denke „Ach, du kleine Maus, was war los mit dir?" Des Weiteren ist es mir wichtig, Momente zu beschreiben, die zeigen, wie früh die Gedanken um die Ernährung und das Gewicht bereits ein Thema in meinem Leben waren. Ich möchte in diesem Buch darstellen, wie sich meine Essstörung entwickelt hat. Ebenfalls möchte ich zeigen, wie früh ich bereits mit Selbstschädigungen begonnen habe. Was waren Auslöser dafür? Was lief in meinem Kopf ab?

Es gibt in diesem Zusammenhang keinen „Schuldigen", niemanden, der etwas falsch gemacht hat. In der Rückschau gibt es eine Menge an ungünstigen Verkettungen. Und vor allem gibt es viele Aussagen, Handlungen und Umgehensweisen mit mir, die ich falsch bewertet habe. Ich habe oft in meinem Kopf etwas ganz Eigenes draus kreiert.

Hierzu zähle ich jedoch nicht die Aussagen von Menschen, die aus Böswilligkeit über mich und mein Gewicht hergezogen haben. Manchmal waren es sogar Menschen, die mich nicht einmal kannten. Da frage ich mich tatsächlich manchmal, ob es Dummheit, schlechter Humor oder der schlechte Mensch in ihnen war.

In dem ersten Teil dieses Buches beschreibe ich mein Leben in Anlehnung an Tagebucheinträge. Ich beginne in der Grundschule. Ab diesem Zeitpunkt habe ich genauere Erinnerungen.

Ab der Ausbildungszeit sind originale Tagebucheinträge dabei. Ich habe diese teilweise mit Monatsangaben gemacht, da ich es sehr spannend finde, wie schnell sich Meinungen, Vorhaben und Ideen verändern können.

Im zweiten Teil des Buches möchte ich die Bulimie, das restriktive Essen und die Selbstverletzungen anhand von Tagesbeispielen darstellen und erläutern.

Im Anschluss daran werde ich die einzelnen Zeitabschnitte meines Lebens noch einmal mit jetzigem Blick und meinen bisherigen Erfahrungen beleuchten.

An die Zeit vor der Grundschule habe ich kaum Erinnerungen. Wenn ich mir Fotos aus diesen Zeiten anschaue, würde ich mich als naturverbunden, lebensfroh und humorvoll beschreiben. Meine Eltern beschrieben mich mit folgenden Worten „Du warst eine kleine süße Maus, eine liebenswerte Kratzbürste … selbstbewusst, selbstständig, witzig, klug …".

Den Fotos nach zu urteilen ist mein Gewicht in den ersten Lebensjahren immer hoch und runter gegangen. Auf den Bildern ist es auffällig, dass es ab der Grundschule eher permanent „zu viel" ist.

Ich wünsche euch viel Spaß bei der Reise durch mein Leben.

In meinem Buch habe ich alle Personen und Orte umbenannt, um die Menschen und Einrichtungen, die in dem Buch eine Rolle spielen, zu schützen.

Mir ist es wichtig, zu sagen, dass einige meiner Einträge Betroffene triggern können. Bitte achtet beim Lesen darauf, dass es euch nicht schlecht damit geht und legt das Buch weg, falls es der Fall ist. Vor allem die Kapitel, in denen ich die verschiedenen Krankheiten beschreibe, können schwierig sein.

2. Grundschule 1995 - 1999

Wir lernen jetzt schreiben. Ich bin ganz stolz, dass ich mit beiden Händen die ersten drei Buchstaben schreiben kann. Heute hat Frau Heinz gesagt, dass ich mich für eine Hand entscheiden soll. Ich brauchte ein bisschen Zeit. Bei den nächsten zwei Reihen, die wir schreiben sollten, habe ich geguckt, mit welcher Hand die anderen Kinder schreiben. Ganz viele Kinder haben mit der gleichen Hand geschrieben. Ich bin anders als die anderen Kinder und will etwas Besonderes sein, deswegen schreibe ich jetzt mit der anderen Hand.

Ich freue mich so sehr, dass ich zusammen mit Falk eingeschult wurde. Er ist wirklich mein bester Freund. Seitdem er ganz klein ist, ist er immer bei uns zu Hause. Seine Mama ist eine gute Freundin von meiner Mama. Sie arbeitet sehr viel und deswegen können wir immer zusammen spielen. Nach der Schule kommt er mit zu uns nach Hause.

Morgen haben wir wieder Sport. Ich habe Angst davor, dass wir wieder Völkerball oder Fußball spielen. Das ist immer so, dass die ganze Klasse an der Wand sitzt und zwei Kinder dürfen sich Leute aussuchen, mit denen sie in einer Mannschaft spielen wollen. Als Erstes werden die Dünnen wie Alina und Birte gewählt - ich sitze immer als Letzte da. Dann werde ich in die Gruppe genommen, in der weniger Kinder sind – und das oft mit einem Seufzer und dem Satz „Naja, dann nehmen wir halt noch Wanda". Ich will keinen Sport mitmachen, weil ich so schlecht darin bin. Sogar meine Freundinnen wählen mich als Letzte. Das ist traurig. Irgendwie versuche ich es immer, dass ich nicht mitmachen muss.
Heute bin ich mit Inga *(meiner Schwester)* mit nassen Haaren und T-Shirt Fahrrad gefahren (sie schreibt morgen ein Diktat), aber ich habe noch keine Halsschmerzen. Letzte Woche vor dem Sport habe ich meinen Turnbeutel versteckt. Ich habe gesagt, dass er mir geklaut wurde. Mein Papa ist ja Chef in der Schule und kümmert sich dann um mich. Nach der Sportstunde habe ich den Sportbeutel auf dem Flur von den Hauptschülern „wiedergefunden", wo ich ihn vorher

hingeworfen habe. Leider musste ich auf Socken mitmachen.

In der Schule sammeln wir jetzt alle Diddle-Blätter. Ich habe nicht verstanden, warum Alina und Birte die zusammen sammeln und ich nicht mitmachen darf. Vielleicht sind die nicht so gerne mit mir zusammen, weil ich so dick bin?
Ich freue mich, habe ein neues Diddle-Blatt mit einer Zitrone... jetzt wollen alle mit mir tauschen!

Heute hatten wir Musik, das hat Spaß gemacht. Frau Heinz hat den Musikschrank nicht abgeschlossen. Irgendwie wollte ich, dass sich jemand um mich kümmert. Ich habe meine Jacke in der Trommel im Schrank versteckt und gesagt, sie wurde geklaut. Papa hat gesagt, dass er morgen die Lehrer fragt, ob jemand etwas gesehen hat. Jetzt habe ich ein bisschen Angst und werde sie morgen in der großen Pause da wieder rausholen. In den Pausen stehe ich sowieso alleine da.

Ich verstehe gar nicht, was mit mir los ist. Mark *(mein Bruder)* meinte heute zu mir, dass ich bestimmt im Krankenhaus vertauscht worden bin. Ich weiß nicht, was an mir anders ist, aber irgendwie merke ich ebenfalls, dass da was nicht stimmt. Deswegen habe ich mich heute auch gefreut, als eine Frau beim Supermarkt gesagt hat, dass ich aussehe wie Mama. Ich weiß gar nicht, ob das so einfach geht, dass Kinder im Krankenhaus vertauscht werden?
Jetzt sind wir im Urlaub. Wir haben eine lange Fahrradtour gemacht. Ich hatte zwischendurch keine Lust mehr und habe mein Fahrrad weggeschmissen. Das war wirklich ein Scheiß-Pipi-Pup-Kack-Weg. Immer bin ich ganz hinten gefahren, alle anderen waren so schnell. Papa war wirklich lieb und hat mich dann ein bisschen geschoben. Heute Abend gab es leckere Pizza. Das ist so toll an unseren Fahrradtouren - wir gehen dann immer Essen. Sport machen wir ja auch, da haben wir es uns verdient. Ich habe nur Angst, dass ich, wenn wir zu Hause sind, nicht abgenommen habe. Wir haben uns alle vorher gewogen, um zu gucken, wer wie viel abgenommen hat.

Meistens bin ich schlecht darin. Vielleicht liegt das an den Süßigkeiten?

Ich kann zwar noch nicht so gut Englisch, aber es ist jetzt ein Lied auf der neuen Bravo Hits, das ist von Emilia. Ich habe das heute bestimmt schon sechsmal gehört. Meine Familie bewundert mich immer, dass ich die Liedtexte so gut auswendig kann. Das liegt bestimmt daran, dass ich die Lieder immer so oft höre. Manchmal nerve ich glaube ich meine Familie damit auch ein bisschen. Das Lied von Emilia ist schön, aber auch traurig. Das, was sich immer wiederholt ist „Ich bin ein dickes, dickes Mädchen in einer dicken, dicken Stadt". Das mit der dicken Stadt verstehe ich nicht. Heute saß ich wieder vor meinem kleinen Schrank und wollte aufräumen. Nachdem ich alles aus der Schublade rausgeschmissen habe, hatte ich keine Lust mehr. Ich wollte es eigentlich ordentlich machen. Da saß ich in meinem großen Haufen und habe weinend mitgesungen - irgendwas singt sie auch noch davon, verlassen zu werden.

I'm a big big girl, in a big big world, It's not a big big thing if you leave me

Ein Lied, das ich noch sehr gut finde, ist das von der Kelly Family, bei denen waren wir letztens auf einem Konzert, das war eine richtige Überraschung. Wir durften alle unsere Kelly-T-Shirts anziehen und Mama hat uns eine Leuchtlampe gekauft. Das Lied, das ich meine, singen sie ziemlich oft. Der Text geht ungefähr so: ´I wish I were in danger´ (*Ich habe damals „danger" verstanden, eigentlich heißt es „angel"*). Ja, manchmal wünsche ich mir auch, dass ich in Gefahr bin - dann würden sich alle um mich kümmern.

Heute hat in der Schule schon wieder einer von den Hauptschülern etwas zu meinem dicken Bauch gesagt. Das macht mich so traurig. Ich habe das Mama und Papa erzählt - vielleicht ist es wirklich besser, wenn ich mehr darauf achte, dass ich nicht so viele Süßigkeiten esse. Ich nehme jetzt wieder ab.

Ich habe schon wieder meine Finger angespitzt und Mama und Papa erzählt, dass der aus Versehen in den Anspitzer gekommen ist. Die beiden haben sich dann um den Finger gekümmert - der sieht echt schmerzhaft aus.

Wenn ich Rücken, Knie oder Bauchweh habe, sagen sie immer, dass es daran liegt, dass ich mich zu wenig bewege oder zu viel esse - deswegen sage ich das nicht mehr. Halsschmerzen und die Sache mit dem Finger sind ganz gut, dann achten die beiden auf mich, aber sagen nichts zu meinem Gewicht.

Ich weiß nicht, was ich machen soll. Ich bin so traurig. Wir waren heute bei Oma und Opa. Ich bin wirklich gerne da, aber es ist so ungerecht. Alle bekommen immer Schokolade - alle die, die sie am liebsten mögen, und ich darf mir Äpfel nehmen. Nur weil ich dick bin. Ich versuche doch schon immer alles. Ich esse abends nur noch Obst, aber dann bekomme ich auf einmal so dolle Hunger. Oft gehe ich dann an das Versteck von Papa und klaue ihm Süßigkeiten. Das ist wirklich nicht nett von mir, und wenn er das wüsste, wäre er bestimmt so sauer auf mich. Ich hoffe, das kriegt keiner mit.

Meine neue Abmachung mit Mama und Papa ist, dass ich ein Glitzerbildchen bekomme, wenn ich einen Tag keine Süßigkeiten gegessen habe. Wenn ich dann doch was Ungesundes gegessen habe, traue ich mich nicht, es zuzugeben, weil ich mich schäme. Dann fühle ich mich schlecht, weil ich das Bild bekomme, ohne es verdient zu haben.

Gestern habe ich eine Mark aus Mamas Portemonnaie genommen und mir etwas Süßes beim Supermarkt gekauft. Ich hatte so ein schlechtes Gefühl. Ich bin so ein schlechtes Kind und koste nur Geld. Ich hoffe, dass Frieda, die Inhaberin des Supermarktes in der Nachbarschaft, das nicht Mama und Papa erzählt. Ich habe mir nach den Süßigkeiten die Zähne geputzt, damit das niemand riecht.

Das ist so ungerecht. Niemals wieder werde ich zu der Ärztin gehen. Wir mussten heute wieder alle zum Impfen. Die sagt immer etwas Gemeines zu mir. Jedes Mal sagt sie mir, wie dick ich bin. Heute hat sie alle meine Geschwister geimpft und hat dann gesagt „So - und jetzt noch die Kleinste und die Dickste". Doofe Ärztin!!!!

Wir haben eine neue Mitschülerin. Die wird nicht so gemocht. Ich bin so froh, dass ich nicht mehr diejenige bin, zu der alle fiese Sachen sagen. Heute war ich zu ihr auch richtig gemein. Ich glaube, das fanden die anderen ein bisschen cool von mir. Jetzt fühle ich mich aber sehr schlecht - sie ist bestimmt traurig deswegen.

Bald werde ich in eine neue Schule gehen, da finde ich hoffentlich endlich richtige Freundinnen, die mich so mögen, wie ich bin.

3. Orientierungsstufe 1999 – 2001

Letzte Woche bin ich in die 5. Klasse der Orientierungsstufe gekommen. Ich finde es schade, dass wir in unserer Klasse nicht wirklich viele neue Leute haben. Die meisten Mädchen kommen aus Brunshausen, wo auch ich aufgewachsen bin.

Ich bin gerade im Krankenhaus, ich wurde am Blinddarm operiert. Es fing letzte Woche damit an, dass ich etwas Bauchweh hatte. Als mein Arzt gesagt hat, dass es der Blinddarm sein könnte, habe ich gedacht, dass das wichtig klingt. Als ich im Krankenhaus war, sollte ich mich auf eine Liege legen. Als ich auf der Liege war, meinte der Arzt, dass er nicht glaube, dass das der Blinddarm ist. Wenn der entzündet ist, hat man so dolle Schmerzen, dass man nicht auf eine Liege klettern kann. Ich habe dann aber weiterhin gesagt, dass die Schmerzen da sind, und sie haben dann entschieden, dass ich operiert werde. Da ich eine Narkose bekommen musste, haben mich die Schwestern gewogen. Warum die dazu mein Gewicht wissen müssen? Vielleicht, damit die wissen, wie viele Tabletten ich nehmen muss, um während der OP zu schlafen? Das hat mir niemand erklärt. Ich habe mich so schlecht gefühlt. Die Waage ist sowieso mein Feind und wenn dann noch jemand, den ich nicht kenne, das Gewicht sieht, ist es noch schlimmer. Ich habe 58 Kilo gewogen. Die Schwester hat das aufgeschrieben. Als eine andere Schwester dazu kam und die Zahl gesehen hat, hat sie gefragt, ob wir uns zu zweit auf die Waage gestellt haben. Ich war richtig traurig und ich glaube, dass sie mich jetzt hier deswegen auf Diät setzen wollen. Ich bekomme nur Suppe und Knäckebrot, das kann ich nicht mehr sehen. Nach der Operation haben sie mir gesagt, dass der Blinddarm nicht hätte rausgenommen werden müssen, da er nicht auffällig war. Ich finde es schön, dass ich hier Besuch bekomme. In meinem Tagebuch schreibe ich auf, wer mich alles besucht hat. Ich hoffe, ich bekomme bald wieder etwas Richtiges zu Essen.

Ich bin jetzt seit einem Jahr in der Orientierungsstufe und ich bin froh, wenn ich hier wieder weg bin. In unserer Klasse ist es immer so, dass jedes Mädchen eine beste Freundin hat. Das wechselt aber immer. Irgendwie bin ich wieder einmal übergeblieben und bin jetzt „beste Freunde" mit einem Mädchen, das ich nicht so gut leiden kann. Zwischendurch habe ich mich mit Tabea und Laura wirklich gut verstanden, doch es gab wieder einmal Streit. Jetzt habe ich von denen böse Briefe bekommen. Ich bin richtig eifersüchtig, weil ich glaube, dass Laura Tabea mehr mag als mich. Wenn das so ist, dann möchte ich auch gar keine Freundin mehr sein. Ich werde schon wieder ausgeschlossen, das war schon immer so und wird auch immer so bleiben.

Ich freue mich total, ich habe Falk letzte Woche einen Brief geschrieben, ob er mit mir gehen will und er hat ja angekreuzt. Wir haben uns aber noch nicht getroffen. Wir schreiben uns immer Briefe, heute habe ich einen bekommen, in dem er mir geschrieben hat, dass er mich liebt. Manchmal frage ich mich, ob er das ernst meint, weil er trotzdem immer noch Alina hinterher guckt. Vielleicht bin ich ihm einfach zu dick?! Es wäre irgendwie toll, wenn er das ernst mit mir meint, weil wir uns schon so lange und gut kennen.

Das mit Falk hat sich erledigt. Ich denke, dass es alles von ihm aus nicht ernst gemeint war. Klar, wer will schon mit mir zusammen sein?! Keiner! Meine Freunde lassen mich alleine, die machen mich alle nur fertig und die ganzen Jungs aus unserer Klasse interessieren sich nur für die dünnen Mädchen. Ich fühle mich echt ziemlich alleine. Vielleicht mag er mich mehr, wenn ich ein bisschen abnehme?
Heute hatten wir wieder Sport. Ich fühle mich richtig schlecht. Frau Müller ist wirklich so scheiße. Wir müssen immer diese Runden durch das Dorf laufen. Sie fährt mit dem Fahrrad hinterher und feuert uns mit bösen Sprüchen an. Laufen war noch nie meins, ich kann es einfach nicht. Tabea und ich waren, wie immer, die Letzten und was sagt sie?! „Ach, die beiden … da kommt ja tatsächlich **doch** noch jemand" - alle haben gelacht. Ich war so kaputt vom Laufen und eigentlich echt stolz, als ich endlich da war. Die hatten schon mit

etwas anderem angefangen, weil wir scheinbar viel später angekommen sind als die anderen.

Ich versuche sowieso schon immer, den Sportunterricht so gut es geht zu vermeiden.

Schon ein paar Tage vor dem Sportunterricht habe ich Angst davor. Meine Scham kommt schon beim Umziehen in der Umkleidekabine, wenn die anderen Mädchen meinen Körper sehen. Und es geht damit weiter, dass mich nie jemand in der Gruppe haben möchte und diese Lehrerin macht es noch viel schlimmer!

Morgen ist wieder Sport, ich habe keine Lust dazu. Ich will nicht immer die Schlechteste sein. Die Schlechte, die Dicke, Unsportliche. Eben bin ich durch den Stall nach hinten gegangen, da stand ein großer Hammer. Ich habe ihn mir immer wieder auf den Arm geschlagen. Es tat total weh, aber vielleicht muss ich dann keinen Sport mitmachen. Der Arm ist jetzt ganz dick. Was sage ich Mama und Papa? Vielleicht, dass ich die Treppe runtergefallen bin?

Ich musste Sport doch mitmachen. Der Arm ist nun nicht mehr dick, doch er hat blaue Flecken bekommen. Ich bin zu Papa gegangen und habe es ihm gezeigt. Er hat sich um mich gekümmert und hat bei unserer Nachbarin angerufen, die ist Krankenschwester. Ihr habe ich erzählt, dass ich zwei Stufen hochgefallen bin. Ich weiß gar nicht, ob so etwas geht. Sie hat mir den Arm verbunden. Das sieht echt nach etwas Schlimmerem aus. Vielleicht fragen mich auch meine Mitschüler, was ich gemacht habe.

Ich bin so traurig. Irgendwie habe ich das Gefühl, dass ich nicht wirklich in die Familie gehöre. Inga und Lara verstehen sich so gut. Sie sagen immer, dass sie nicht nur Schwestern, sondern auch Freunde sind und ich **nur** die Schwester bin. Die beiden machen so viel miteinander, und ich bin immer alleine. Vielleicht hat das damit zu tun, dass die beiden ihre Klamotten untereinander tauschen können. Ich würde in die Sachen von den beiden niemals reinpassen, weil ich einfach zu dick bin - zu dick für alles.

Es hat sich noch nicht gebessert. Letzte Woche habe ich gehört, wie

Inga und Lara sich über mich unterhalten haben. Sie wussten nicht, dass ich zuhöre. Es ging darum, dass ich keine Freunde habe und ich vielleicht mal Süßigkeiten in der Schule verteilen kann, damit sich das ändert. Irgendwie finde ich das nett, dass sie sich Gedanken machen, aber mich hat das auch so traurig gemacht.

Wir haben heute unsere WUK- Arbeit *(WUK=Welt- und Umweltkunde)* zurückbekommen. Ich hatte eine Fünf und so viel Angst, nach Hause zu gehen und Mama und Papa das zu erzählen. Das liegt einfach nur daran, dass ich faul war und es deswegen wieder mal nichts auf die Reihe bekommen habe.
Mama und Papa waren so toll, die haben mich sogar noch getröstet, weil ich so traurig war wegen der Fünf. Ich weiß, dass meine anderen MitschülerInnen manchmal richtig Ärger und Hausarrest bekommen wegen schlechter Noten. Zum Glück habe ich so tolle Eltern.
Wir haben im Moment Ferien. Ich war mit Kristin ein paar Tage bei ihrer Oma. Wir haben eine Radtour dorthin gemacht. Es war wirklich schön. Eigentlich. Mir ist das immer peinlich, vor anderen zu essen, weil ich Angst habe, dass sie mich verfressen finden. Kristin und ich haben dann zwischendurch Bonbons gegessen, die die Oma uns hingestellt hat. Wir waren auch mal in dem kleinen Laden einkaufen. Zu den Mahlzeiten, die wir mit der Oma zusammen gegessen haben, habe ich dann immer nicht ganz so viel gegessen. Die Oma meinte am dritten Tag zu mir „Wanda, das kann doch gar nicht sein, dass du so wenig isst, sonst wärst du doch nicht so dick". Es war mir so peinlich! Kristin ist wirklich eine gute Freundin. Sie meinte dann zu ihrer Oma, dass das nur daran liegt, dass ich so viel Fahrrad fahre und dass das Muskeln sind. Ich war froh, als wir da wieder weg waren. Das war echt so gemein von der Oma.

Das war jetzt bestimmt schon die zehnte Diät, die ich versucht habe. Apfelessig-, Reis-, Kohlsuppendiät: Das ergibt alles keinen Sinn. Immer nehme ich ein bisschen ab, doch irgendwann kann ich meinen Hunger nicht mehr aushalten. Dann esse ich wieder heimlich und fühle mich so schlecht damit. Wenn Mama und Papa das wüssten, wären sie so enttäuscht von mir. Und ich werde dann wieder dicker und dicker.

Eine richtige Freundin habe ich immer noch nicht gefunden und mit Kristin hatte ich auch Streit. Oft habe ich das Gefühl, dass ich meinen Freundinnen immer peinlich bin, weil ich so dick bin und irgendwann wollen sie dann nicht mehr mit mir befreundet sein.

So, wir haben jetzt noch ein paar Wochen Schule und dann geht es in die Realschule. Ich bin gespannt, was ich da für eine Klasse habe. Ich hoffe, dass ich da ein paar Freunde finde. Gut finde ich, dass ich mit Tara zusammen auf die Realschule komme. Das ist eine von den Mädchen, die ich in der Orientierungsstufe neu kennen gelernt habe. Es wäre sehr schön, wenn sie eine Freundin von mir wird.

4. Realschule 2001 – 2005

Jetzt bin ich schon in der Realschule. Tolsdorf ist wirklich groß. Hier gibt es ganz viele Läden und ich brauche keine Angst zu haben, dass Frieda Mama und Papa sagt, was ich zu Essen gekauft habe. Irgendwie ist das eine große Welt hier draußen und ein bisschen macht es mir auch Angst.

Gestern habe ich nach der fünften Stunde, als ich auf den Bus warten musste, eine Frau gesehen. Sie hatte eine ganz breite Hose an, blaue Haare und hat richtig böse geguckt. Ich habe sie länger angesehen, weil ich so jemanden noch nicht gesehen habe. Sie hat mich dann angesprochen und gefragt, ob ich zu viel Hefe gegessen habe. Da ich gar nicht wusste, was sie damit meint, habe ich so getan, als hätte ich das nicht gehört und bin schnell weitergegangen. Vorhin habe ich meine Mama gefragt, was Hefe ist. Das macht man in Kuchen und Brote, damit der Teig aufgeht.

Heute kam eine Gruppe von Jungen auf mich zu, sie waren ein bisschen älter als ich. Einer von denen hat, als ich an ihnen vorbei gegangen bin, zu den anderen gesagt „Achtung Erdbeben". Irgendwie ist die Welt da draußen doch nicht so einfach, wie ich gedacht habe. Dabei habe ich diese Jungen extra nicht angeguckt. Eigentlich habe ich denen doch nichts getan?!

Es ist gerade ganz aufregend, nächste Woche haben wir Konfirmation. Letzte Woche war ich mit Mama dafür einkaufen. Ich bin so froh über meine Klamotten, das ist gar nicht so einfach mit meiner Größe. Die meisten Anziehsachen, die ich besonders schön finde, passen mir nicht. Einkaufen ist schrecklich, da ich mich so für meinen Körper schäme. Am schlimmsten ist es, wenn die Verkäuferin vor der Kabine steht und alles kommentiert. Wie letzte Woche. Immer wieder kamen Sätze wie „Ach, das glaube ich nicht, dass dir das passt.", „Nein, das sitzt ein wenig zu eng!" Oft bin ich einfach nicht aus der Kabine gekommen und habe gesagt, dass mir das nicht steht - weil ich nicht reingepasst habe. Jetzt habe ich eine schöne, schwarze Hose gefunden, eine Bluse und eine Strickjacke. Ich bin froh, dass wir etwas gefunden haben, worin ich mich wohlfühle.

Letzte Woche war die Konfirmation. Es war toll, ich habe mich so wohl gefühlt. Ich war im Mittelpunkt, wir haben schön gefeiert und es war ein ganz wunderbarer Tag. Heute bin ich nur traurig und fühle mich schlecht. Ich habe heute mit Laura über die Konfirmation geredet und sie hat erzählt, dass Tina und Nina *(Cousinen von Laura)* in der Kirche waren. Die beiden haben zu ihr gesagt, dass alle wirklich richtig hübsch waren - außer mir. Das ist so, so gemein. Ich bin richtig sauer auf die beiden.

Ich bin total traurig. Falk und ich haben uns so gestritten. Wir haben uns gegenseitig Briefe geschrieben. Der letzte von ihm war so, so gemein. Er hat geschrieben, dass ich niemals einen Freund finden werde und, dass ein Mann meine Scheide nicht mal mit einer Greifzange anfassen würde. Das allerschlimmste ist, dass er den Brief in der ganzen Klasse herumgezeigt hat. Wir waren doch so gute Freunde – und das schon so lange. Ich verstehe das nicht.

Gestern hatten wir das Jubiläumsfest vom Posaunenchor. Nach dem Auftritt standen wir alle auf der Bühne. Der Chorleiter hat noch eine Rede gehalten und gesagt, dass „die Schönen" aus dem Chor jetzt mit einem Hut herum gehen und Spenden sammeln. Ich habe gedacht, dass er uns Mädchen meint und wollte gerade losgehen, doch dann hat er mich angesehen und mit dem Kopf geschüttelt. Er hat mich nicht gemeint. Die anderen drei „**wirklich** schönen Mädchen" sollten rumgehen. Wahrscheinlich denkt er, dass bei mir niemand etwas in den Hut tun würde, weil ich viel zu dick und hässlich bin. Nach dem Konzert habe ich einfach mein Tenorhorn und meine ganzen Noten auf der Bühne stehen lassen. Das war mein letzter Auftritt. Das ist so gemein und das hat er nicht zum ersten Mal gesagt. Schon immer habe ich gemerkt, dass die ganzen Männer die anderen toll finden und mich einfach nur dick.

Heute haben wir ein Projekt von der Schule gemacht. Wir haben einen Jungen, den wir im Ausland unterstützen. Unsere Aufgabe war, Straßenkinder zu spielen, um Spenden zu sammeln. Das war alles ganz aufregend, wir haben Kuchen zum Verkaufen gebacken und uns alte Klamotten angezogen. Tara und ich saßen dann vor dem Aldi. Das hat richtig Spaß gemacht. Traurig war ich nur, nachdem eine Lehrerin kam und meinte „Naja, du siehst ja nicht so aus, als würdest du verhungern". Ich hatte so eine Angst, dass noch jemand so was sagt, aber dann war das auch schon fast vorbei.

Jetzt wollte ich noch mal was zu dem Projekt letzte Woche sagen. Mama hat die Lehrerin auf ihren Spruch angesprochen, das finde ich so nett. Wirklich. Es ist schön, dass Mama und Papa so für mich da sind.

Papa war auch so sehr auf meiner Seite, als ich Probleme mit meinem Klassenkammeraden Bastian hatte. In den letzten Wochen hat er immer fiese Sachen zu mir gesagt. Er sagte ständig, dass ich Schuppen habe und so etwas Gemeines. Papa hat da angerufen und seitdem lässt er mich in Ruhe und hat sich sogar bei mir entschuldigt.

Generell fühle ich mich in der Klasse nicht wirklich angenommen. Es ist irgendwie wie immer: Ich fühle mich als Außenseiterin. Auch wenn es andere gibt, die noch schlimmer dran sind. Es gibt auch hier Lehrer, die es nicht so besonders freundlich mit mir meinen. Letztens musste ich zwischen zwei Tischen durch, um an die Tafel zu kommen. Da war wirklich kaum Platz. Da hat die Lehrerin gesagt „Ach komm, du bist doch schlank, da kommst du doch wohl durch", und das vor allen anderen. Alle haben gelacht. Warum machen diese Menschen das?

Ich glaube, ich habe eine richtige Freundin gefunden, das freut mich total. Tara wohnt auch in Brunshausen und wir sehen uns ganz oft. Wir hören gemeinsam Musik, fahren Inliner und reden wie richtige Freundinnen über alles Mögliche. Tara ist ein bisschen „anders" als die anderen aus meiner Klasse. Sie ist eine Punkerin. Sie zieht viele schwarze, manchmal auch sehr auffällige, bunte Sachen an und hat

Nietenarmbänder um. Sie fällt auf, das ist irgendwie bewundernswert. Sie hat ihr „Eigenes". Ich hoffe so sehr, dass das mit unserer Freundschaft gut funktioniert - ich möchte ihr unbedingt gefallen. Deswegen habe ich mir jetzt AC/DC – T-Shirts und Nietenarmbänder gekauft. Seitdem ich mit Tara zusammen unterwegs bin, habe ich das Gefühl, dass die anderen aus der Klasse mich mehr annehmen.

Letzte Woche gab es einen großen Streit mit Tara. Irgendwie hat sie sich mit zwei anderen Mädels aus der Klasse verbündet und ich bin wieder einmal raus. Mir ist das gerade fast egal, mittlerweile habe ich zwei andere Mädels, Wenke und Annika, mit denen ich mich besser verstehe. Die kommen vom Gymnasium und alle haben ein bisschen Respekt vor denen. Deswegen bin ich in dieser Konstellation gerne dabei.
Wir treffen uns viel zu dritt. Oft kommt es vor, dass wir sehr viel zusammen essen - fast exzessiv. Ich glaube, dass das nicht so gut ist. Wir verstecken uns dann immer dabei. Das, was mir guttut, ist, dass wir gemeinsam Witze über Dicke machen. Es fühlt sich so an, als wenn ich dann in diese Richtung nicht mehr so angreifbar bin.
Wenke hat letzte Woche zu mir gesagt, sie findet, dass ich aussehe wie Pumba, aber auch ein bisschen was von Buddah habe. Mit meinem schlechten Allgemeinwissen wusste ich weder wer der eine, noch wer der andere ist. Sie hat mir heute den Film „Der König der Löwen" ausgeliehen und ich habe meinen Augen nicht getraut. Pumba ist ernsthaft das Schwein dort?? Was ist das bitte für eine Freundin, die so etwas sagt??

Ich musste heute ein Referat halten und hatte so Angst davor. Meine Schwester hat mir ein Getränk mitgegeben und mir gesagt, dass ich das in der Pause vorher trinken soll. Es soll mir Mut machen. Es war tatsächlich einfacher, ich bin begeistert. Was auch immer das war: gerne mehr davon! *(Apfelsaft mit Amaretto)*

Wir sind gerade auf Klassenfahrt und es ist so schlimm. Ich habe bei

Tara mal etwas über Wenke gesagt - sie aber auch und bei Wenke was über Tara - und andersrum ebenfalls. Nun haben die miteinander geredet und beschlossen, dass **ich** die Doofe bin. Alle sind sauer auf mich und ich bin alleine in meinem Zimmer und verstehe die Welt nicht mehr. Diese Lästereien sind nicht toll, das weiß ich selber, aber die haben alle auch etwas gesagt. Warum bin ich wieder der Buhmann?

In meinem Französischkurs habe ich eine tolle Freundin kennengelernt, Alena, mit der bin ich jetzt viel zusammen. Mit den anderen hat es sich wieder ein bisschen besser eingerenkt, doch richtig vertrauen kann ich keinem mehr von denen. Wer weiß schon, was die von mir denken?
Ich weiß gar nicht, was mit mir los ist. Meine Gedanken kreisen nur noch um diesen einen Mann. Auf die Schule kann ich mich kaum noch konzentrieren und muss ihn dort immer sehen. Ich habe das Gefühl, dass er mich gar nicht beachtet.
Diese Schmerzen im Herzen kann ich nicht aushalten. Ich bin so einsam, aber mit wem kann ich darüber reden? Ich habe schon wieder Streit mit den Mädels, dazu kommt die Sache mit Hauke *(der Junge, in den ich mich verliebt habe)*. Ich fühle mich fett. Vielleicht mag Hauke mich lieber, wenn ich ein wenig abnehme?!

Tatsächlich habe ich es geschafft, acht Kilo abzunehmen, aber er beachtet mich immer noch nicht. Es ist noch schlimmer gekommen. Meine Freundin hat ihn geküsst, obwohl sie wusste, dass ich so sehr in ihn verliebt bin. Was ist das für eine Freundin? Wollte sie mir damit nur zeigen, dass sie besser bei den Männern ankommt, weil sie dünner ist als ich?

Jetzt habe ich diese ganzen acht Kilo wieder drauf, weil ich so einen Kummer und nur noch gegessen habe. Was glaube ich eigentlich? Dass mich jemals jemand lieben wird, wenn ich immer so weitermache und nur fresse und fetter und fetter werde?

Sinnlos, es ist einfach sinnlos. Ich möchte nicht mehr leben - wirklich nicht. Es ist jetzt beschlossen, und ich werde diese eine Sache jetzt endlich mal durchziehen.

Wir haben zu Hause in einem Schrank alle möglichen Medikamente und ich habe einen Plan. Seit ein paar Tagen hole ich mir immer ein paar Packungen und lese mir die Anleitung dazu durch. Alle, bei denen steht, dass man sie nicht mit Alkohol einnehmen darf und es gefährlich ist, wenn man zu viele davon nimmt, habe ich aussortiert. Ich glaube, dass Mama und Papa da eh nicht mehr rangehen. Wenn sie es merken, ist es zu spät und ich bin nicht mehr da. Was für eine Erleichterung! Dann braucht keiner mehr sauer auf mich zu sein.

Morgen ist es endlich soweit. Es ist alles gut vorbereitet. Ich habe einen Abschiedsbrief an Hauke geschrieben, den ich ihm in den Briefkasten werfen werde. Die 150 Tabletten, die ich habe, werden hoffentlich reichen, um es zu beenden.

Was für eine **Mega-Scheiße**!! Das hat super geklappt Wanda, du hast es echt drauf! Eigentlich lief alles nach Plan. Den Brief hatte ich vorher eingeworfen, habe mir dann auf dem Schützenfest richtig die Kante gegeben, um mir Mut anzutrinken und dann alle Tabletten genommen. Es war nicht so einfach, die alle runter zu bekommen. Was ich nicht bedacht habe, ist, dass man redselig wird, wenn man getrunken hat. Ich habe einer Freundin von den Tabletten erzählt. Sie hat daraufhin ihren Freund geholt. Er hat sich um mich „gekümmert" - bis ich mich übergeben habe und die ganzen Tabletten wieder losgeworden bin.

Am nächsten Morgen bin ich wach geworden und es ging mir richtig schlecht. Den ganzen Tag lang habe ich mich immer wieder übergeben. Als wenn das nicht reicht, habe ich die Info bekommen, dass Hauke all seinen Freunden lachend meinen Brief vorgelesen hat. Ich kann mich niemals wieder sehen lassen. Nirgendwo. Ich bin echt am Arsch.

Damit das Chaos perfekt ist, hat jemand diese ganze Story auch noch Mama und Papa erzählt. Sie haben mich gefragt, woher ich die

Tabletten hatte. Ich habe nicht wirklich geantwortet. Zum Glück haben sie mich dann mit dem Thema in Ruhe gelassen.

Der Kontakt zu Hauke ist weiterhin komisch, doch es ist mir egal. Ich habe einen anderen Mann kennengelernt. Er wohnt in der Nähe und kommt mich manchmal besuchen. Meistens kommt er erst spät abends, kuschelt sich dann mit in mein Bett und wir reden sehr lange über Gott und die Welt. Leider ist er der Meinung, dass ich zu jung bin und all das, was er in seinem Leben bereits erlebt hat, nicht nachvollziehen kann. Dabei ist er nur sieben Jahre älter als ich. Jetzt weiß ich den Grund, warum das mit uns nicht klappen kann. Oder ist es vielleicht wieder nur eine Ausrede, weil er mich nicht schön genug findet? Bin ich wieder nur zu dick? Ich habe jetzt doch extra schon wieder sieben Kilo abgenommen?! Er sagt jedenfalls, dass es daran liegt, dass er eine Freundin hat, die er nicht verlassen kann. Sie würde sich sonst das Leben nehmen. Warum gerate ich immer an diese komplizierten Geschichten? Scheinbar kann er mich trotzdem nicht in Ruhe lassen.

Ich fühle mich schlecht. Vor drei Wochen habe ich im Internet Tabletten gefunden, die beim Abnehmen helfen sollen. Da ich weiß, dass Mama und Papa nicht viel davon halten und ich Angst habe, dass sie mich darauf ansprechen, habe ich sie zu Alena schicken lassen. Die Tabletten sollten den Stoffwechsel ankurbeln und man sollte abnehmen, auch wenn man normal weiter isst, da man einen höheren Kalorienverbrauch hat. Die Tabletten waren eindeutig ein Teufelszeug. Ich habe sie nur fünf Tage genommen und diese vier Nächte nicht geschlafen. Mein Herz hat so sehr gerast, dass ich richtig Angst bekommen habe. Jetzt habe ich die Tabletten im Internet weiterverkauft. Es wäre mir zu schade um die 50 € gewesen. Aber was ist, wenn es dem Käufer dadurch jetzt auch so schlecht geht?

Ich habe immer noch mit den ständigen Vergleichen mit meinen Schwestern zu kämpfen. Inga hat Geburtstag gefeiert, da meinte eine von Ingas Freundinnen „Das ist echt komisch, dass du auch eine Schwester von Inga und Lara bist - die beiden sind doch so hübsch." Es geht mir echt so auf die Nerven.

Jetzt zum Jahresende waren Mama und ich bei der Akupunktur, die beim Abnehmen helfen soll.
Wir haben eine Liste mit Lebensmitteln bekommen, die ich nicht mehr essen soll.
Nun war ich bei Alena zum Silvester feiern und sie hatte einfach alles Mögliche eingekauft. Sie sagt, ich kann ja mal eine Ausnahme machen. Doch wie ist das, wenn man mit Ausnahmen anfängt? Mama wäre bestimmt total sauer, wenn sie das wüsste. Das hat, glaube ich, ganz schön viel Geld gekostet und ich versaue es direkt am Anfang. Ich werde mich jetzt anstrengen.

Nein, das hat alles nichts gebracht mit der Akupunktur. Ich bin unfähig, mit dem Essen aufzuhören. Ich kann es nicht.

Langsam kann ich das Thema Sportunterricht nicht mehr ertragen. Es ist hier immer noch genauso schlimm. Jedes Mal komme ich in die Umkleidekabine und schaue, wie ich mich ganz schnell in der Toilette einschließen und mich dort umziehen kann. Letztens hat mich eine von den Schlanken darauf angesprochen. Die haben doch absolut keine Ahnung. Es ist so schrecklich, wenn man seinen eigenen Körper schon nicht sehen kann und will, weil da alles schwabbelt. Wenn das dann noch die anderen beim Umziehen angucken müssen, das geht gar nicht.
Noch schlimmer ist der Schwimmunterricht, da man noch mehr von meinem Körper sehen kann, wenn ich einen Badeanzug anhabe.
Immerhin haben wir einen Sportlehrer, der in Ordnung ist. Ich bin sehr schlecht, bekomme aber immer eine Note besser als Jörg. Er ist mein Mitschüler, der durch sein hohes Gewicht noch schlechter in Sport ist als ich.
Letzte Woche haben wir Hochsprung gemacht. Der Lehrer hat gesagt, dass ich eine Sechs bekomme, wenn ich mich verweigere, da

mitzumachen. Ganz ehrlich: Lieber nehme ich eine Sechs und bewahre ein bisschen meiner Würde, als wenn ich mich voll zum Affen mache und trotzdem eine Fünf bekomme. Das will doch wirklich niemand sehen.

Es ist gerade wieder Sommer. Ich hasse diese Jahreszeit. Nicht nur, dass ich dauernd schwitze. Dazu kommt, dass ich meinen Körper nicht unter Klamotten verstecken kann und dass mich ständig irgendjemand fragt, ob ich mit schwimmen gehe. Als würde der Unterricht in der Schule nicht schon reichen. Ich mache das ganz sicherlich nicht freiwillig in meiner Freizeit. Immer wieder denke ich mir neue Ausreden aus. Leider fühle ich mich dadurch ziemlich ausgeschlossen und allein.

Wir hatten Jahrgangsmarsch, da habe ich echt viele tolle Leute kennengelernt. Vor allem aus Alenas Klasse. Das ist eine tolle Clique und ich hoffe so sehr, dass ich da ein bisschen Anschluss bekomme. Ich hoffe, es gibt keinen Ärger. Alena ist sehr eifersüchtig, und wenn ich was mit Bibi mache, kann das Wenke vielleicht auch wieder nicht ab, da Bibi auch **ihre** Freundin ist. Mein Wunsch wäre wirklich, dass ich mich endlich mal irgendwo gut aufgehoben fühle.

Jetzt gehe ich es endlich mal wieder an. Gestern habe ich mich gemeinsam mit Wenke in einem Abnehmkurs beim Fitnessstudio angemeldet. Meine Hoffnung ist groß, dass das was wird. Die TrainerInnen wiegen mich jede Woche, ist der Druck von außen ist also ziemlich hoch. Das ist super. Ich will dort keinen schlechten Eindruck machen und muss mich deswegen anstrengen, dass das Gewicht runtergeht.
Richtig gut, ich habe schon fünf Kilo abgenommen. Mir macht der Sport total viel Spaß und es ist so gut, diese Kontrolle von außen zu haben. Es macht allerdings den Eindruck, dass Wenke ein bisschen sauer ist, da **sie** bisher nicht abgenommen hat. Dafür kann ich doch nichts, oder?
Ich bin total glücklich. Wir haben das Abnehmprogramm bis zum

Schluss durchgezogen und ich habe in dreieinhalb Monaten 16 Kilo abgenommen. Total vielen ist das aufgefallen, und sie haben mich darauf angesprochen. Das macht mich sehr stolz. Den Vertrag im Fitnessstudio habe ich gekündigt, da ich sicher bin, dass ich es schaffe, das Gewicht auch so zu halten.

Es ist jetzt echt nicht mehr lange bis zum Abschluss. Nach der Schule werde ich ein soziales Jahr machen, da ich noch nicht für einen Beruf entschieden habe. Auf jeden Fall freue ich mich, dass ich mehr in der Clique angekommen bin. Ich verstehe mich auch sehr gut mit Bibi. Es ist echt spannend, wie es jetzt weitergeht. Werde ich wohl im Kindergarten auch neue Leute kennenlernen? Schaffen wir es, die Kontakte aus der Schule weiter zu halten?

5. Soziales Jahr im Kindergarten 2005 - 2006

Jetzt bin ich schon ein paar Monate im Heilpädagogischen Kindergarten und mache mein soziales Jahr.

Mir macht die Arbeit wirklich Spaß. Das Allerbeste ist, dass ich viele neue Leute kennengelernt habe, die ebenfalls ihr soziales Jahr oder ihre Ausbildung hier machen. Wir verstehen uns wirklich fast alle richtig gut. Natürlich sind auch ein paar komische Leute dabei, doch das hat man ja immer. Wir haben schon ein paar Bollerwagentouren gemacht; das hat so viel Spaß gemacht. Wir haben alle ziemlich viel getrunken.

Irgendwie macht mich meine Kollegin ständig wegen irgendwelcher Kleinigkeiten doof an. Die ist so oft so schlecht gelaunt und lässt ihre schlechte Laune dann an mir aus. Das nervt mich sehr.

Ich treffe mich neben meinen ArbeitskollegInnen auch noch oft mit der Clique aus der Realschule. Wir gehen fast jedes Wochenende in die Disco in Tolsdorf. Mit Bibi verstehe ich mich am besten, wir machen sehr viel zusammen. In den letzten Wochen habe ich so viele Männer geküsst - eigentlich ist das gar nicht mein Ding. Als Wenke und Bibi damals von ihren vielen Männergeschichten erzählt haben, fand ich das immer total peinlich. Doch es gibt mir so viel Bestätigung, da sich die Männer endlich auch mal für mich und nicht nur für meine Freundinnen interessieren.

Ich habe einen Mann kennengelernt: Robin. Er ist so wunderbar, und ich bin so verliebt. Meinen Eltern mag ich davon nichts erzählen, da das so ein schwieriges Thema daheim ist. Manchmal lüge ich sie an, wenn ich zu ihm gehe und sage, dass ich bei Bibi bin. Ich weiß nicht, was sie davon halten würden.

Was mich etwas belastet, ist, dass er so viel Alkohol trinkt. Wenn ich zu ihm komme, hat er vorher immer schon etwas getrunken. Ich habe ihn gebeten, dass er nüchtern bleibt, wenn ich zu ihm komme, doch scheinbar kann er das nicht. Vielleicht bin ich ihm nicht wichtig genug.

Mal ganz ehrlich: Was will der schon von mir? Ich bin dick, nicht besonders schön ... ich meine: So einer wie **er** - das kann doch nur Verarsche sein.
Ich kann es kaum ertragen, wenn er mich berühren will. Das kann man doch nicht schön finden.

Das, was mich ziemlich fertig macht ist, dass ich die ganzen 16 Kilo, die ich abgenommen habe, wieder zugenommen habe. Hier gibt es ständig etwas zu essen, dann die Süßigkeiten zwischendurch. Ich finde mich zu dick und fühle mich in meinem Körper gar nicht mehr wohl. Warum schaffe ich es nicht, das Gewicht zu halten?

Ich habe jetzt gelesen, dass die Krankenkasse das Programm „Abnehmen mit Genuss" anbietet; das wäre etwas Neues. Das kostet zwar Geld, aber wenn ich genug abnehme, bekomme ich das Geld wieder zurück. Im nächsten Monat werde ich damit anfangen. Außerdem habe ich so sehr die Hoffnung, dass ich mich dann bei Robin mehr gehen lassen kann. Leider fühle ich mich einfach nicht wohl bei ihm, weil ich mich **in mir** nicht wohl fühle. Meine Angst ist so groß, dass er irgendwann spürt und sieht, wie dick ich bin, und mich deswegen verlässt. Ich kann nicht ohne ihn.

Ich bin jetzt seit ein paar Wochen dabei, das Programm zu machen und es läuft richtig gut. Ich habe schon drei Kilo abgenommen. Es gefällt mir sehr gut, dass es eine Kontrolle dadurch gibt, dass ich der Krankenkasse mein Gewicht immer schicken muss. Das spornt mich an, abzunehmen.

Am Wochenende wollte ich wieder nach der Disco bei Robin schlafen. Wir hatten uns vorher am Telefon ein wenig gestritten. Als ich zu ihm kam, hat er nicht aufgemacht. Durch das Klingeln bei den Nachbarn bin ich in die Eingangstür des Mehrfamilienhauses gekommen. Seine Wohnungstür stand einen Spalt offen. Mich traf der Schlag, als ich dort reingekommen bin. Er hatte alles zertrümmert: seine Gitarre, den Tisch. Es lagen Bierflaschen auf dem Boden und eine fast leere Whiskeyflasche. Er lag volltrunken auf dem Sofa. Ich hatte das Gefühl, dass ich **irgendwas** tun muss und habe als Zeichen den Rest Whiskey weggekippt. Robin wurde wach und war **so** sauer. Er hat mich angeschrien, ich hatte richtig Angst vor ihm. Als ich gehen wollte, hat er hat die Kette, die ich ihm geschenkt habe, durch das Treppenhaus geschmissen und gesagt, dass ich nie wiederkommen brauche, wenn ich jetzt gehe. Meine Schwester hat mich abgeholt und ich habe zwei Tage lang nur geweint. Meine Eltern haben mir darauf hin verboten, dort wieder hinzugehen. Meine Angst vor ihm war so groß in der Nacht, aber ich kann es nicht aushalten. Ich sehe ihn ständig, wenn ich arbeiten bin, da er neben dem Kindergarten seine Arbeitsstelle hat. Ohne ihn kann und will ich nicht mehr leben.

Daher habe ihn angerufen und mich entschuldigt. Wir werden uns aussprechen. Ohne ihn geht es nicht.

Jetzt ist das soziale Jahr bald vorbei. Es war eine sehr spannende und aufregende Zeit und ich bin gespannt, wie es in der Sozialpflegeschule für mich weiter geht. Die muss ich als Vorbereitung für meine Ausbildung machen. Ich habe jetzt schon 16 Kilo abgenommen. Ich freue mich total, dass das so gut klappt mit dem Programm und werde auf jeden Fall dranbleiben. Ich habe schon wieder so viele Komplimente bekommen. Das ist toll.

6. Sozialpflegeschule 2006 - 2007

Jetzt bin ich in der Sozialpflegeschule. Ich freue mich total, dass ich wieder mit Tara in einer Klasse bin. Hier gibt es hoffentlich keine Menschen, die uns auseinanderbringen.

Mit meinem Abnehmprogramm läuft es ganz gut. Ich habe bereits 16 Kilo abgenommen. Als ich angefangen habe, wog ich 94 Kilo. Das Programm ist vorbei und ich habe das Geld wieder zurückbekommen. Ich habe so eine große Angst, dass ich das Gewicht nicht halten kann, da das bei allen Diäten so war. Langsam bekomme ich wieder Lust auf die ganzen „verbotenen Lebensmittel".

Mit Robin ist es weiterhin schwierig. Ich gehe oft nach der Schule zu ihm oder über Nacht, wenn ich in der Disco war. Die Angst, dass er mich aufgrund meines dicken Körpers verlässt, ist so groß, daher schaffe ich es nicht, ihn an mich ran zu lassen. Vielleicht gelingt es mir, wenn ich noch ein bisschen mehr abgenommen habe und mich selber wohler fühle in meinem Körper. Ich finde, dass 70 Kilo gut klingt, das sind dann nur noch 8 Kilo - ich habe schon so viel geschafft. Das schaffe ich auch noch.

Es ist mir echt peinlich und ich weiß nicht, mit wem ich darüber reden soll. Am Wochenende habe ich nach dem Feiern eine Pizza gegessen, weil ich so Lust darauf hatte. Danach habe ich mich so schlecht gefühlt, dass ich mich übergeben habe. Das war gar nicht so schwer, wie ich immer dachte. Ich komme mir damit jedoch ein bisschen gestört vor.

Das mit dem Übergeben ist mir noch ein paarmal passiert. Wir haben in der Schule Hauswirtschaftsunterricht. Wir müssen kochen und essen dann alle gemeinsam. Was soll ich denn machen? Das sieht doch total gestört aus, wenn ich daneben sitze und nichts esse, oder? Daher esse ich immer mit und übergebe mich hinterher jedes Mal.

Robin und ich haben uns gestritten. Er war anschließend in der Stadt unterwegs. Er hat bei der Sparkasse einen Geldautomaten kaputt gemacht und die Aufsteller umgeschmissen, die dort im Vorraum standen. Das haben die dort natürlich alles auf der Videokamera und er hat eine Anzeige bekommen. Ich bin daran schuld, das hat er auch gesagt. Hätten wir uns nicht gestritten, hätte er diese ganzen Probleme jetzt nicht.

Mittlerweile übergebe ich mich fast jeden zweiten Tag. Nach dem Essen habe ich immer ein schlechtes Gewissen und eine unendliche Angst, wieder zuzunehmen. Meine größte Angst ist, dass Mama und Papa das irgendwann merken.

Nun habe ich mich Robin anvertraut. Ich habe ihm eine SMS geschrieben und ihm von dem Erbrechen erzählt. Er hat mir versprochen, dass er an meiner Seite ist und mit mir zum Arzt geht. Es ist so schön zu wissen, dass er mich nicht im Stich lässt und sich vor allem nicht deswegen vor mir ekelt.

Meine Klasse ist eigentlich ganz lustig. Es sind wirklich viele komische Vögel dabei, aber wir haben viel zu lachen. Tara und ich treffen uns weiterhin und auch mit anderen aus der Klasse. Wir haben immer viel Spaß - vor allem, wenn Alkohol im Spiel ist.
Der Kontakt mit Bibi ist ebenfalls weiterhin ganz gut. Wir sind viel mit der Clique zusammen unterwegs. Das ist wirklich eine Konstellation, in der ich mich sehr wohl und angenommen fühle.

Mama hat es gemerkt. Sie hat mich heute gefragt, ob ich mich übergebe. Was sollte ich schon sagen? Ich habe mich ein wenig herausgeredet und gesagt, dass das Essen manchmal wieder hochkommt, gerade wenn es mir psychisch nicht so gut geht.
Daraufhin habe ich einen Termin bei unserem Hausarzt gemacht. Der Termin war der größte Witz. Der Arzt hat gesagt, dass er verstehen kann, dass ich abnehmen möchte, weil meine Schwestern ja immer schon so schlank waren. Danke! Da haben wir wieder den

Vergleich! Er hat mir ein Rezept mit einem Mittel gegen Brechreiz verschrieben. Ich habe das Rezept nicht eingelöst – warum auch?

Robin war die ganzen letzten Male, als ich bei ihm war, betrunken. Heute war er am Telefon **so** betrunken, dass er kaum ein vernünftiges Wort rausbekommen hat. Da ich das so nicht mehr aushalten kann und eine Grenze setzen wollte, habe ich ihm eine Nachricht geschrieben. Er soll sich zwischen mir und dem Alkohol entscheiden.
Er hat geantwortet und ich traue meine Augen nicht: Er hat geschrieben, dass er beides nicht mehr möchte. Er wollte für mich da sein, er hat gesagt, dass er an meiner Seite ist und mich nicht im Stich lässt. Jetzt ist er weg, einfach weg. Ich kann und ich will das nicht glauben. Das kann es jetzt nicht gewesen sein. Wir wollten doch zusammen alt werden. Oder bin ich ihm doch zu gestört? Oder zu fett??

Seitdem das mit Robin vorbei ist, kotze ich jeden Tag mehrfach. Es ist doch eh alles egal. Ich habe ihm so oft geschrieben, ihn angerufen. Der Knaller ist, dass er bereits eine neue Freundin hat. Jedenfalls behauptet er das. Ich glaube ihm das nicht. Gestern bin ich nach der Disco wieder zu ihm gegangen. Er war nicht da, jedenfalls hat er nicht aufgemacht. Ich lag so lange draußen im Kalten vor seiner Tür. Mich hat heute der „beste Freund" von Robin angerufen. Er hat mich gebeten, dass ich ihn endlich in Ruhe lassen und akzeptieren soll, dass er glücklich ist. Glücklich mit der anderen! (Es gibt sie wirklich!?) Er hat mir noch vorgeworfen, dass ich Robin jedes Wochenende alleine gelassen habe, er deswegen trinken **musste**. Mir wäre die Disco wichtiger gewesen. Das ist so gemein. Er als „bester Freund" hat ihn selber ständig bei Partys rausgeschmissen, weil er zu betrunken war und jetzt wirft er mir so etwas vor.
Das ergibt doch alles keinen Sinn. Ich habe heute Robin mit seiner neuen Freundin in der Stadt getroffen. Ich kann es einfach nicht glauben. Die war wirklich sehr, sehr dick. War das also bei mir doch nicht das Problem? Lag es nicht an meinem Aussehen??

Seitdem das mit Robin vorbei ist, habe ich fünf Kilo abgenommen und fühle mich immer noch so unendlich fett. Ich esse kaum noch was und wenn, dann übergebe ich mich.

Ich habe einen tollen Mann, kennengelernt, er heißt Niklas. Mir tut es so unheimlich gut, weil ich endlich mal Robin vergessen kann. Wir haben uns in der Disco getroffen und so viel miteinander getanzt, das hat richtig viel Spaß gemacht.
Schon ein paar Mal bin ich mit ihm nach der Disco heimgegangen. Wenn wir beide nüchtern sind, ist es allerdings irgendwie angespannt zwischen uns.
Letztens sagte er, dass ihm auffällt, dass ich immer alles toll finde, was er toll findet etc. Vielleicht hat er da auch Recht?! Ich will ihm eben gefallen?! Vielleicht macht mich das aber uninteressant für ihn? Er möchte jedenfalls keine feste Beziehung, hat er gesagt.

Niklas und ich haben viel über ICQ geschrieben und ich habe ihm von dem Übergeben erzählt. Seine Reaktion war wirklich lieb. Er hat gesagt, dass er selbst auch in Therapie ist und hat mir eine Selbsthilfegruppe in der Nähe rausgesucht. Das ist so toll von ihm. Daraufhin habe ich mit der Therapeutin der Gruppe telefoniert, sie war total nett. Die Gruppe fängt nach den Osterferien ganz neu an. Das ist super, denn dann komme ich da nicht als „Neue" dazu.

Niklas hat eine Freundin. Ich habe ihm einige Nachrichten geschrieben, aber er meldet sich nicht mehr zurück. Dabei sagte er doch, dass er keine feste Beziehung möchte. Also lag es doch wieder an mir. Alle lassen mich immer alleine. Wenn man einmal über seine Probleme redet, wird man verlassen. Ich habe seine Nummer gelöscht.

Mit Bibi habe ich mich auch gestritten. Letztes Wochenende habe ich betrunken über meine Problematik gesprochen. Es fällt mir so schwer, darüber zu reden, da ich mich deswegen so schäme.
Sie sagte nach dem Feiern „Ach, iss doch ruhig eine Pizza, ich habe

auch ein Klo zu Hause". Sie hat mir eine **so** böse Mail geschrieben. Sie glaubt, dass ich nur Aufmerksamkeit haben möchte. Letzte Woche hat sie noch so einen tollen Spruch rausgehauen. „Oh, wir wiegen ja gleich viel. Ich habe das Fett am Arsch und du am Bauch!" Sagt man so etwas zu seiner besten Freundin??

Jetzt bin ich in der Selbsthilfegruppe. Es ist so toll, dass dort Mädels sind, die mich verstehen. Endlich versteht jemand meine wirren Gedanken zum Essen. Das ist so eine Erleichterung und mit den beiden Leiterinnen ist es auch total toll.

Mich belastet eine Sache so sehr. Vor zwei Wochen war ich am Wochenende wieder in der Disco. Als ich heim wollte, war niemand mehr da, der mich hätte mitnehmen können. Daher ging ich in Richtung Innenstadt, kurze Zeit später hielt ein Auto neben mir und die beiden Männer fragten mich, ob sie mich irgendwo hinbringen sollten. Da ich keinen Masterplan hatte, anders nach Hause zu kommen, habe ich ja gesagt. Sie wollten noch zu dem Cousin fahren, um etwas zu trinken zu holen und mich anschließend nach Hause bringen. Ich war schon so betrunken, dass mir alles egal war – Hauptsache, ich komme irgendwie heim. Der Fahrer und auch der Beifahrer haben Alkohol getrunken. Irgendwann wollte mich einer der beiden anfassen, und ich habe das abgelehnt. Er hat mich richtig beschimpft und wurde sehr wütend. Er hat mich dann irgendwo außerhalb von Tolsdorf ausgesetzt. Ich habe so geweint, mir ein blaues Auge geschlagen und bin zu der nächsten Tankstelle gegangen. Irgendwie habe ich mir gedacht, dass ich dann nicht als „Dumme, die bei irgendwelchen Männern ins Auto steigt" dastehen werde, sondern vielleicht dann als „Die Dumme, die dafür **wenigstens** bestraft wurde" - was mir in dem Moment besser gefallen hat.
Von der Tankstelle aus habe ich dann weinend bei meinem Papa angerufen. Papa hat mich abgeholt, es war mitten in der Nacht. Mein Papa fragte mich, wie ich da hingekommen bin und warum ich weine. Dann habe ich alles noch schlimmer gemacht. Ich erzählte

meinem Papa, dass ich aus der Disco gekommen bin und nicht mehr weiß, was dann passiert ist. Als ich erzählte, dass die nächste Erinnerung daran ist, dass zwei Männer mit einem Audi weggefahren sind, ist mein Papa direkt umgedreht und mit mir zur Polizei gefahren. Dort musste ich die ganze Geschichte noch einmal erzählen und eine Anzeige machen.

Papa hat mir am nächsten Tag gesagt, dass ich sagen kann, wenn es nicht so war. Da war ich allerdings schon bei der Notaufnahme, mein Auge wegen der Körperverletzung begutachten lassen. Ich komme aus der Nummer nicht mehr raus, es wird gerade mit jedem Tag schlimmer. Der Vorfall stand in der Zeitung und einige Leute in Brunshausen haben mich darauf angesprochen. Ich war bestimmt in einer Woche sieben Mal bei der Polizei, musste mit einem Polizisten zu der „Unfallstelle" fahren. Die Polizei war auch in der Diskothek und hat sich erkundigt, ob jemand etwas gesehen hatte. Es haben alle so ein Mitleid. Und weswegen?? Mit wem?? Mit einer dummen, kleinen Wanda, die wieder mal nicht zu ihren Fehlern steht andere Leute in eine Geschichte reinzieht, die sie dann selbst fast glaubt.

Jetzt haben sich die beiden „Täter" bei der Polizei gemeldet. Sie haben von dem Artikel erfahren und sich erkannt. Sie haben ausgesagt - natürlich die Wahrheit.

Viele meine Freunde zweifeln jetzt natürlich an **meiner** Aussage. Ich fühle mich so allein. Mit niemandem kann ich darüber reden, ich hasse mich so sehr für diese Aktion. Ich kann mir nicht mehr ins Gesicht gucken, ich bin so ein schrecklicher Mensch.

Nach zwei Monaten Angst davor, dass alles ans Licht kommt und ich Strafe wegen einer Falschaussage zahlen muss, wurden die Ermittlungen eingestellt. Das ist mein glücklichster Tag seit langem. Meine Eltern wissen nicht, wie sie das finden sollten - ist ja auch klar.

Momentan mache ich mein Praktikum in der Werkstatt für Menschen mit Beeinträchtigungen und es macht echt Spaß. Ich habe mich in einen total netten, gutaussehenden und wunderbaren Zivi verliebt. Das beste an dem Praktikum ist, dass ich bis zum späten Nachmittag **nix** essen muss. Zu Hause gibt es dann nur noch Abendessen. Oft erzähle ich meinen Eltern, dass ich in der Kantine etwas zu essen bekomme. Es bekommt **niemand** mit, dass das gelogen ist. Wundervoll, so wenig zu Hause zu sein und mein Ding machen zu können. In der Woche klappt es deswegen echt gut mit dem Essen.

Am Wochenende ist es dafür umso schwerer. Wenn ich mich montags wiege, bereue ich es, dass ich die beiden Tage zuvor normal gegessen habe.

Der Zivi und ich haben uns in der Freizeit getroffen, das war wirklich toll und am Ende hat er mich geküsst. Doch dann sagte er mir, dass er keine Beziehung mit mir führen kann, da er eine Freundin hat. Diese kann er nicht verlassen, da sie eine gemeinsame Wohnung haben. Warum sind die Männer so? Warum?? Immer der gleiche Mist!

Heute war ich wieder bei meiner Gruppe. Ich sollte letzte Woche versuchen, „normal" zu essen. Ich sollte aufschreiben, was ich gegessen habe. Sie waren alle so stolz auf mich, weil sie denken, dass ich mich nicht übergeben habe. Ich konnte dann aber auch nicht mehr die Wahrheit sagen. Sie haben sich so gefreut. Wenn sie wissen würden, dass ich gar nichts hinbekomme, würden sie mich bestimmt rausschmeißen. Warum kriege ich es nicht hin? Vernünftig zu essen oder wenigstens, ehrlich zu sein?

Wir haben im Unterricht jetzt das Thema Magersucht. Da hat unsere Lehrerin uns auf eine Internetseite von Magersüchtigen aufmerksam gemacht, die quasi noch stolz darauf sind. Klingt total krank, aber die können einem echt noch richtig gute Tipps geben (z. B. dass man beim Essen einen kleinen, dunklen Teller nehmen soll, da die Portion dann größer aussieht und man schneller satt wird, oder dass man viel Wasser trinken soll – Warmes macht satt, Kaltes kurbelt die Kalorienverbrennung an).

Ich weiß, dass ich da nicht reinrutschen werde, sondern einfach nur die Tipps von ihnen hole, die ich brauche.

Es sagen immer wieder Leute etwas dazu, dass ich abgenommen habe. Mittlerweile wiege ich 70 Kilo, ich habe also schon 24 Kilo abgenommen. Die Kommentare sind auf der einen Seite wirklich total toll und ich freue mich darüber, auf der anderen Seite macht es mir Druck. Wenn sie sagen, dass das gut aussieht, sagen sie ja gleichzeitig, dass ich vorher nicht gut aussah. Das bedeutet, dass ich auf keinen Fall wieder zunehmen darf.

In zwei Wochen geht es schon in die Ausbildung, ich freue mich sehr darauf.

7. Ausbildung zur Heilerziehungspflegerin ab Sommer 2007
Erstes Ausbildungsjahr

Jetzt hat die Ausbildung begonnen. Ich fühle mich in der Klasse ganz wohl. Die LehrerInnen sind in Ordnung und die MitschülerInnen auch. Wir haben eine nette Fahrgemeinschaft und wechseln uns mit dem Fahren immer ab, das klappt ganz gut. Ein wenig schwierig ist es für mich, dass ich in der Ausbildung kein Geld bekomme. Dadurch liege ich Mama und Papa weiterhin auf der Tasche und habe ein ziemlich schlechtes Gewissen deswegen.

Zwei Tage in der Woche bin ich in der Schule und an den anderen drei Tagen mache ich mein Praktikum. Im ersten Ausbildungsjahr bin ich im Kindergarten, in dem ich auch das soziale Jahr gemacht habe, allerdings in einer anderen Gruppe. Dort fühle ich mich sehr wohl.

In der Schule esse ich kaum etwas. Ich trinke immer ganz viel und esse nur Obst und Gemüse. Damit fühle ich mich relativ gut. Allerdings kann ich mich irgendwann nicht mehr gut konzentrieren. Die Schule geht immer bis 17.00 Uhr, das sind lange Tage. Es belastet mich momentan sehr, dass meine Gedanken immer ums Essen kreisen.

Meine MitschülerInnen machen sich mittags immer Fertiggerichte oder holen sich etwas vom Kiosk. Es riecht überall nach Essen, das kann ich kaum aushalten. Wenn ich schwach bin und es nicht schaffe, nur Obst und Gemüse zu essen, sondern mal Schokolade von jemandem annehme, gehe ich kotzen. Das kann ich mir nicht erlauben.

Ich lebe immer noch mit der Angst, dass jemand etwas zu meinem Gewicht sagt, denn ich fühle mich so schlecht in meinem Körper.

Wenn ich nach der Schule heimkomme, ist es am schlimmsten. Mama und Papa wollen, dass ich zum Abendbrot etwas esse. Ich möchte nicht jedes Mal diskutieren. Jedes Mal übergebe ich mich danach, weil ich das Essen in mir nicht ertragen kann und meine Angst vor einer Gewichtszunahme so groß ist.

Ich freue mich, dass ich meine Selbsthilfegruppe habe. Da bin ich weiterhin einmal in der Woche, das tut mir wirklich gut. Es gibt einen Ort, an dem mich die Menschen verstehen.

Für mich sind die Folgen, die eine Essstörung hat, nicht so schlimm. Jeder vernünftige Mensch will gesund sein und mir wäre es sogar egal, wenn bei mir **alles** kaputt geht. Mittlerweile ist es beim Essen einfach so, wie es ist: Danach übergebe ich mich meistens, ich denke schon gar nicht mehr darüber nach.
Manchmal weiß ich echt nicht, für wen ich noch gegen die Krankheit kämpfen soll. Ich habe keine Lust mehr zu nichts und fühle mich von meinen Freundinnen allein gelassen.

Mit meiner Fahrgemeinschaft ist das richtig lustig. Wenn wir auf dem Rückweg sind, halten wir immer beim Supermarkt, um Alkohol zu kaufen. Wir haben eine lange Fahrt von einer Stunde, da schaffe ich schon mal eine Flasche Sekt alleine. Es ist so toll, weil dann so eine Leichtigkeit entsteht und ich nicht mehr nachzudenken brauche. Nach diesem ganzen Stress in meinem Kopf über das Essen ist es wunderbar, mal eine Pause zu haben. Der Sekt wirkt echt gut - ist ja auch klar, wenn ich nichts esse. Manchmal fange ich dann allerdings wieder an, über meine Probleme zu reden. Eigentlich möchte ich das nicht. Ich habe Angst, dass die anderen denken, dass ich total die Vollklatsche habe und sich von mir abwenden.

In meiner Selbsthilfegruppe fühle ich mich nicht mehr wohl, es ist nicht mehr der richtige Ort für mich. Die anderen Mädels haben so viele Probleme und können darüber reden und Gefühle zeigen. Sie können weinen, darum beneide ich sie sehr. Ich habe mein ganzes Leben lang immer versucht, alle meine Probleme selber zu klären. Es hat sich nie jemand von meinen Freunden dafür interessiert. Wenn es mir nicht gut ging, haben sie sich von mir abgewendet. Aus dem Grund bin ich nicht dazu in der Lage, über Probleme zu reden. Ich beschäftige mich den ganzen Tag und die ganze Nacht mit Praktikum, Schule und vor allem mit den Problemen anderer, weil ich nicht über meine eigenen Probleme nachdenken will.

Ich habe keine Lust mehr, so weiter zu machen wie die letzten Monate. Wenn ich etwas esse, habe ich schlechte Laune, und wenn ich nichts esse, sowieso. Ich habe letzte Woche an den beiden Schultagen kaum etwas gegessen, weil ich nicht mehr kotzen wollte. Aber ich wusste, dass es nur eine Frage der Uhrzeit ist, bis ich wieder unbedingt etwas essen und danach kotzen muss. Es hat mich so runtergezogen und dadurch war ich richtig gereizt. Alle, die mich angesprochen haben, haben meine schlechte Laune abbekommen, obwohl niemand etwas dafürkonnte.

Mama und Papa wollen ein Gespräch mit den Leiterinnen der Selbsthilfegruppe, Bettina und Luisa, führen. Meine Angst ist, dass sie total fertig sind, wenn ihnen fremde Personen sagen, dass ihre Tochter Depressionen hat und das am besten mit Medikamenten behandelt werden sollte. Gerade weil meine Eltern nicht so sonderlich viel von Medikamenten halten. Jeder hat mal einen schlechten Tag - von wegen Depressionen.

Dezember 2007
Wir hatten heute einen Auftritt vom Chor und danach gab es Glühwein. Ich habe anschließend so eine Leichtigkeit gespürt. Nach dem Abendessen und der Schokolade habe ich nicht gekotzt und habe mich trotzdem recht wohl gefühlt habe. Es kann doch nicht sein, dass ich Alkohol trinken muss, damit das mit dem Essen funktioniert? Wahrscheinlich sollte ich das mit dem Alkohol vorerst ganz sein lassen, weil ich keine Lust habe, noch ein Problem dazu zu bekommen.
Wie ich die nächsten Tage überstehen soll, weiß ich auch nicht so recht. Die Weihnachtsfeier vom Kindergarten mit „lecker essen gehen", Donnerstag mit der Klasse zum Griechen (Buffet - das geht eigentlich immer schief), dann noch mit der Clique essen gehen und danach ist schon Weihnachten, wo auch immer nur gegessen wird.

Ich bin so froh, dass jetzt bald das Gespräch von Bettina und Luisa mit meinen Eltern ist. Im Moment ist es ganz schlimm, wenn ich sehe, wie viel Mühe Mama und Papa sich geben. Damit sie sich nicht so viele Sorgen machen und einigermaßen zufrieden sind, erzähle ich, dass ich etwas gegessen habe, auch wenn es nicht der Fall ist. Sie finden, ich werde zu dünn. Meine Freunde aus der Klasse haben mich ebenfalls schon darauf angesprochen. Warum bin ich eigentlich nie richtig? Zu dick, zu dünn? Warum können die mich nicht so annehmen wie ich bin? Außerdem ist das total übertrieben. Ich würde gerne noch fünf Kilo abnehmen. Ich denke, dass ich mich selber dann endlich annehmen kann.

Februar 2008
Jetzt war das Gespräch endlich zwischen Mama, Papa, Bettina und Luisa. Wir sind uns alle einig, dass ich es ambulant nicht hinkriegen kann. Luisa hat mir die Rosen-Klinik empfohlen. Ich weiß noch nicht, wie ich das alles mit der Schule hinbekommen soll. Manchmal habe ich gar keine Lust mehr, die Ausbildung zu machen, doch ich habe das Gefühl, dass es Mama und Papa so wichtig ist. Manchmal denke ich sogar, dass ihnen das wichtiger ist als meine Gesundheit. Das macht mich traurig. Geht es immer nur um Erfolg? Mir ist das alles zu anstrengend. Jetzt muss ich all die Sachen mit der Krankenkasse klären. Mich überfordert das gerade sehr. Ich bin so antriebslos, dass ich es teilweise nicht schaffe, zur Schule zu gehen. Dann bin ich allerdings zu Hause und muss essen, dieser Zwiespalt immer. Jeden Tag aufs Neue.

Ich habe Glück, dass ich durch Papa Privatpatientin bin und dadurch die Chance habe, schneller in die Klinik zu kommen. Es muss jetzt los gehen, denn so geht es nicht weiter. Letzte Woche habe ich mit meiner Lehrerin gesprochen. Sie ist Psychologin und kennt sich sehr gut aus. Obwohl ich wahnsinnige Angst vor diesem Gespräch hatte, habe ich mich überwunden. Sie hat gesagt, dass sie schon geahnt hat, dass etwas mit mir nicht stimmt. Sie sagt, ich soll mir alle Zeit der Welt nehmen, wir bekommen das wieder hin. Ich bin ihr wirklich so dankbar.

Mit meinen beiden KollegInnen im Kindergarten habe ich auch gesprochen. Es hat mich sehr gefreut, dass sie so verständnisvoll damit umgegangen sind.

April 2008
Ich war gerade mit einer Freundin beim Dönerladen. Da das Abendessen und das Baguette in der Bar nicht gereicht haben, habe ich dort noch eine türkische Pizza und Pommes gegessen. Wie kann man so verfressen sein? In den Ferien habe ich gute fünf Kilo zugenommen - in zwei Wochen. Wie kann man nur so fett sein? Ich kann mich selbst nicht mehr ertragen. Mein niedrigstes Gewicht war 59,5 Kilo und ich hoffe, ich komme da wieder hin. Manchmal wünsche ich mir, dass ich an der Krankheit sterbe. Lieber gar kein Leben als ein Leben in meinem Körper. Es gibt keinen ekeligeren Körper als meinen. Ich bin gerade übelst depressiv und will nicht mehr. Nicht essen, nicht kotzen und nicht in meinem fetten, adipösen Arschloch-Körper weiterleben. Ich mache echt alle unglücklich. Ich bin das letzte Stück Scheiße. Besser ist es, wenn man mich gar nicht erst kennenlernt. Bald werde ich wieder Beleidigungen hören, weil ich fett bin. Das ist so eine Scheißwelt. Ohne Sinn, ohne irgendeinen Sinn, lebe, esse, schlafe und kotze ich.

7.1 Erster Klinikaufenthalt in der Rosen-Klinik
Mitte April – Ende Mai 2008
Mein erster Tag war grauenvoll. Meine Zimmernachbarin Doro sagte, dass sie so traurig ist, dass ihre alte Zimmernachbarin weg ist, weil sie immer zusammen gekotzt haben. Ich weiß nicht, wie ich das hier hinbekommen soll. Doro kommt immer vom Essen, sagt „Ich gehe mal eben aufs Klo", oder „Wanda, entschuldige mich." Sie geht ständig nach den Mahlzeiten kotzen.
Irgendwie habe ich das Gefühl, es trotzdem in den Griff zu bekommen.

Heute war ich einkaufen: sechs Teesorten, Sudoku und ein paar andere Kleinigkeiten. Es war ganz schön schwer, an den Süßigkeiten vorbei zu gehen, ohne alles mitzunehmen. Ich denke, dadurch, dass ich das immer wieder übe und übe, wird es mir mit der Zeit auch leichter fallen. Mein Ziel hier ist, etwas zu essen, nicht zu kotzen und ein bisschen abzunehmen. Ich bin mit 63,1 kg hier angekommen, das bedeutet, es sind noch acht Kilo bis zu meinem Wunschgewicht. Wenn ich jede Woche ein Kilo abnehme und anschließend das Gewicht halte, ist es doch super. Mit 55 Kilo kann ich mich wirklich anfreunden. Ich hoffe nur, dass es Mama und Papa nicht traurig macht, wenn ich noch mehr abnehme; vielleicht fällt es ihnen ja gar nicht auf.

Gleich ist Abendessen. Ich hoffe, dass ich das hinbekomme. Ich würde gerne wieder nach Hause. Ja, ich wollte so schnell wie möglich hierher, doch jetzt denke ich, dass das irgendwie schon zu Hause gegangen wäre.

Ich habe eigentlich so viel Kraft, setze sie jedoch falsch ein. Das Abnehmen ist etwas, woran ich hier arbeiten kann, damit ich mich anschließend besser fühle. Ich bin krank, ich merke es selbst.

Ich habe eine gute Therapeutin auf der Station und ich fühle mich bei ihr wirklich gut aufgehoben. Heute habe ich das erste Mal in einem Gespräch geweint. Es ging um meine Ängste bzgl. der anderen PatientInnen. Ich fühle mich abgelehnt und ich glaube, die finden mich scheiße, weil ich so aussehe, wie ich aussehe.

Heute fühle ich mich ganz gut. Ich denke das liegt daran, dass ich seit letzter Woche 1,2 Kilo abgenommen habe. Gestern ging es mir gar nicht gut, weil alle so einen Druck hatten, weil sie zunehmen müssen und ich die einzige Dicke hier bin. Das stört mich so, weil alle ziemlich große Mahlzeiten essen und ich aufpassen muss, mich danach nicht gleich wieder zu übergeben.

Am Samstag waren Doro und ich zusammen einkaufen. Wir haben ihren Abschied mit einem Käsekuchen, drei Tafeln Schokolade, Chips, Flips, Riegel, Schokolade, Keksen, SunRice und Gummibärchen gefeiert. Wir haben uns das wie ein Picknick auf unserem Fußboden aufgebaut und alles aufgegessen. Wenn nichts mehr ging, sind wir kotzen gegangen - manchmal sogar synchron. Da jeder sein eigenes Bad hat, war das möglich. Es war ganz lustig, aber ich bin froh, dass sie jetzt weg ist, das wäre eine Katastrophe geworden. In der Zeit mit ihr habe ich fast nur gekotzt, da ich mich nicht abgrenzen konnte. Sie hat teilweise zehn Brötchen, mit jeweils dreimal Margarine, dreimal Nutella gegessen und ich soll dann hungern?

Klar: Ich fühle mich auch irgendwie gut, wenn ich mit ihr im Speisesaal sitze und sie so viel isst und ich so wenig, aber normal ist das nicht, wenn sie sich morgens vom Buffet 18 Brötchen, 85 Nutellaportionen und 40 kleine Päckchen Butter mit aufs Zimmer nimmt.

Leider habe ich durch Doro erkannt, wie einfach und versteckt das mit den Essanfällen hier in der Klinik läuft. Irgendwie war die Bulimie-Abschiedsparty ein erneuter Start in die Essstörung. Ich kämpfe wirklich hart, aber es ist so schwer auszuhalten. Oft schaffe ich es nicht, dem Druck standzuhalten.

Durch die Gruppentherapie kommt langsam zu den anderen der Kontakt zustande. Es klappt gerade auch besser mit den Mahlzeiten. Zwar kann ich es teilweise nicht so gut einschätzen, doch ich denke, dass das ansatzweise normale Portionen sind. Ich hoffe, dass ich es schaffe, mich nicht zu übergeben und dass die Gedanken in meinem Kopf leiser werden. Das ist so anstrengend, weil ich schon abends im Bett liege und überlege, was ich am nächsten Tag esse.

Ich verstehe mich mit vielen PatientInnen sehr gut, es ist hier wirklich ein wenig wie Klassenfahrt. Wir machen immer Streiche mit unserem Mitpatienten. Wir lassen uns immer neue Sachen einfallen, wie wir seine Zimmertür so „dekorieren", dass er nicht mehr rauskommt. Mein Favorit war, glaube ich, die Frischhaltefolie mit dem dahinter gestopften Toilettenpapier. allerdings wurde das in der Morgenrunde von den TherapeutInnen angesprochen. Die konnten sich ein Lachen aber nicht verkneifen, auch wenn sie eigentlich streng sein wollten.

Ich fühle mich genau so verstanden wie in meiner Selbsthilfegruppe. Die anderen haben mich auf den Cola-light-Geschmack gebracht. Neben den ganzen lustigen Momenten gibt es allerdings weiterhin die Arbeit.

Nach drei Wochen fragte mich meine Therapeutin, ob ich nach den sechs Wochen gehen möchte oder ob wir versuchen wollen, noch eine Verlängerung bei der Krankenkasse zu beantragen. Ich hatte so Heimweh, dass ich nur nach Hause wollte. Einen Tag später, nach einem erneuten Essanfall mit anschließendem Erbrechen, bin ich weinend zu ihr gegangen, da ich es mir anders überlegt hatte. Ich habe gemerkt, dass ich noch nicht so weit bin. Allerdings wurde das Bett bereits vergeben. Daher werde ich jetzt in den letzten Wochen nochmal alles geben.

Meine Therapeutin sagte letzte Woche zu mir, dass ich mit großen Schritten auf die Magersucht zugehe. Irgendwie habe ich das Gefühl, schon so viel erreicht zu haben, aber dieses blöde Teufelchen geht nicht weg. Wie kann man das nur ändern? Immer gegen das schlechte Gefühl „anessen", sagt meine Therapeutin, doch dann fühle ich mich noch schlechter. Mein Gefühl ist, dass ich sowieso schon von morgens bis abends esse. Jetzt wurden mir auch noch die Weisheitszähne gezogen. Seitdem ich hier bin, habe ich fast fünf Kilo abgenommen. Die TherapeutInnen haben mir gesagt, es ist das beste, wenn ich in eine Wohngemeinschaft für Essgestörte ziehe, wenn ich wieder rauskomme, das möchte ich aber nicht. Ab nächster Woche bekomme ich ein Antidepressivum; ich weiß nicht, was ich davon halten soll. Ich fühle mich schlecht, weil ich das Gefühl habe, andere Leute nur zu enttäuschen.

Nach sechs Wochen Klassenfahrt, netten, wunderbaren Menschen und ein wenig mehr Selbstbewusstsein bin ich mit sechs Kilo weniger aus der Klinik entlassen worden. Mama und Papa haben mich abgeholt. Ich habe gute Vorsätze - fahre nach Hause - esse - und kotze - und das schon am ersten Abend.

Das war nur eine Ausnahme, ich mache das nicht wieder!

Zurück zu Hause

Jetzt bin ich wieder zu Hause. Ich war gerade bei der Nachbarin, um Tomaten zu kaufen. Sie schaut mich von oben bis unten an und sagt: „Oh, du bist aber schon wieder ganz schön dicke geworden." Was genau will sie mir damit sagen? Ich habe gerade sechs Kilo abgenommen. Wo ist ihr Problem bitte? Das ist so gemein. Mein Vorhaben, es hier gut zu machen, wird schwieriger als gedacht. Es ist hier eben alles wie vorher und leider auch die Gedanken und Gefühle.

Für mich hat die Schule wieder angefangen und es war echt schön, die anderen wiederzusehen. Irgendwie ist es komisch, dort jetzt auf einmal die Gewohnheiten zu verändern, was das Essen betrifft. Da muss ich mir wirklich noch mal was überlegen. Gut ist jedenfalls schon mal, dass ich jetzt weiß, wie ich meinen Hunger unterdrücken kann. Mit viel Cola light und Tee mit Süßstoff. Ich mache mir in eine Tasse Tee immer ca. 35 Süßstofftabletten, damit er mir schmeckt. Ist das wohl ein bisschen übertrieben?

Nach meinem Aufenthalt hatte ich Angst, dass die anderen Klassenkameraden schlecht über mich reden oder hinter meinem Rücken tuscheln. Daher habe ich mir überlegt, dass ich mit meiner Krankheit offen umgehe. Wir mussten eine Buchvorstellung machen und ich habe mich dafür entschieden, das Buch „Die perfekte Frau und ihr Geheimnis" vorzustellen. Das ist ein Buch, in dem die Krankheit Bulimie erklärt wird. Am Schluss meines Vortrags habe ich offen gesagt, dass ich deswegen in der Klinik war. Es kam gut an, keiner hat direkt was Doofes zu mir gesagt. Ich bin stolz auf mich, dass ich damit so offen umgegangen bin.

Es tut mir alles so leid. Ich habe es wirklich versucht. Mein Wunsch war so groß, dass alles gut ist, wenn ich wieder hier bin, aber ich kann es nicht. Mama macht echt alles. Sie bringt mir jeden Mittag Essen in den Kindergarten, damit ich mich damit wohl fühle und nicht das fettige Essen aus der Kindergartenküche essen muss.

Im Kindergarten ist es schlimm, seit ich wieder da bin. Meine Kollegin Ronja ist unaushaltbar. Sie war doch so nett, als ich ihnen von der Krankheit erzählt habe. So verständnisvoll. War das wirklich alles gespielt? Sie haut ständig irgendwelche Sprüche raus. Gestern sagte sie nach dem Mittagessen „So, dann gehe ich nochmal eben kotzen und dann geht es weiter mit der Arbeit" - und verschwand auf dem Klo. Wunderbar – was für eine Anspielung.

Seit drei Wochen bin ich wieder zu Hause und es ist alles wie vorher. Die Klinik hat **nichts** gebracht. Ich mache viel Sport, esse kaum etwas und wenn, dann übergebe ich mich.

Die Auslöser für das Essen und Kotzen sind immer die gleichen: Stress mit Freunden, Langeweile, keine Kraft mehr, alles abzuwiegen und auszurechnen, was ich an Kalorien esse. Ich bin es einfach satt - im wahrsten Sinne des Wortes. Es ist so wahnsinnig anstrengend.

Ich habe jetzt angefangen, in der Disco in Tolsdorf Partyfotos zu machen. Das ist ganz cool. Bibi hat das bisher immer gemacht und jetzt wechseln wir uns mit einem dritten Fotografen ab. Das macht echt Spaß. Wenn ich hinter der Kamera bin, habe ich wirklich das Gefühl, jemand zu sein.

Juli 2008

Ich kann schlecht mit anderen Menschen zusammen sein und alleine zu Hause halte ich es auch nicht aus. Mit mir stimmt doch etwas nicht. Das kann doch nicht normal sein?! In allen Bereichen meines Lebens habe ich nur Fragezeichen als Antwort auf die Fragen, die ich mir stelle.

Ich tue so viele Dinge, die ich nur mache, um andere glücklich zu machen. Warum mache ich nicht mal das, was **ich** möchte? Ich habe das Gefühl, nur zu leben, weil meine Familie mich sonst vermissen würde und nicht, weil ich es möchte. Ich lebe für andere und so, wie es anderen Recht ist. Das ist doch kein Leben.

Zweites Ausbildungsjahr

Die Ferien waren wirklich gut. Ich war mit meinen Mädels im Urlaub in einer Ferienwohnung und es war wirklich erholsam. Die anderen haben jeden Abend „Das perfekte Dinner" gespielt. Es hat immer eine gekocht, alles schön hergerichtet und dann haben die anderen das bewertet. Total die tolle Idee. Ich war die Filmerin – ich habe nicht gekocht und auch nicht mitgegessen. Es wäre dort in der Wohnung nicht gegangen, unbemerkt kotzen zu gehen. In der Zeit dort habe ich sehr wenig gegessen und keinen Alkohol getrunken. Das Zeug hat viel zu viele Kalorien, daher lasse ich es jetzt komplett weg.

Ich bin so froh, dass ich von dem Kindergarten weg bin. Ich konnte mir diese Sprüche nicht mehr anhören.
Jetzt arbeite ich im Wohnheim in einer Pflegegruppe. Die Arbeit ist sowohl körperlich als auch geistig ziemlich anstrengend. Es gibt einige Bewohner, die ziemlich abbauen und das mit anzusehen, fällt mir schwer. Im Wohnheim gibt es die Schwierigkeit, dass ich so schnell an Essen komme. Es gibt unten im Keller einen Vorratsraum und ein Klo, daher bekommt niemand etwas von meiner Symptomatik mit. Mittlerweile passiert es wirklich sehr häufig bei der Arbeit. Wenn die KollegInnen das wüssten, würden die mich bestimmt gleich rausschmeißen und mich ablehnen.

Meine Freunde fragen mich gar nicht mehr, ob ich mit denen etwas unternehmen möchte. Ich bin ihnen wohl zu langweilig geworden, da ich keinen Alkohol mehr trinke. Meine Freundin hat letztens ernsthaft gesagt, dass sie nicht mehr weiß, was sie mit mir machen soll. „Du trinkst keinen Alkohol mehr und Essen gehen ist ebenfalls schwierig."
Ich kann doch keinen Alkohol trinken, nur um mit denen was machen zu können, so was zeichnet eine Freundschaft doch nicht

aus.

Letzte Woche habe ich einen tollen Urlaub gemacht – ganz für mich alleine. Ich war drei Tage lang in einem Kloster. Meine Idee war es, bei mir zu sein und zu mir zu kommen. Mein Handy habe ich ausgemacht und die ganzen Tage über nur Tagebuch geschrieben.

Mir ist bewusst geworden, dass ich gerne einen Freund hätte. Die Schwierigkeit ist jedoch, dass ich gerne einen hätte, der mich liebt, wie ich bin und der mich auch mit 35 Kilo mehr genommen hätte. Ich möchte, dass er mich liebt, wie ich bin und nicht, weil ich jetzt einen schlankeren Körper habe. Doch wie soll ich das herausfinden? Wieso kann ich das von Männern verlangen, wenn ich mich selbst nicht mal so annehmen kann, wie ich bin?

In der Klinik habe ich angefangen, Kalorien zu zählen. Mit einer Küchenwaage wiege ich alles ab, sogar das Obst und das Gemüse, und dann berechne ich die Kalorien.

Täglich nehme ich zwischen 500 und 1000 Kalorien zu mir. Es gibt jedoch auch Tage, an denen ich gar nicht rechne, weil ich eh kotze. Dann lohnt sich der ganze Aufwand nicht.

In der Zeit im Kloster habe ich kaum etwas gegessen. Ich war viel zu Fuß unterwegs, da der nächste Einkaufsladen sieben Kilometer entfernt war. Eine neue Angewohnheit ist die Einnahme von Abführtropfen. Mein Gefühl ist, dass dadurch der Rest aus meinem Magen kommt, den ich nicht auskotzen konnte.

Luisa hat gesagt, dass die „Weight Watchers" Obst und Gemüse nicht mitberechnen. Das ist immerhin ein Abnehmprogramm, die werden es ja wissen. Jetzt berechne ich es nicht mehr mit und kann mich daran wenigstens wieder satt essen.

Damit das Obst und Gemüse ein bisschen mehr Geschmack hat, mache ich da Salz drauf.

Irgendwie kann ich meine Gefühle ohne Alkohol nicht aushalten. Letztes Wochenende habe ich mich daher sehr betrunken. Am nächsten Tag hatte ich Frühdienst und konnte mich ernsthaft nicht mal daran erinnern, wo ich morgens meine Jacke hingelegt hatte. Das ist so verantwortungslos von mir.

Seit Montag habe ich eine ambulante Therapeutin, zu der ich jede Woche fahre. Es fällt mir sehr schwer, mich zu öffnen, doch ich versuche es. Mama macht sich so, so viele Gedanken. Ich habe unheimlich Angst, dass sie sich damit kaputt macht. Papa lockert das Ganze immer noch etwas auf, das ist wirklich erfrischend zwischendurch, wenn sich so viel um Probleme handelt. Richtig verstehen tut er mich, glaube ich, nicht, was die Krankheit angeht. Es ist verständlich, ich verstehe mich ja selber oft nicht.

Im Wohnheim darf ich mir nun auch Sprüche zu meinem Essverhalten anhören. Wenn ich Tage habe, an denen ich nicht kotzen möchte, esse ich nicht viel. Letzte Woche habe ich Sprüche wie „Wer isst denn da nur einen Apfel?" und „Pass auf, dass du nicht zu viele Kalorien zu dir nimmst!" um die Ohren bekommen. Können die Leute sich nicht einfach um ihren eigenen Kram kümmern??

Mit den Mädels habe ich so gut wie gar keinen Kontakt mehr, sie sagen mir nicht mehr Bescheid, wenn sie saufen gehen. Ich habe gehört, dass sie keine Lust darauf haben, dass ich schlecht drauf bin und sie deswegen auch schlecht drauf werden. Eine Freundin meinte neulich, dass ich mich ja melden kann, wenn es mir wieder besser geht und wir uns bis dahin ja bestimmt dann auch mal in der Disco begegnen. Mit mir kann man es eben nicht aushalten.
Immerhin haben die Leute aus der Klinik und der Selbsthilfegruppe Verständnis für mich. Mit denen bin ich sehr viel im Kontakt, das tut mir wirklich gut.

Heute habe ich Mama angelogen, und es tut mir schon wieder leid. Sie hat mich nach dem Essen gefragt, ob alles gut ist - da kam ich allerdings gerade vom Kotzen. Ich habe gesagt: „Ja, alles gut", aber was heißt schon gut? Bei Mama und Papa, dass ich nicht kotze und bei mir, dass die Waage okay ist. Ist doch alles subjektiv. Ich möchte nicht lügen, aber ich bin es so satt, nicht mehr als „Wanda" sondern als „die mit dem Problem" gesehen zu werden. Oder eben als „das Problemkind". Mama und Papa sollten sich keine Sorgen mehr um mich machen müssen.

Ende Dezember 2008
Seit Anfang Dezember habe ich fünf bis fünfzehn Mal täglich gekotzt. Zu Hause habe ich nur noch Stress, weil ich so schlecht gelaunt bin.
Seit ein paar Wochen habe ich wieder angefangen, mir die Arme blau zu schlagen. Wenn ich Schmerzen habe, fühle ich mich gut, da ich weiß, dass ich es verdient habe.
Meiner Familie geht es meinetwegen schlecht.

Ohne einen weiteren Klinikaufenthalt kann ich es nicht hinbekommen. Meine Therapeutin sieht das auch so. Ich traue mich nur nicht, es meinen Eltern zu sagen. Sie sind immer so optimistisch, was meine Krankheit angeht, ganz im Gegenteil also zu mir.

Meine Eltern haben besser reagiert, als ich gedacht habe. Ich hatte das Gefühl, dass sie fast ein bisschen erleichtert waren. Mein Papa hat einen Antrag bei der Krankenkasse gestellt. Er wusste dieses Mal schon genau, was die alles brauchen, daher ging das wirklich schnell. Die Rosen-Klinik führt eine sehr lange Wartelist, außerdem gibt es zu viele Freiheiten dort. Ich bin mir ziemlich sicher, dass meine Essstörung das für sich nutzen würde, daher habe ich mich für eine andere Klinik entschieden. Die Klinik am Park ist ein Tipp meiner Therapeutin und die Aufnahme dort ist in drei bis vier Wochen möglich. Ich bin sehr aufgeregt, habe aber auch ein bisschen Angst.

Ich merke, dass ich das alles im Kopf nicht mehr kann. Ich sitze in der Schule und bekomme gar nichts mehr mit. Manchmal weiß ich gar nicht, worum es geht. In meinem Kopf ist kein Platz für Dinge, die ich lernen soll und muss. Meine Gedanken drehen sich um Essen, nicht essen, kotzen, Gewicht – das geht so nicht weiter.

Für mich war es total schwer, im Wohnheim zu sagen, dass ich in die Klinik muss. Meine Angst war, dass die MitarbeiterInnen dort genauso reagieren wie im Kindergarten.

Außerdem hatte ich dort wirklich viele Aufgaben übernommen und daher das Gefühl, meine KollegInnen im Stich zu lassen.

Sie waren jedoch alle wertschätzend und freuen sich darauf, wenn ich wieder da bin. Wir wollen über die Zeit, in der ich in der Klinik bin, weiter in Kontakt bleiben.

7.2 Klinik am Park in Bad Ahlburg
Ende März – Mitte Juli 2009

Mein erster Tag war ziemlich voll und sehr schräg. Mama und Papa haben mich in die Klinik gebracht und es war total doof, sich von ihnen zu verabschieden.

Es wurden viele Untersuchungen gemacht, anschließend musste ich zur Zwischenmahlzeit. Es gab Obstsalat und Quark. Das war lecker, aber ich habe mich erschrocken: Als ich fertig war, hatten die anderen am Tisch noch nicht einmal angefangen. Man hat ihnen die Magersucht schon extrem angesehen. Einige wurden sogar mit einem Rollstuhl dort an den Tisch gefahren. Mittlerweile habe ich herausbekommen, dass es an ihrem sehr niedrigen BMI liegt. Laut der Klinikregeln dürfen sie nicht selbst laufen.

Ich habe mir dann viele Gedanken gemacht, ob ich verfressen und deswegen so schnell bin, oder ob das an **deren** Krankheit liegt. Diese Gedanken habe ich meiner Zimmernachbarin anvertraut und sie hat mich ein bisschen aufgeklärt. Es gibt festgelegte Zeiten, in denen sie das Essen aufessen müssen. Einige brauchen einfach diese Zeit.

Es gibt wohl die Möglichkeit, relativ schnell von dem betreuten Essen wegzukommen. Es heißt „betreutes Essen", da immer eine der Ernährungsberaterinnen mit am Tisch sitzt. Ich bin erleichtert zu hören, dass meine Zimmernachbarin das Problem am Anfang ebenfalls hatte.

Sie hat mir viele Regeln erklärt und gesagt, dass man in der ersten

Woche nicht raus darf. Ich muss nach jeder Mahlzeit für eine halbe Stunde in die Medizinische Zentrale zum „Nachsitzen". Das wird generell bei Bulimikern gemacht, damit sie nicht direkt auf die Toilette gehen und sich übergeben. Meine Gefühle sind sehr gemischt. Auf der einen Seite finde ich es gut, dass ich jetzt Kontrolle von außen bekomme, und auf der anderen Seite fühle ich mich ganz schön eingesperrt und allein.

Es ist viel strenger als in der anderen Klinik und ich habe das Gefühl, dass es mich mehr unterstützt. Ich habe einen Essensplan, der genau nach meinem Bedarf ausgerichtet ist. Es stehen Kalorien und Fettangaben mit auf dem Plan. Das hat mich erst verwirrt, aber gerade für die Leute, die zunehmen müssen, ist es wichtig. Natürlich ist es auch für mich wichtig, damit ich die richtigen Relationen kennenlerne. Ich habe ja immer eher fettarm gegessen. Meinen Essensplan habe ich mir mit Unterstützung selber zusammenstellen dürfen - aus den Lebensmitteln, auf die ich Lust habe. Das hat richtig Spaß gemacht. Ich bekomme wirklich wieder Lust darauf, zu essen.

Nach anderthalb Wochen habe ich die betreuten Zwischenmahlzeiten abgeben können. Das ist wirklich ein wichtiger Schritt. Morgen werde ich wahrscheinlich auch die Hauptmahlzeiten an einem anderen Tisch einnehmen. Diese Nahrungsaufnahme von den PatientInnen an dem betreuten Tisch kann man sich nicht anschauen. Es dauert alles immer ewig, bis die überhaupt anfangen, dann diskutieren sie über die Größe der Portionen, weil alle immer der Meinung sind, dass sie mehr haben als die anderen. Und zu guter Letzt verstecken sie dann Suppen und Kartoffeln in Handtaschen und Servietten. Ja, sie sind krank – das weiß ich, aber es belastet mich.
Nachsitzen darf ich mittlerweile in der Cafeteria, ab nächster Woche brauche ich das dann wahrscheinlich gar nicht mehr.

Ich habe wirklich viele tolle Menschen kennen gelernt. Wir sitzen oft zusammen in der Cafeteria. Am Anfang hat es mich

Überwindung gekostet, die anderen anzusprechen, doch jetzt läuft es echt ganz gut.

Am Wochenende habe ich mit Ida und zwei weiteren Patienten ein bisschen gefeiert. Irgendwer hat uns verpetzt und es gab richtig, richtig Ärger. Ich musste in der medizinischen Zentrale übernachten und hatte große Angst, dass ich rausfliege. Es ist in meiner dritten Woche passiert. Kurz vorher habe ich erfahren, dass meine Verlängerung für sechs weitere Wochen bei der Krankenkasse genehmigt worden ist. In der Rosen-Klinik musste man direkt seine Sachen packen und nach Hause fahren, wenn man Alkohol getrunken hatte. Ich habe mich so über mich geärgert, weil ich wieder mal erst später gemerkt habe, wie doof mein Verhalten war - erst, als es zu spät war. Dabei brauche die Therapie dringend.
Es gab lediglich Ärger und eine Abmahnung, ich bin so dankbar dafür. Die Chance, die ich bekommen habe, werde ich auf jeden Fall nutzen.

Mein Essverhalten hat sich wirklich fast normalisiert. Ich freue mich immer, wenn es was zu essen gibt. Da der Plan auf mich abgestimmt ist, fühle ich mich sehr sicher. Ich habe absolut nicht den Drang, mich zu übergeben. Mein Gewicht ist zwar angestiegen, seit ich hier bin, aber die Ärzte und Ernährungsassistentinnen sagen, dass es an der Körperumstellung liegt und ich Wassereinlagerungen habe. Das ist wohl bei allen Bulimikern so, die das Kotzen aufgeben.

Es ist total toll. Ich bekomme immer mehr Dinge an die Hand, die ich machen kann, wenn mein Druck steigt. Manchmal gehe ich mit MitpatientInnen in den Wald, wir schreien und schlagen mit Stöcken gegen die Bäume. Es tut gut, diesen Druck nach außen zu bringen, ohne sich selber damit zu schädigen.
Oft gehen wir auch in den Boxraum. Wir schlagen dann auf den Boxsack ein und schreien dabei entweder irgendwelche Schimpfwörter oder Dinge, die uns nerven.
Wir waren auch schon ein paar Mal im Körpertherapieraum und

haben zu lauter Musik getanzt.

Manche Dinge machen mir allerdings Angst. Eine meiner Mitpatientinnen hat vorgestern versucht, sich die Pulsadern aufzuschneiden und dazu noch Tabletten genommen. Sie hat dann auf die Fliesen mit einem Kajal Nachrichten an ihre Oma geschrieben. Das war alles ganz schön heftig. Sie ist jetzt in der Psychiatrie. Seit dem Vorfall fühle ich mich total schlecht. Ich habe Schuldgefühle, weil wir uns vorher noch gestritten haben. Ich muss wirklich lernen, mich besser abzugrenzen.

In der Therapie läuft es ziemlich gut. Ich habe einen tollen Therapeuten, eine gute Gruppe, in der ich mich auch traue, Dinge anzusprechen, die mich belasten und eine wunderbare Kunsttherapeutin. Weitere Therapien sind Körpertherapie, in der wir lernen sollen, unseren Körper zu spüren und anzunehmen und die Mittagsrunden, in der es vor allem um Gewicht und Symptomatik geht.

Ich freue mich: Im Secondhandshop habe ich eine total coole Sonnenbrille gefunden. Ich habe angefangen, alle möglichen Leute damit zu fotografieren, wenn sie Grimassen ziehen. Das ist zu einem richtigen Projekt geworden. Wir haben das Okay bekommen, dass wir die Bilder ausdrucken und zusammen auf eine weiße Wand in den Flur bei den Therapieräumen hängen dürfen.
Die Wand ist so cool geworden. Wir haben immer nach und nach die Bilder nachts dort aufgehängt. Ganz am Schluss kamen die Bilder von dem Ehepaar, das die Klinik leitet, mit dem Schriftzug „Wahre Schönheit kommt von Ihnen". Wir haben unglaublich viel Lob bekommen.

Wir haben wirklich eine tolle Zeit hier. Es ist auch Arbeit, natürlich. Doch ich komme wirklich voran.
Neben den Therapien fahren wir an den Wochenenden mal nach Halingsbrück oder Gransberg, machen Bad-Taste-Days oder tanzen

im Sommerregen auf der Straße. Ich empfinde eine Leichtigkeit, die ich ewig nicht gespürt habe.

Wenn man in der Klinik mit dem Essen gut zurechtkommt, kann man in der Mittagsrunde fragen, ob man ausprobieren darf, frei zu essen. Die Idee dabei ist, dass man sich schon mal auf Zuhause einstellt, indem man selber guckt, was man wann isst. Die Hauptsache ist, dass man auf die vorgegebenen Kalorien und den Fettgehalt kommt. Ich bin jetzt eine Freiesserin. Wir sind so stolz darauf, dass wir uns zu dritt T-Shirts mit der Aufschrift „Freiesser" genäht haben. Das fanden auch wieder alle total toll.

Die Zeit hier ist bald vorbei und es fällt mir richtig schwer, wieder zu fahren. Ich habe tolle Freunde kennengelernt, mich endlich angenommen und gut aufgehoben gefühlt. Wie wird das wohl, wenn ich in die alte Umgebung zurückkomme? Kann ich es da schaffen, meinen Plan umzusetzen, weiterhin zu essen? Und mich nicht zu übergeben? Kriege ich das hin?

Ich muss für die Kunsttherapie einige Fragen beantworten, die ich ganz spannend finde. Vieles davon kann ich erst jetzt, nach der Therapie, beantworten. Ich habe wirklich viel gelernt.

Wie bin ich?
Ich habe hier für mich gemerkt, dass es in der Zeit vor der Klinik nur darum ging, andere Menschen zufriedenzustellen. Selten habe ich danach geschaut, was für mich gut ist und was ich brauche.
Zu Anfang habe ich auch hier versucht, mich zu verstellen und so zu sein, wie ich dachte, dass die anderen mich haben wollen. Dabei habe ich aber schnell gemerkt, dass mir das nicht guttut. Das ist eine der Sachen, die in meinem Leben bisher falsch gelaufen sind.
Ich habe auch meine positiven Seiten annehmen und manchmal sehen können. Ich würde mich so beschreiben:
Ich bin ein sehr sensibler Mensch, der sehr schnell merkt, wenn es jemandem nicht gut geht und versucht, diesem dann zu helfen.

Oft merke ich, dass die Menschen um mich herum Spaß haben und lachen, wenn ich etwas erzähle. Ich bekomme die Rückmeldung, dass ich einen guten Humor habe. Das macht mich glücklich, denn früher habe ich immer sehr daran gezweifelt, auch nur ansatzweise lustig zu sein.

Ich versuche ganz oft, die Aufmerksamkeit von anderen zu bekommen. Ich versuche dieses, wenn es durch normales Verhalten nicht geht, durch negative Aufmerksamkeit, indem ich etwas mache, was nicht erlaubt ist. Dadurch möchte ich erreichen, dass mich die anderen Menschen in meiner Umgebung wahrnehmen und sich um mich kümmern.

Es fällt mir schwer, Vertrauen in Beziehungen aufzubauen.

Wo ist der Zusammenhang zum Essen, was brauche ich?
Hier habe ich zwei verschiedene Seiten von mir kennengelernt. In den Situationen, in denen ich auf mich oder andere sehr aggressiv bin und ich das Gefühl habe „überzubrodeln", möchte ich einfach nur kotzen, um diese ganzen negativen Gefühle loszuwerden.

In den anderen Situationen ist es die Leere, die gestopft werden will. Dieses Gefühl von nichts und wieder nichts ist schwer zu ertragen. Dies mache ich dann mit dem Essen.

Was habe ich hier gelernt?
Ich habe gelernt, dass es funktionieren kann, Vertrauen zu anderen aufzubauen.

Es ist nicht immer meine Schuld, wenn es zu Konflikten kommt und ich bin eigentlich im Kern ganz in Ordnung.

Ich habe viele Leute kennengelernt, die mich sehr lieb haben und mir das immer wieder zeigen und zeigen werden.

Ich schaffe es, mir Dinge, die ich von vertrauten Personen brauche, zu holen (z. B. ein Gespräch oder eine Umarmung).

Ich habe gelernt, zu sehen, was ich wirklich will und meine Bedürfnisse anderen gegenüber auszudrücken. Das bedarf natürlich noch mehr Arbeit, aber ich habe hier einen guten Anfang gemacht.

Ein wichtiger Punkt war natürlich, den normalen Umgang mit dem

Essen und insbesondere einer angemessenen Menge an Nahrung zu erlernen.

Was fehlt mir?
Ich habe gemerkt, dass mir ganz oft das Gefühl fehlt, wirklich gemocht, gesehen, angenommen zu werden, wie ich bin. Ich bin der Meinung, dass das mit dem geringen Selbstvertrauen zusammenhängt. Ich kann lernen, dies aufzubauen. Der erste Schritt war, dies zu erkennen.
Ich brauche ganz viel Zuwendung und Geborgenheit.

Die Zeit in der Klinik war wirklich schön, viele Leute sind mir ans Herz gewachsen. Der Abschied war sehr schwer. Nun muss ich mich wieder an ein Leben außerhalb der „Käseglocke" gewöhnen. Ich werde definitiv mit den Menschen in Kontakt bleiben.

Entlassung

Meine Freundin hat mich nach 16 Wochen Klinikaufenthalt am Entlassungstag aus der Klinik abgeholt und wir sind direkt in den Urlaub gefahren. Wir haben in dem Wohnmobil ihrer Eltern übernachtet. Ich habe in den Tagen dort eindeutig zu viel Alkohol getrunken. Dadurch kamen Essanfälle und anschließend musste ich mich wieder übergeben. Das kann doch nicht mein Ernst sein, dass es direkt so weiter geht??

Meine ambulante Therapie hat wieder begonnen und ich bin wieder in der Selbsthilfegruppe. Dort konnte ich viel von meinen Erfahrungen aus der Klinik erzählen. Ich bin froh, wieder zu Hause zu sein. Mir gelingt es überwiegend, den Essensplan einzuhalten. Es freut mich, dass ich jetzt noch ein paar Wochen frei habe und noch nicht wieder zur Schule und ins Praktikum muss.

Drittes Ausbildungsjahr

Jetzt haben das Praktikum und die Schule wieder begonnen. Ich mache mein Praktikum weiterhin im Wohnheim. Meine KollegInnen haben mich wirklich total nett wieder aufgenommen. Ich bin froh, wieder hier zu sein.

Leider schaffe ich es in der Schule nicht, meine Gewohnheiten zu ändern. Dadurch kommt es wieder zu Essanfällen, wenn ich zu Hause bin. Fast jeden Abend trinke ich Alkohol. Ich kann nicht verstehen, warum das schon wieder losgeht. Ich brauche den Alkohol, um meine Gedanken zu betäuben.

Am Wochenende mache ich weiterhin Bilder in der Diskothek. Meistens bin ich bis vier Uhr nachts dort und habe oft am nächsten Morgen Frühdienst. Das bedeutet, dass ich um halb acht wieder aufstehe und dann bis fünf Uhr arbeite. Ich bin ziemlich kaputt nach den Wochenenden, doch ich bin auch froh, wenn ich mich nicht mit mir und meinen Gedanken auseinandersetzen muss.
Mama und Papa sind der Meinung, dass das alles zu viel für mich ist.

Irgendwie habe ich das Gefühl, dass es gerade mit meiner Gesundheit noch mehr den Bach runter geht. In der Klinik durfte ich diese Leichtigkeit wieder spüren und nun fehlt sie mir so sehr. Das Leben hat mir wieder Spaß gemacht und jetzt? Dort gab es immer eine Tür, an die ich klopfen konnte, wenn etwas nicht in Ordnung war. Oftmals musste ich gar nicht viel sagen, damit die andere Person mich versteht. Jetzt fühle ich mich wieder so alleine. Ich vermisse meine Freunde aus der Klinik und das „Verstandenwerden". Meine Selbstverletzungen sind in der letzten Zeit auch schlimmer geworden. Ich habe angefangen, mich zu schneiden. Es klingt bescheuert, aber es beruhigt mich, wenn ich das Blut den Arm runterlaufen sehe. Das passiert meistens in Verbindung mit dem Trinken von Alkohol. Ich ärgere mich so sehr über mich, dass ich es nicht schaffe, mich vernünftig zu ernähren. Und das, obwohl ich 16 Wochen in der Klinik war.

Ich freue mich total, dass meine Mama bereit ist, mit mir zusammen den Elternworkshop in der Klinik zu machen. Ich habe die Hoffnung, dass wir die Streitereien, die wir bezüglich des Essens und meiner Tagesgestaltung immer wieder haben, endlich mal besprechen können.

Anfang September 2009
Manchmal frage ich mich, ob ich einen komischen Blick auf die Dinge habe. Ich habe in dem Workshop unsere Streitereien angesprochen. Meine Mama hat diese allerdings total runtergespielt. Für mich ist das eine Belastung. Ich habe ihr gesagt, dass ich wieder viele Rückfälle habe, seitdem ich zu Hause bin. Im Gespräch kam heraus, dass meine Mama es besser findet, wenn wir in den Therapiesitzungen den anderen Familien den Vorrang lassen, weil die alle viel größere Probleme miteinander haben. Ich bin echt ein bisschen verunsichert, was mein Gefühl zu unserer Situation angeht. Immerhin habe ich endlich beschlossen, in die betreute Wohneinrichtung zu ziehen und habe dies mit meiner Mutter kommuniziert.

Ich gehe zwar weiterhin zur Arbeit und zur Schule, allerdings nur noch mit halber Kraft. Manchmal schaffe ich es körperlich einfach nicht, zur Schule zu gehen und bleibe daheim.

Ende September 2009
Direkt nach einem Autounfall im Krankenhaus: Ich liege im Krankenhaus und alle sagen, was ich für ein Glück habe. Dabei wollte ich nicht mehr leben - jetzt tue ich es noch, mit Einschränkungen. Ich habe den LKW nicht gesehen, echt nicht. Das war nicht meine Absicht. Mama und Papa sind nicht zur Unfallstelle durchgekommen, wegen der Polizei. Die haben gesagt, dass es ein schwerer Verkehrsunfall war und es dort nicht vorbeigeht. Mama und Papa haben darauf bestanden und gesagt, dass ihre Tochter

verwickelt ist. Papa hat das Auto gesehen und gedacht „Scheiße!!" Mama auch, sie durfte in den Krankenwagen. Ich habe nur geheult und gesagt, dass es mir so leid tut mit dem Auto.

Jetzt bin ich etwas klarer. Ich kam gestern von der Krankengymnastik und es war sehr nebelig. Ich konnte wirklich kaum etwas sehen und habe noch überlegt, wie viele Meter Sicht ich überhaupt habe. In dem Moment hat es so laut gekracht. Ich bin auf einen LKW gefahren. Dieser musste halten, da vor ihm ein Fahrzeug war, das Bäume am Straßenrand beschnitten hat. Mein Schlüsselbein ist gebrochen, mein rechter Ellenbogen ebenfalls und ich musste am Kopf genäht werden. Ich habe unheimliche Schmerzen. Am schlimmsten sind meine Gedanken. Das Auto war gerade neu. Papa ist bestimmt richtig sauer auf mich. Ich habe es tatsächlich mal wieder geschafft, es zu verkacken.
Meine Eltern wollen, dass ich wieder entlassen werde. Ich bin mir sicher, dass es daran liegt, dass sie Geld für meinen Aufenthalt zahlen müssen. Die Ärzte sind der Meinung, dass ich zur Beobachtung dableiben soll, weil gewisse Schädigungen erst später erkannt werden könnten und ich kann gerade **nichts** alleine. Was soll ich denn jetzt machen? Mich gegen die Meinung der Ärzte stellen oder gegen den Willen von Mama und Papa? Vielleicht denken sie, dass ich nur simuliere?
Die Schwester hat heute meinen Verband abgemacht und meine Selbstverletzungen gesehen. Sie sagte „Oh nein, der Autounfall und dann bist du vorher noch in einen Dornenbusch gefallen? Armes Mädchen!"
Durch meine Langeweile und diesem inneren Druck, den ich habe, esse ich eindeutig zu viel. Ich kann noch immer nicht aufstehen, deswegen kann ich nicht Kotzen gehen. Wenn ich daheim bin, muss ich das unbedingt alles mit den Ernährungsassistenten aus der Klinik nachbesprechen. Vielleicht ist es besser, wenn ich zu Hause erst einmal wieder weniger esse. Ich kann mich jetzt ja echt nicht viel bewegen in diesem Zustand.
Papa hat mich heute, nach fünf Tagen, besucht. Er war so stumpf. Er

sagte nur, dass er gehört hätte, dass ich denke, er sei sauer und dass er jetzt da ist, da ich mich ja sonst wieder beschweren würde. Nach kurzer Zeit ging er wieder. Ich habe so ein schlechtes Gewissen.

Ich bin jetzt seit ein paar Tagen wieder zu Hause. Ich wurde nach sechs Tagen aus dem Krankenhaus entlassen. Nun bin ich wieder total in meiner Symptomatik gefangen. Ich kann gerade nicht arbeiten und fühle mich hier zu Hause nur als Last. Dazu kommt, dass meine Schwester, seitdem ich aus der Klinik wieder da bin, immer mehr abgenommen hat. Sie geht jeden Tag joggen und isst kaum etwas. Ich habe das Gefühl, dass sie lügt, wenn sie sagt, dass sie bereits woanders gegessen hat. Diese Geschichten kenne ich doch zu gut. Meine Eltern sind der Meinung, dass ich mir das einbilde. Sie meinen, dass sie so eine starke Persönlichkeit hat, dass sie niemals eine Essstörung bekommen würde. Soll das bedeuten, dass meine Persönlichkeit zu schwach ist??
Ich fühle mich sehr schlecht, da ich gerade alles versuche, um eine Kostenübernahme für die betreute Wohneinrichtung zu bekommen. Zeitgleich sind meine Eltern dabei, mir mein Zimmer schön herzurichten. Sie haben Parkett verlegt und geben sich mit alldem viel Mühe; ich möchte sie wirklich nicht verletzen. Es sieht undankbar von mir aus.

Gestern war eine Frau vom Jugendamt da. Sie sollte einschätzen, ob ich die Betreuung in der Wohneinrichtung brauche. Meine Eltern haben mich wirklich von der besten Seite beschrieben. Sie sagten, dass alles ganz gut läuft, dass ich ein wenig Probleme habe mit dem Essen und dem Einteilen von Geld, aber sonst ist alles gut und schön. Warum fühle ich das nicht? Wieso schätzen wir die Situation so unterschiedlich ein?
Ich habe mich während des Gespräches nicht getraut, etwas zu sagen. Im Anschluss habe ich der Frau eine Mail mit meiner eigenen Sicht der Dinge geschickt. Ich wollte Mama und Papa nicht verletzen oder beunruhigen. Aber ich sehe mich einfach als kranker und hilfloser, als sie es tun.

Oh, ich habe einen wunderbaren Mann, Ben, kennengelernt, der im Dorf nebenan wohnt. Ich habe ihn auf der Party einer Mitschülerin getroffen und bin oft bei ihm. Er trinkt, glaube ich, relativ viel Alkohol. Immer, wenn ich ihn besuche, trinke ich zu Hause schon was vor, damit ich etwas lockerer und besser gestellt bin. Manchmal brauche ich den Alkohol sogar, um ihn zu fragen, ob ich ihn besuchen darf, da ich Angst habe ihn zu nerven.

Ich glaube, dass ich mich ein bisschen verliebt habe. Leider ist es wieder einmal so, dass Ben keine Beziehung möchte. Mittlerweile bin ich fast jeden Abend bei ihm. Meine Eltern finden das nicht gut. Ich kann es irgendwo verstehen, weil ich mehr Alkohol dadurch trinke. Sie wollen eben, dass ich meine Schule schaffe. Momentan kann ich mich darauf sowieso nicht konzentrieren. Meine Rückfälle und die Selbstverletzungen sind wieder deutlich mehr geworden.

Nun habe ich die Kostenzusage für die ambulante Wohneinrichtung bekommen. Ich weiß noch gar nicht genau, wie das von dort aus alles mit der Schule gehen kann. Das Wichtigste ist allerdings erst einmal, dass ich wieder in die richtige Bahn komme.
Da ich nur in einem stabilen Zustand in die Einrichtung einziehen darf *(das bedeutet, dass ich mindestens zwei Wochen symptomfrei sein muss)*, muss ich vorher zur Stabilisierung in die Klinik.
Mit meinem Chef und meinen KollegInnen habe ich bereits gesprochen. Ich habe ihnen gesagt, dass ich das Praktikum vorzeitig abbrechen muss, da ich noch einmal in die Klinik muss und dann wegziehen werde.

Mit meiner Lehrerin habe ich abgesprochen, dass ich mich nun erst einmal stabilisiere und wir im nächsten Jahr schauen, wie es weiter gehen kann. Ich bin froh, dass sie so verständnisvoll ist.

7.3 Klinik am Park zur Stabilisierung vor dem Veda (betreute Wohneinrichtung)

Ein großes Thema ist die Ablehnung. Ich habe diese alten Gefühle wieder, die ich am Anfang des letzten Aufenthaltes hatte. Mir kommt es so vor, als wenn mich niemand hier haben will, dass ich nerve, sobald ich etwas frage oder brauche. Ich bin nicht mehr die Wanda, die ich bei meiner Entlassung im Sommer war.

Das Personal ist im Kontakt zu mir auch total anders, niemand sieht mich. Es ist denen vollkommen egal, ob ich meine Essensmengen einhalte oder nicht. Allen bin ich egal, niemand interessiert sich für mich.

Als ich in meinem Zimmer war und mir einen Tee machen wollte, habe ich mir das heiße Wasser über mein Handgelenk gekippt. Ich brauchte es in dem Moment, mich zu spüren, mein Kopf hat sich für den Moment ausgeschaltet. Meine Angst vor der Einrichtung ist so groß. Bin ich dafür schon stabil genug? Oder ist es generell meine Angst vor etwas Neuem?

Ich merke gerade, dass ich sehr viel mit dem Thema Eifersucht zu kämpfen habe. Es ist permanent die Angst da, dass ich meinen Platz bei den Schwestern, ÄrztInnen und TherapeutInnen verloren habe. Wenn sie sich mehr um die anderen PatientInnen kümmern, habe ich das Gefühl, dass sie die lieber mögen und dass sie mich vergessen. Es fühlt sich so an, als werde ich vergessen und als wäre ich denen auf einmal vollkommen egal. Ich frage mich, woher es kommt. Es ist nicht so, dass ich den anderen PatientInnen die Zuwendung nicht gönne oder denke, die haben das nicht so nötig wie ich, allerdings dramatisiere ich das immer so, dass es mir damit dann richtig schlecht geht.

Ich habe Angst vor dem, was kommt, dass ich zu doof bin für das Leben, ich es nicht schaffe und immer wieder die Krankheit brauche um auszudrücken, was bei mir los ist.
Warum bin ich so zurückgeblieben?!

Ich weiß gerade nicht mehr, was ich noch dazu sagen soll. Ich habe versucht, Kontakt aufzubauen, doch wenn ich in einer Gruppe sitze, denke ich immer „Ich muss ganz schnell weg, sonst merken die anderen wie ich bin und dann?" Was dann? Ich weiß es selber nicht. Ich kann es allein nicht aushalten und in der Nähe mit Mitpatienten auch nicht. Ich habe Angst, ich in der betreuten Wohneinrichtung abgelehnt zu werden.

Da ich immer dicker werde, kann ich es in meinen Körper echt nicht mehr aushalten. Es wollen mir alle erzählen, dass das Wassereinlagerungen sind, das kann ich langsam nicht mehr glauben. Ich schaue in den Spiegel und könnte mich übergeben. Ich kann mich selber und mein Fett nicht mehr ertragen. Wenn ich dann eine Anorexie-Patientin sagen höre, wie ekelig Fett und Normalgewicht sind, fühle ich mich direkt **noch** schlechter. Das bestätigt mich in meinem Glauben, dass ich abgelehnt werde, wenn ich so in die Breite gehe. Ich weiß, dass das die Störung bei ihr ist, allerdings fühle ich mich mit dem, was sie sagt, einfach angesprochen.

Mama und Papa haben mich besucht. Das war total schön. Mich belastet nur, dass sie einen Eigenanteil für das betreute Wohnen bezahlen müssen. Ich will ihnen nicht immer noch und schon wieder auf der Tasche liegen.

Im Veda möchte ich gar nicht erst anfangen, zu viel Gefühl in die Beziehungen zu bringen. Das tut letztendlich immer weh, das merke ich doch hier auch. Die Eifersucht ist so schwer auszuhalten.

Mit meiner Zimmernachbarin fing es gerade an, lustig zu werden. Wir haben uns zusammen betrunken. Das darf natürlich niemand wissen. Vielleicht ist es ganz gut, dass ich jetzt entlassen werde, bevor das noch weiter geht und wir deswegen Ärger bekommen. Das Einhalten des Essensplanes hat relativ gut funktioniert, doch meine Gedanken machen mir Sorgen. Stabil fühle ich mich nicht.

8 Betreute Wohneinrichtung: Veda in Bösingen

In diesem Teil des Buches habe ich nur die weibliche Form der Betreuerinnen und der Mitbewohnerinnen benutzt, da es zu diesem Zeitpunkt keine männlichen Personen in diesen Rollen dort gab.

Dezember 09

Mein erster Tag war total anstrengend. Als ich ein paar Sachen ausgepackt hatte, musste ich für die Zwischenmahlzeit einkaufen gehen. Im Supermarkt habe ich angefangen zu weinen, weil ich so überfordert war. Ich habe dann nur einen Milchreis und einen Apfel gekauft. Die Ernährungsberaterin war so lieb und verständnisvoll und ist am späten Nachmittag nochmal gemeinsam mit mir einkaufen gegangen und hat mich beraten. Es ist schwieriger als gedacht, Lebensmittel zu finden, die von den Kalorienangaben und dem Fettgehalt in den vorgegebenen Plan passen.

Ich sitze mit beim betreuten Essen. Die Betreuerinnen haben einen Zettel, auf dem steht, was ich essen muss und haken die Lebensmittel dann ab. Heute Morgen war es der Einrichtungsleitung, Frau Fischer, egal wie viel ich esse. Sie hat alles abgehakt ohne zu schauen, was ich gegessen habe. Ich bin ja auch dick, da ist das egal.

Die sind hier alle wie in einer großen Familie und ich habe das Gefühl, dass ich nicht in diese Gemeinschaft kommen werde. Mein Druck steigt von Tag zu Tag.

Nun habe ich mich das erste Mal verletzt, es hat richtig doll geblutet. Vielleicht kann ich sterben, wenn ich zu viel Blut verliere? Hat das Veda dann einen schlechten Ruf? Das will ich nicht, dann werden mich Frau Fischer und Frau Weiß, die Oberärztin der Klinik, hassen. Die anderen Bewohnerinnen zeigen ihre Selbstverletzungen offen. Dann kann ich das auch machen, sonst merken die doch nie, wie es mir wirklich geht.
Meine Bezugsbetreuerin Frau Thole hat mich heute gefragt, ob ich mich hier schon selbst verletzt habe. Ich habe es nicht geschafft,

ehrlich zu ihr zu sein, und habe es verneint.

Heute ist Silvester und ich freue mich total, dass ich mit Ida gemeinsam reinfeiern kann. Wir haben ausreichend Alkohol eingekauft. Das wird ein toller Abend!

Januar 2010
Unsere Party ist aufgeflogen, super... Es gibt ein Alkoholverbot im Veda und jetzt muss ich in die Dauerbetreuung *(Dauerbetreuung bedeutet, dass ich das Wohnzimmer nicht verlassen darf und meinen eigenen Wohnungsschlüssel nicht habe, damit die Betreuerinnen mich im Blick behalten können)*, weil die Betreuerinnen der Meinung sind, dass ich nicht gut auf mich achten kann. So sitze ich nun also den ganzen Tag im Wohnzimmer und bekomme alles mit, was ich manchmal auch gar nicht unbedingt mitbekommen möchte, wie beispielsweise Symptomatik der anderen Mädels.

Ich finde das Jahr jetzt schon scheiße. Mich nervt es, dass ich den Alkohol an Silvester nicht weglassen konnte. Ich wollte so gerne einfach nur abschalten. Meine Angst ist groß, dass der Alkohol eine Problematik von mir ist oder wird, daher **darf** ich nichts trinken.
Zu Hause werde ich auch nicht vermisst. Jetzt bin ich hier und will trotzdem nicht mehr leben, weil mir das Leben zu anstrengend ist.
Mich will niemand hier haben. Ich frage mich, ob ich mir das einbilde oder ob ich mir das vielleicht sogar einrede, weil ich mich selber fertigmachen will?!

Ich bin noch immer in Dauerbetreuung. Ich sitze rum, mache nichts, sitze rum, mache nichts und sitze rum und mache nichts; manchmal mache ich allerdings auch nichts. Ich habe das Gefühl, dass trotz der engen Betreuung niemand Interesse für mich hat.
Alle kümmern sich nur um die, die sich selbst verletzen. Nun hat eine Mitbewohnerin beschlossen nichts mehr zu essen und es geht nur noch darum.

Jetzt soll ich mit meiner Schule weitermachen. Ich fühle mich vollkommen überfordert, doch es erwarten alle von mir, daher werde ich das wohl oder übel durchziehen.

Meine Angst ist, dass meine MitschülerInnen mir meinen Abschluss nicht gönnen. Angesichts meiner ganzen Fehlzeiten kann ich das sogar verstehen. Die anderen waren immer da. Und ich?

Ich glaube, dass meine Familie unendlich froh ist, dass ich endlich weg bin, das macht mich echt traurig. Auf der anderen Seite habe ich das Gefühl, alle im Stich zu lassen. Meiner Schwester geht es gerade nicht gut und ich bin nicht für sie da. Egal wie ich es mache, ist es falsch.

Manchmal bin ich mir nicht sicher, ob diese Einrichtung die richtige für mich ist. Meine größte Schwierigkeit, mich vom gestörten Verhalten der anderen Bewohnerinnen abzugrenzen.

Februar 2010
Es geht weiter mit der Schule. Die Regeln im betreuten Wohnen sind echt der Hammer. Wenn ich mich zweimal in der Woche übergebe, bedeutet das, dass ich akut bulimisch erkrankt bin und deswegen nicht in die Schule darf. Wenn die wollen, dass ich die Schule fertig mache, dürfen die solche Regeln nicht aufstellen, denn dann kann ich ja **niemals** dort hingehen.

Von meinen Rückfällen vor dem Schulstart habe ich niemandem erzählt. Wie sieht das denn aus, wenn ich am ersten Tag schon nicht komme? Mit der Bahn fahre ich eineinhalb Stunden zu meiner Schule, das ist ein ganz schöner Akt. Ich bin froh, dass ich vorerst nur die Schule mache und den praktischen Teil nachholen darf, wenn die Schule fertig ist.

Letztes Wochenende durfte ich nach Hause fahren. Dort hatte ich eine total bescheuerte Situation. Ich war bei Ben und dort war auch seine Nachbarin. Sie hat mir erzählt, dass sie ihn manchmal nachts besucht und mit ihm schläft. Ich wollte diese ganzen Details nicht hören und war so eifersüchtig. Daraufhin habe ich mich im Bad eingeschlossen und mich ziemlich stark selbst verletzt. Ben hat das mitbekommen und mich gebeten, die Tür aufzumachen. Er hat meinen Arm verbunden, das war so lieb von ihm. Im Nachhinein fühle ich mich schlecht, dass er das mitbekommen hat. Er wusste ja nicht einmal, was los war. Die Stimmung vor diesem Gespräch war eigentlich total ausgelassen und lustig. Was denkt er nur von mir? Ansonsten war meine Zeit zu Hause eher schwierig. Es lief nicht besonders gut mit dem Essen, dazu die Selbstverletzung. Bei dem Telefonkontakt mit dem Veda habe ich davon erzählt. Die Betreuerinnen wollten, dass ich sofort wieder dorthin zurückkomme. Ich kann doch meinen Eltern nicht sagen, dass es scheiße läuft und ich deswegen wieder weg muss. Da ich nicht sofort zurückgefahren bin, habe ich ziemlich Ärger bekommen und werde nicht so schnell wieder nach Hause dürfen.

Die Schule ist grausam. Es sind alle gegen mich, ich bin total der Außenseiter. Wenn ich dort bin, habe ich nur Essanfälle und kotze. Mein Wunsch ist es jetzt mittlerweile nur noch, diese Ausbildung irgendwie zu schaffen. Damit ich wenigstens **etwas** in meinem Leben zu Ende gebracht habe. Wenn ich im Veda ehrlich wäre, dürfte ich aufgrund von Symptomatik ständig nicht in die Schule.

März 2010
Ich schaffe es echt immer wieder, mir Schlupflöcher zu suchen. Da ich während der Dauerbetreuung nicht in meiner Wohnung schlafen darf und nicht im Wohnzimmer schlafen möchte, schlafe ich im Besprechungsraum. Diese Situation nutze ich, um meine Gefühle mit Alkohol zu betäuben. Letztens haben Ida und Kerstin auch dort geschlafen und wir haben es echt übertrieben. Es ist zu lustig, wenn die Nachtwachen nichts checken. Wir haben behauptet, dass wir eine rauchen gehen wollen, kamen jedoch erst nach zwei Stunden wieder. In der Zeit waren wir in einer Tanzbar, haben gefeiert, getrunken, getanzt und es ist niemandem aufgefallen.

Wir wollen es jetzt ohne Dauerbetreuung ausprobieren. Es bringt ja auch kaum was, da ich den ganzen Tag ohne Aufsicht unterwegs bin, wenn ich in der Schule bin.

Das ist alles eine beschissene Idee mit der Abgabe der Dauerbetreuung. Direkt am ersten Abend habe ich mir Alkohol besorgt, um meine Gefühle nicht mehr aushalten zu müssen. Seitdem ich keine Dauerbetreuung mehr habe, esse und kotze ich nur noch, heute habe ich mir Rasierklingen gekauft.

Ich kann mich nicht mehr ertragen, weil ich immer mehr zunehme. Wenn es mal nur das Gewicht wäre. Viel schlimmer ist der Speck, der bei jedem Schritt wabbelt – widerlich.
Am allerliebsten will ich mich den ganzen Tag bewegen. Es ergibt aber keinen Sinn: keinen, sich zu bewegen und keinen, sich nicht zu bewegen, weil mein Körper doch auf alles scheiße reagiert.

Noch heute Abend werde ich festlegen, ob ich lerne oder aufgebe - also das Leben. Sollte ich das Leben und mich aufgeben, dann ist es jetzt **alles** egal, und ich kämpfe nicht mehr. Entscheide ich mich **für** das Leben, dann fehlt mir noch der Plan. Was lerne ich wann? Was will ich machen? Wie werde ich gesund? Scheiße! Viele Fragen und keine Antwort!!
Warum kann es nicht „Klick" machen, ich bin nicht mehr da und alles ist gut? Das eine kommt vom anderen. Ich weg, alles gut. Natürlich sind die Menschen anfangs etwas traurig, doch dann werden sie merken, wie wunderbar das ohne mich ist. Meine Eltern brauchen dann kein Geld mehr für mich zu zahlen, sich keine Sorgen mehr zu machen. Jeder wird sehen, dass ich recht hatte und es besser ist, wenn ich nicht mehr da bin.
Was mich so sehr belastet ist, dass ich hier eine Rechnung von meiner Hausärztin liegen habe, die ich meinem Papa schicken muss. Das war eine Versorgung von meiner Selbstverletzung. Auf dieser Rechnung steht alles drauf. Schnittwunden, Verbrennungen zweiten Grades; ich kann das doch Papa so nicht zuschicken?! Was soll er bitte denken?

Wahrscheinlich wäre ich mit meinen momentanen Gedanken besser in der Dauerbetreuung aufgehoben. Allerdings ist es so schwierig, das auszudrücken und von sich aus wieder in das Gefängnis zu gehen.

April 2010
Letzte Woche ist schon wieder was passiert. Ida ist zu mir gekommen, wir hatten einiges an Alkohol eingekauft, es uns in meinem Zimmer gemütlich gemacht und gechattet.
Die Betreuerin, Frau König, und die Nachtbereitschaft, Frau Kastens, kamen rein, um uns eine gute Nacht zu wünschen und haben den Alkohol gerochen. Daraufhin wollten sie, dass wir die Flaschen abgeben. Wir haben denen die leeren Flaschen gegeben und die vollen Flaschen behalten, da uns klar war, dass wir sie noch brauchen werden. Als die beiden weg waren, hatten wir einen unheimlichen Fluchtimpuls. Wir sind zum Bahnhof gelaufen, die ganze Zeit mit der Angst, von Frau Fischer verfolgt zu werden. Als wir beim Bahnhof waren, nahmen wir den ersten Zug, der am Gleis stand, einen ICE. Der Schaffner kam und Ida sagte: „Zweimal bis zur Endstation bitte." Das war dann Gransberg. Als wir in Gransberg waren, war es so spät, dass keine Züge mehr in Richtung Heimat gefahren sind. Bis zur nächsten Möglichkeit weiterzufahren, hatten wir fünf Stunden Zeit. Zuerst haben wir den Korn ausgetrunken und haben dann ein wenig getanzt, um uns abzulenken. Irgendwann waren wir so fertig und haben es nicht mehr ohne Symptomatik geschafft, wir hatten gemeinsam bulimische Rückfälle. So etwas darf nie wieder passieren, da sind wir uns einig. Es war einfach eine Extremsituation mit so vielen negativen Gefühlen.
Irgendwann habe ich mich entschieden, nach Bösingen zurückzufahren, um mich dort zu verabschieden und um meine restlichen Sachen zu holen. Danach wollte ich zu Ida. Gegen halb sechs ist Ida in Richtung Lünshagen gefahren und ich bin in den Zug nach Bösingen gestiegen. Unser Verdacht, dass uns niemand suchen wird, weil wir egal sind, hat sich bestätigt. Auf meiner Mailbox war nur eine Nachricht von Frau Kastens, dass Frau Fischer Bescheid

weiß und dass es alles wahnsinnig kindisch von uns ist.

Auf dem Rückweg habe ich mich mit einer gefundenen Scherbe selbst verletzt. In der WG habe ich meine Sachen gepackt, diese hat die Betreuerin, Frau Thamm, als sie in den Dienst kam, komplett auf meinen Fußboden ausgekippt. Anschließend klaute sie mir alle Taschen, die ich habe, damit ich keine Chance habe, zu packen und zu verschwinden.

Wie kann es jetzt nur weitergehen? Ich muss mir selbst die Möglichkeit nehmen, oben zu sitzen und Alkohol zu trinken. Auch wenn mir die Dauerbetreuung so sehr auf die Nerven geht und ich es schlecht aushalten kann, sehe ich gerade keine andere Chance für mich, wieder in die Bahn zu kommen. Vielleicht wäre es gut, wenn ich andere Tabletten bekomme, die mich ein bisschen ruhigstellen?!

Ida war die letzten Tage nach unserer Aktion daheim und darf nicht wieder hierher kommen. Frau Fischer hat sie nach Lünshagen in die Psychiatrie gebracht, da es in der Nähe ihres Wohnortes ist. Meine Angst ist so groß, dass sie nie wieder ins Veda zurückkommen darf. Das ist so ungerecht. Warum bekommt sie diese harte Strafe für unseren Abend und ich nicht? Es tut mir so leid und ich habe solche Schuldgefühle.

Die Telefonate mit Ida sind extrem belastend. Es tut mir unendlich leid; ich darf sie nicht im Stich lassen, niemals. Ich musste ihr jetzt eine Mail schreiben und sie bitten, die ganz schweren Themen nicht mehr anzusprechen. Wenn das so weitergeht, darf ich sie bestimmt nicht mehr sehen.

Mai 2010

Das Beste ist, wenn ich hier abbreche. Ich brauche die Symptomatik und ich will nichts anderes, als endlich dünn zu sein. Dann kann ich wenigstens meine Stärke dadurch beweisen, dass ich nichts esse. Wenn ich nach Hause gehe, könnte es zu Eskalationen kommen, aber besser die machen sich Sorgen, als Geld zu bezahlen und sich trotzdem Sorgen zu machen, oder? Hier im Veda bin ich sowieso allen egal. Frau König hat mich in die WG gelassen, obwohl sie wusste, dass ich großen Druck hatte. Was bringt das dann bitte alles hier?

Meine Abschussprüfungen habe ich mit guten Noten bestanden, ich kann es kaum glauben.
Das Gefühl in der Schule ist trotzdem noch immer komisch. Ich fühle mich ausgeschlossen und anders. Alle reden permanent von dem Abschluss und ich bin noch nicht so weit. Ich bin eine Versagerin.
Mittlerweile freue ich mich sehr auf das Praktikum im Wohnheim in Bösingen, das ich ab August mache. Wenn ich eingearbeitet bin, werde ich da **so** einen guten Job machen. Ich bin wirklich eine tolle Betreuerin und wunderbar zu den BewohnerInnen. Wenn ich es jetzt noch schaffe, dabei auch noch gut zu mir zu sein, kann ich raus in die Welt.

Zwei Wochen vor der Reise mit dem Chor nach Kroatien wurde meine Dauerbetreuung abgesetzt, da sie mir die Reise sonst nicht erlaubt hätten. Es passt ja auch nicht zusammen, wenn ich in der Dauerbetreuung vier Tage wegfahre. Mich hat dann allerdings direkt niemand mehr gefragt, wie es mir geht. Frau Fischer war total gegen die Chorreise, wahrscheinlich weil sie einfach nicht daran glaubt, dass ich es hinbekomme.

Diese Gemeinschaft mit dem Chor auf unserer Reise tut mir sehr gut. Das hat mir richtig doll gefehlt in der letzten Zeit.
Lara und ich streiten uns leider ziemlich viel. Sie hat mir erzählt, dass sie Angst hat, dick zu werden, dass sie kaum noch was isst und im Grunde das gleiche Problem hat wie ich. Außer ihrem Freund wusste es niemand, sie wollte mich bisher damit nicht belasten.
Nach dem Feiern wollte ich so gerne noch an den Strand. Lara sagte, dass sie noch fix kotzen geht und wir dann los können. Wir haben uns richtig gestritten, weil sie der Meinung war, dass Freunde dann die Haare halten und nicht einfach weg gehen. Ich bin empfindlich,

das stimmt, aber ich konnte nicht anders als abdrehen. Sie ist sonst immer so feinfühlig, doch wenn Alkohol im Spiel ist, verändert sie sich so sehr. Es hat mir echt wehgetan.

Es tut gut zu singen und dabei alles zu vergessen. Die Sonne auf der Haut, die lieben Menschen um mich herum. Ich möchte gar nicht wieder heimfahren. Das Veda fehlt mir echt gar nicht. Allerdings bin ich froh, dass ich dort anrufen kann – manchmal tut das wirklich gut. Jetzt sind wir schon wieder auf dem Rückweg. Es war wirklich eine gute Zeit. Das einzige, was mich belastet hat, war das Essverhalten von Lara und unser Streit deswegen. Ich würde sie gerne unterstützen, aber es macht mich nur böse. Das ist nicht in Ordnung. Meine Aufgabe wäre es, für sie da zu sein, und ich verurteile sie auch noch.

Juni 2010
Der theoretische Teil meiner Ausbildung ist jetzt tatsächlich abgeschlossen. Unglaublich! Gestern war die Abschlussfeier und es war für mich so grausam. Ich wurde mit keiner Silbe erwähnt. Laut der Rede war ich quasi niemals in dieser Klasse. Es war so deprimierend. Im Anschluss wurden Fotos gemacht. Niemand, wirklich niemand, wollte sich mit mir fotografieren lassen.

Morgen darf ich ganz legal über das Wochenende nach Hause, da ich eine Woche symptomfrei war. Mein Gefühl ist sehr gut, dass ich es schaffe meinen Essensplan dort einzuhalten. Meine Mama hat erlaubt, dass Ida ebenfalls dort hinkommt, das freut mich besonders.

Ich glaube, dass ich Lara mal nach Geld frage. Wie soll ich das sonst machen? Im Monat bekomme ich nur 100 Euro und dann pro Woche 34 Euro für Lebensmittel. Für Kleidung und Hygienesachen bekomme ich 10 Euro im Monat, aber wie soll ich damit auskommen?

Jetzt ist mein Gewicht schon wieder zwei Kilo hochgegangen. Seit zwei Wochen bekomme ich ein neues Medikament gegen meine

Schlafstörungen und die Ernährungsberaterinnen sagen, dass es daran liegt. Seitdem ich hier wohne nehme ich zu; jetzt haben sie nur endlich einen Grund, auf den sie es schieben können.

Ich bin jetzt oft in der Druckgruppe dabei. Die leitet die Therapeutin Frau Scholz, sie ist super. Gestern haben wir über das Thema Borderline gesprochen. Mittlerweile habe ich von mehreren Betreuerinnen gehört, dass sie davon ausgehen, dass ich die Persönlichkeitsstörung habe. Neue Diagnosen finde ich immer ein bisschen witzig, doch es wäre nicht gut, wenn sie das bei mir feststellen. Mein Wunsch ist es, mit Menschen zu arbeiten und ich habe Angst, dass ich dann abgestempelt werde.

Jetzt ist Mitte Juni und ich muss nur noch abends meinen Schlüssel abgeben und mich im Wohnzimmer aufhalten - nach fast einem halben Jahr unter Aufsicht. Kaum zu glauben. Das ist ein tolles Gefühl. Mir gelingt es immer besser, mit dem Personal in Kontakt zu kommen und mich zu öffnen, das macht wirklich viel aus.
Für die Verlängerung meines Aufenthaltes musste ich einen Antrag an das Amt schreiben. Ich finde, dass ich meine Situation total gut beschrieben habe:

Meine Probleme mit der vollständigen Symptomaufgabe lassen sich durch meine zwei Seiten erklären.
Die „gesunde Wanda" versucht immer wieder, gegen die Krankheit zu kämpfen, holt sich in kritischen Situationen Hilfe und redet über ihre Probleme.
Dann kommt jedoch, oft aus dem Nichts, die „kranke Wanda". Diese hält den Gewichtsanstieg, der aufgrund einer gewissen Zeit der Symptomfreiheit aufkommt, nicht mehr aus und möchte nicht gesund werden. Diese Wanda sieht sich allein in einer eigenen Wohnung, wo sie ihre Krankheit ausleben kann, ohne dass es jemand mitbekommt. Sie ist der Überzeugung, dass sie niemals gesund wird.
Mir gelingt es schon oft, die kranke Seite zu beruhigen, sie zur Seite zu schieben und mich durch die Betreuerinnen zu vergewissern, dass

diese Seite keinen Platz mehr haben darf beziehungsweise haben sollte.

Ich bin gerade in einem Prozess, in dem ich lerne, dass Beziehungen eine gewisse Beständigkeit haben, dass sie nicht nach jeder Auseinandersetzung, jedem Fehler und durch andere Personen kaputt gehen. Immer wieder brauche ich die Sicherheit, dass ich noch gemocht werde. Daher frage ich sehr häufig die Betreuerinnen, ob in der Beziehung alles in Ordnung ist und sie mich noch immer mögen.

Ich habe hier die Möglichkeit, zu erfahren, dass es neben mir andere Bewohnerinnen gibt, die Hilfe benötigen und dass ich dadurch bei den Betreuerinnen nicht weniger wichtig bin oder weniger gemocht werde.

Auch hier gibt es noch einige Defizite bei mir. In einigen Situationen reagiere ich über und gehe ganz aus dem Kontakt. Mir gelingt es allerdings schon schneller, diesen wieder aufzunehmen, die Situation zu reflektieren und zu sehen, was dort schwierig für mich war.

Eine sehr lange Zeit habe ich in der Dauerbetreuung verbracht. Es wurde jede Woche mit meiner Betreuerin neu besprochen, wie eng ich die Betreuung brauche. Wir haben ausprobiert, ob es ganz ohne Dauerbetreuung funktioniert. Hier habe ich mich nicht gesehen und nicht wichtig genug gefühlt, um mir in schwierigen Situationen die nötige Hilfe zu holen. Dadurch kam es bei Lockerungen immer wieder zu bulimischen Rückfällen und Selbstverletzungen. Seit zwei Wochen habe ich nur noch abends, nach dem Abendbrot, enge Betreuungszeiten. Dieses haben wir so abgesprochen, da die Abende bei mir eine sehr kritische und mit Druck beladene Zeit sind. Mit dieser Regelung komme ich sehr gut klar, da ich genug Freiheiten habe und trotzdem das Gefühl bekomme, wichtig zu sein und ernst genommen zu werden. Weiterhin wollen wir versuchen, dass ich eigenmächtig meinen Schlüssel bekomme und in die Wohnung darf und mir Hilfe hole, wenn ich sie benötige. Dieses wird allerdings noch ein schwieriger Schritt für mich sein.

Juli 2010

Ich bin kein kleines Kind, welches Verbote bekommen muss. In meinen schweren Tagen vor ein paar Wochen und Monaten war es vielleicht angebracht, doch ich habe unter Beweis gestellt, dass ich standhaft genug bin, es ohne Symptomatik hinzubekommen. Ich habe gut für mich sorgen wollen. Ich habe gespürt, was das Richtige für mich ist, aber man hat mir nicht vertraut. Ich wurde nicht ernst genommen. Es ist ein einziger Machtkampf hier „Ich sage etwas und du tust dies! Wir können nicht gemeinsam entscheiden. **Ich** weiß, was das Beste für dich ist." Es fühlt sich schlimm an, sehr schlimm. Was würde passieren, wenn ich widerspreche oder nicht gehorche? Meine Angst davor ist so groß.

Klar bin ich nicht immer in der Lage, die richtigen Entscheidungen zu treffen, aber ich habe bewiesen, dass es im Moment sehr gut klappt. Ich habe gezeigt, dass ich hier auch ohne große Hilfe klarkomme, ich habe mir sehr viel selbst geholfen. Niemand versteht meine Verzweiflung, meine Aggression, meine Traurigkeit.

Nach vier Wochen Symptomfreiheit hatte ich einen bulimischen Rückfall. Bald gibt es eine Reise nach Dänemark mit dem Veda und ich will so gerne mitfahren.

Frau Fischer will es mir verbieten: „Es gibt Regeln – und du hast es dir wieder versaut." Danke. Ich war bei ihr und sie hat mir gesagt, dass ich keine Chance mehr habe, sie umzustimmen. Sie hat **alles** auf die Borderlinestörung geschoben. Dieses Mal werde ich kämpfen und mich nicht wieder unterbuttern lassen.

Vor der Mittwochsrunde *(die Betreuerinnen, TherapeutInnen und Bewohnerinnen treffen sich und sprechen über aktuell wichtige Themen wie Symptomatik, Probleme etc. Zu dieser Therapierunde kommt auch die Oberärztin der Klinik am Park, da die beiden Einrichtungen zusammenarbeiten)* habe ich mir ein paar Betreuerinnen auf meine Seite geholt, die mich mit unterstützen, wenn es um das Thema Urlaubsreise geht.

In der Therapierunde habe ich das Thema von mir aus angesprochen, was mich schon mal total stolz gemacht hat. Es ist so schade, dass

ich immer nur bestraft werde. Frau Fischer schafft es nicht, mich auch nur **einmal** zu loben.
Ich habe ihr vor allen anderen gesagt, was mich verletzt hat, was ich mir gewünscht hätte und dass ich mit nach Dänemark möchte.
Es haben sich alle sehr für mich eingesetzt, dass sie letztendlich nichts anderes mehr sagen konnte, als das ich mitfahren darf.

Die Fahrt nach Dänemark war wirklich toll. Ich habe viele tolle Leute kennengelernt. Es war so eine Leichtigkeit da. Wir hatten richtig viel Spaß. Das Essen hat super geklappt, wir haben alle mal Fünfe gerade sein lassen und nicht alles haargenau berechnet. Dieser Urlaub tat unheimlich gut.

Ich war heute alleine in der Druckgruppe und Frau Scholz und ich haben uns über mein immer noch steigendes Gewicht unterhalten.
Sie hat mir noch einmal klar gemacht, dass Süßstoffe, Abführmittel und Bulimie die schlimmsten Dinge für den Stoffwechsel sind. Wenn man sie weglässt, nimmt man erstmal zu - das ist ganz normal. Sie sagte anschließend, dass zu **mir** als Person mehr als nur der Körper gehört und die inneren Werte viel mehr Gewicht haben. Beziehungen gehen nicht dadurch kaputt, dass man zu dick ist oder an Gewicht zunimmt. Sie zerbrechen eher daran, dass man selbst immer wieder daran zweifelt, dass die anderen einen trotz des Gewichtes mögen. Ihre Worte haben mich wirklich berührt. Es ist wichtig, dass ich nach meinem Plan esse. Mein Körper hat gelernt, dass es immer wieder Hungerzeiten gibt und danach richtet er sich jetzt noch immer. Er muss lernen, dass er konstant etwas bekommt. Das steigende Gewicht ist der Preis, den ich dafür zahle, dass ich die letzten Jahre so mit meinem Körper umgegangen bin.

August 2010
Mein Praktikum hat nun begonnen. Der Kontakt zu anderen Menschen außerhalb des Vedas tut mir sehr gut. Ganz normale Menschen; ganz normale und vor allem mal andere Themen als nur das Essen.

Ben hat mir eine sehr liebe Nachricht geschrieben. Er hat so liebe Worte für mich, mein Aussehen und mein Wesen gefunden. Danach habe ich ihm in einer Mail geschrieben, dass mein Körpergefühl so beschissen ist. Es gibt im Veda Leute, die immer und immer wieder Essen weglassen und viel abnehmen. Und ich? Ich esse meinen Plan, voll inkonsequent von mir. Innerhalb der letzten anderthalb Jahren habe ich schon 15 Kilo zugenommen.

Die Arbeit wird immer anstrengender. Ich habe das Gefühl, dass mir die anderen die schwersten Aufgaben auftragen. Leider habe ich es wieder nicht geschafft, symptomfrei zu bleiben. In dem Wohnheim ist es ebenfalls so, dass es überall Essen gibt. Durch den ganzen Stress schaffe ich es nicht, die Finger davon zu lassen und übergebe mich anschließend. Da ich mich krankschreiben lassen müsste, wenn die Einrichtung das wüsste, sage ich es gar nicht erst. Ich kann mir nicht schon wieder aufgrund meiner Bulimie alles kaputtmachen.

Mir geht es momentan sehr schlecht. Ich trinke Alkohol, esse, kotze und verletze mich selbst. Vorgestern habe ich nachts bei Ben angerufen. Ich war total betrunken, hatte mich verletzt und habe ihm die ganze Zeit erzählt, wie doll das blutet. Er war so verzweifelt, wusste nicht mehr, was er machen sollte und hat dann bei der Nachtwache angerufen.
Diese kam dann und ich musste mit nach unten kommen und dort schlafen. Ganz tolle Geschichte. Frau Fischer hat mich zuerst den ganzen Tag komplett ignoriert und ist dann ausgerastet.
Sie sagte: „Nein Wanda, das ist nicht zu entschuldigen – ich hätte dich jetzt nicht angesprochen." Sie gab mir einen Brief mit einer Abmahnung, weil ich Alkohol getrunken habe. Ben ist sauer auf mich. Die Nachtwache hat ein Verbot bekommen, mit mir zu sprechen. Frau Fischer hat mich angeschrien und gesagt, dass ich mit meiner Störung niemals in meinem Beruf arbeiten kann. Wie soll ich auf andere Menschen achten, wenn ich es bei mir selber nicht mal hinbekomme? Waren echt die ganzen dreieinhalb Jahre Arbeit mit der Ausbildung für nichts? Wenn ich anschließend nicht in dem

Beruf arbeiten darf? Jetzt sitze ich wieder mal in der Dauerbetreuung.

Ich sehe ein, dass ich es ohne einen weiteren Klinikaufenthalt nicht schaffen kann. Wir haben einen Klinikantrag gestellt. Meine Ausbildung darf ich vorher noch zu Ende machen. Gerade bin ich etwas entlastet dadurch, dass ich aufgrund der Dauerbetreuung keine Chance habe, meine Symptomatik auszuleben. Am besten daran ist, dass ich wieder in Kontakt mit den Betreuerinnen bin und nicht lügen muss. Die Arbeit ist weiterhin stressig, aber ein guter Grund, das Haus mal zu verlassen.

Meine Therapeutin hat offenbart, dass sie bald in den Schwangerschaftsurlaub geht. Ich fühle mich so allein gelassen. Von wegen „sichere Beziehungen". Alle lassen mich immer alleine. Es freut mich allerdings, dass Frau Scholz angeboten hat, die Therapie mit mir fortzuführen. Sie ist wirklich sehr kompetent und ich fühle mich bei ihr in guten Händen.

Ich schaffe es doch wieder, Lücken zu finden. Mein Druck ist einfach zu groß. Ich habe fast jeden Tag Rückfälle und trinke Alkohol. Jetzt habe ich versucht, durch Körpervisite *(Die Betreuerinnen kontrollieren die Stellen, an denen ich mich normalerweise selbst verletze nach neuen Verletzungen)* das Veda mit ins Boot zu holen. Dadurch würden sie wenigstens die Selbstverletzungen zeitnah mitbekommen.

Meine Prüfungsstunde lief gut und ich bin ernsthaft fertig mit dieser Ausbildung. Ich kann es kaum glauben. Zur Feier des Tages kam auch noch die Zusage von der Krankenkasse für die Klinik. Morgen kann ich aufgenommen werden. Was für ein Ritt die letzten Wochen und Monate. Ich bin so glücklich und gleichzeitig so kaputt.

8.1 Klinik am Park
11.11.10 – Ende April 2011, mit kurzer Unterbrechung in der Psychiatrie
November + Dezember 2010

In der Klinik angekommen bin ich sehr froh, dass der ganze Stress von mir abfallen kann.

Dieses Mal habe ich das Gefühl, dass ich schneller als beim letzten Aufenthalt ankomme und auch, dass ich schnell wieder raus bin. Die Krankenkasse übernimmt die Kosten für drei Wochen. Das wird reichen, damit ich mich wieder stabilisiere. Die Sache mit dem Alkohol nehme ich echt ernst. In den letzten Wochen war es wirklich zu viel – das habe ich eingesehen.

Seit einer Woche bin ich hier und habe noch keine Symptomatik gelebt, auch wenn ich oft kurz davorstehe. Mein inneres Gefühl ist so schlecht und ich möchte weg, weiß aber nicht, wohin. Wenn ich das Gefühle habe, dass ich meine Emotionen nicht im Griff habe, rufe ich im Veda an und hole mir Hilfe. Im Anschluss an den Klinikaufenthalt möchte ich auf jeden Fall gerne wieder dort hin. Sie geben mir das Gefühl, dass sie mich gerne wieder dahaben wollen. Meine Angst ist nur, dass ich es nicht schaffe, keinen Alkohol zu trinken und wieder Ärger bekomme.

Frau Fischer hat in der Runde gesagt, dass ich jeden Abend getrunken habe und es erst in der Klinik offen gemacht habe. Sie fragte, ob das jemandem von den anderen Bewohnerinnen aufgefallen ist. Will die mich eigentlich verarschen??? Jetzt bin ich wirklich bei allen als Alkoholikerin abgestempelt. Nun sitze ich hier schon wieder und frage mich, wie ich mit meiner Anspannung umgehen soll. Es hat keinen Sinn, sich zu verletzen, aber auch keinen, es nicht zu tun. Es ist doch egal, ob ich eine Narbe mehr oder weniger habe.

Es wurde ein Verlängerungsantrag gestellt. Leider schaffe ich es doch nicht ohne Symptomatik. Heute war ich im Wohnheim in

Bösingen zu Besuch, weil ich mich nochmal verabschieden wollte. Die Mitarbeiterin dort wollte mich gleich wieder in die Arbeit einspannen. Mir war das alles zu viel. Ich habe mich übergeben und mich anschließend verletzt, weil ich mich so über meinen Rückfall geärgert habe. Drei Wochen keine Symptomatik, einmal außerhalb der Klinik und dann passiert das.

Heute hatte ich ein Einzelgespräch bei Oberärztin Frau Weiß, das war richtig gut. Wir haben über meine Arbeit gesprochen. Meine Angst war, dass das Veda mir verbietet, in dem Bereich zu arbeiten. Sie sagt, ich kann mich in dem Bereich bewerben, muss jedoch eindeutig eine eigene Haltung zu mir und der Arbeit bekommen, da es sonst schwierig ist. Da stimme ich ihr wirklich zu. Ich bin so froh, dass sie das Thema Heilerziehungspflege für mich noch nicht abgeschrieben hat.

Heute habe ich tatsächlich nach ewig langen Testungen die Diagnose Borderline bekommen. Ich weiß ehrlich gesagt nicht, wie ich das finden soll. Ein bisschen Angst habe ich davor, dass ich abgestempelt werde. Das war im Veda vor dem Aufenthalt und der Diagnose schon der Fall.

Mit den MitpatientInnen komme ich ganz gut zurecht. In diesem Aufenthalt habe ich bei Herrn Berger Kunsttherapie, das finde ich gut. Der ist etwas hart, aber ich habe den Eindruck, dass er mich weiterbringen kann.
Wir haben heute in der Einzeltherapie über meinen Beruf gesprochen. Ich habe gesagt, dass ich gar nicht genau weiß, was ich möchte. So lange habe ich immer danach geschaut, was die Wünsche und Erwartungen anderer Menschen sind. Er meint, dass ich in der letzten Zeit im Veda sehr rebellisch war und es selbst in der Hand habe, ob ich arbeiten kann oder nicht. Herr Berger sagte, dass er daran glaubt, dass ich gesund werden kann. Die vielen Beziehungen, in denen meine Erwartungen nicht erfüllt wurden, haben bei mir Wunden hinterlassen. Diese müssen gepflegt werden, immer wieder

ein bisschen Salbe, bis alles verheilt ist. Er ist der Meinung, dass ich in drei Wochen noch nicht gehen kann und meinen Aufenthalt nochmal verlängern sollte.

Mein Gewicht steigt weiterhin an, das nervt mich. Immerhin schaffe ich es, regelmäßig in den Fitnessraum zu gehen. Da kann ich mich erstens gut abreagieren und habe zweitens das Gefühl, etwas gegen die Gewichtszunahme zu tun.
Mir gelingt es auch immer mehr, Absprachen mit Schwestern und Therapeuten zu treffen. Wenn ich unter Druck stehe, schreibe ich Verträge, dass ich bis zum darauffolgenden Tag keine Symptomatik lebe. Das ist echt hilfreich.

Januar 2011
Vorgestern war ich kaum ansprechbar, weil ich so einen Druck hatte. Ich konnte nicht zusichern, keine Scheiße zu machen. Immer wieder habe ich gesagt, wie sehr ich mich hasse und wie sehr mich alle anderen hassen. Die Schwester hat dann den Oberarzt zuhause angerufen und um Rat gefragt. Sie gab mir dann eine Tablette: Tavor. Danach bin ich in der medizinischen Zentrale auf der Krankenliege eingeschlafen und habe zwölf Stunden durchgeschlafen.
Gestern ging es mir ebenfalls sehr schlecht und ich habe wieder von den tollen Pillen bekommen. Dadurch war ich ruhiggestellt.
In den letzten Tagen habe ich so viel Essen weggelassen, dass ich heute die Erwartung hatte, weniger Gewicht auf der Waage zu haben. Und? Zweieinhalb Kilo mehr. Danach war es wieder vorbei. Ich habe nochmal eine von den Wunderpillen bekommen und bin jetzt herrlich benebelt.
Ich bin froh, dass wenigstens mein Grundumsatz ermittelt und meine Schilddrüsenfunktionen getestet werden. Irgendwo muss doch diese Zunahme herkommen.
Es wurde erkannt, dass ich eine Schilddrüsenunterfunktion habe. Jetzt bekomme ich ein Medikament dagegen. Meine Hoffnung ist so groß, dass das der Grund der Gewichtszunahme ist und sich das jetzt wieder normalisiert.

Gestern war ich bei Lidl. Das war keine gute Idee, denn dort gibt es all das in Massen, was ich in dem Moment brauchte: Alkohol, Essen, Essen, Essen, Alkohol.

So ein langes Hin und Her. Ich hatte den Wein schon im Korb, habe ihn wieder zurückgelegt und bin dann zurückgegangen und habe mir auf dem Weg nach draußen dann doch noch zwei Mixgetränke genommen.

Als ich draußen war, war die Flasche schon offen; ein Schluck und ich fühlte mich unglaublich gelöst. Noch ein Schluck und noch einer und schon waren die zwei Flaschen leer. Es tat so unheimlich gut. Ich legte mich in mein Bett, musste endlich nicht mehr nachdenken. Schon wieder ein Rückschlag.

Ich war bei dem Psychiater der Klinik. Er hat aufgrund meiner niedergeschlagenen Stimmung meine Dosis Citalopram erhöht. Man muss sagen, dass ich gerade ziemlich abgeschossen werde.

Meine momentanen Medikamente sind:

Citalopram 60mg 1-0-0

Seroquel 25mg 1-1-1

zur Nacht 20 Tropfen Atosil

Ibuprofen 600 1-0-1 und

auf Bedarf 2mg Tavor

Ich weiß nicht, ob das gut oder nicht gut ist. Wer weiß, wie ich drauf wäre, wenn ich das alles nicht nehmen würde.

Und schon wieder habe ich zwei Kilo zugenommen. Ich wiege mittlerweile 76,3 Kilo. Ich bin so sauer auf alle. Ich habe nach Plan gegessen, habe letzte Woche sogar fünf Stunden Sport gemacht und nicht gekotzt - also wirklich alles versucht und dann schon wieder mehr??

Februar 2011

Nach wieder mal 13 Wochen Klinikaufenthalt frage ich mich, ob ich in zwei Wochen in der Lage bin, die Klinik zu verlassen und das

Leben „da draußen" anzutreten. Kann ich das schaffen? Schaffe ich es, sichere Beziehungen aufzubauen, in denen ich ehrlich bin? Werde ich es hinbekommen, symptomfrei zu bleiben? Gelingt es mir, ein ganz normales Leben zu führen - ohne dauerhafte Zunahme, ohne zu kotzen, ohne täglichem Alkoholkonsum??

Es ist doch auch kein Zustand, für immer hier in der Klinik zu bleiben. Da meine Therapeutin bereits im Schwangerschaftsurlaub ist, wenn ich wiederkomme, beginne ich die Therapie mit Frau Scholz, darauf freue ich mich. Was soll ich nur machen??

In einem Moment fühlt es sich so richtig an, dass ich noch dableibe und im nächsten Moment will ich nur weinen, weil ich so eine unendliche Angst habe, dass dann alles wieder von vorne beginnt.

Ich werde mich weiterhin an meinen Essensplan halten, versuchen, symptomfrei zu bleiben, so wenig Alkohol wie möglich zu trinken und Sport zu machen. Meine Hoffnung ist so groß, dass sich mein Gewicht dann endlich stabilisiert.

Meine Angst ist groß, dass ich mich selbst, meine Familie und die Leute im Veda wieder enttäuschen werde. Doch wird das nicht in sechs Wochen genauso sein? Ich kann mich doch nicht Ewigkeiten vor dem wahren Leben drücken.

Langsam komme ich mit meinem Kopf nicht mehr hinterher. In den letzten Wochen habe ich angefangen, zu rauchen. Irgendwie brauchte ich eine Beschäftigung. Außerdem habe ich letztens versucht, ob man Zigaretten klauen kann. Es hat tatsächlich funktioniert. Dieser Kick war der Hammer. Werde ich erwischt? Werde ich nicht erwischt?

Ich habe ein bisschen Angst davor, dass das meine neue Strategie wird, negative Gedanken zu kompensieren. Außerdem habe ich schon wieder angefangen, Alkohol zu trinken. Warum nur?

Psychiatrie, geschlossene Station 25.2. - 07.03. Endstation?
Krass, ist das hier jetzt echt die Endstation für mich? Geschlossene Abteilung in der Psychiatrie.
Was ist passiert?

Ich hatte einen Termin bei Frau Weiß, weil mein Gewicht immer weiter hochgeht und ich es nicht mehr aushalten kann. Sie meinte, dass ich meinen Plan erhöhen soll, weil der Grundumsatz höher ist. Anschließend habe ich mit Lara telefoniert. Irgendwie ging es ihr total schlecht. Es tat mir so leid – ich kann nicht für sie da sein, weil ich in der Klinik bin, wie egoistisch von mir. Sie braucht mich.

Dann habe ich meine Mitpatientin Emma getroffen. Ihr ging es ebenfalls ziemlich schlecht, da ihre Großtante gestorben ist. Wir haben uns gedacht, dass ein Glühwein und ein Gespräch hilfreich sein werden. Wir sind in die Kneipe gegangen, haben einen Glühwein getrunken und hatten ein tolles Gespräch. In der Klinik angekommen merkten wir, dass wir noch nicht bereit waren, „nach Hause" zu gehen. Daher sind wir noch zur Tankstelle gegangen und haben eine Flasche Sekt gekauft und getrunken. Emma war zu dem Zeitpunkt schon sehr betrunken, wollte jedoch noch mehr trinken. Daher sind wir nochmal zurück in die Kneipe und haben noch einen Glühwein bestellt.

Als wir wieder in der Klinik waren, musste Emma direkt ins Bad und sich übergeben. Ab dem Zeitpunkt habe ich nur noch Fetzen von Erinnerungen im Kopf. Und die Erzählung von Emma. Es war überall Blut, auf einmal war ich unten in der medizinischen Zentrale und Schwester Hilde und der Arzt waren da. Er hat den Blutdruck, Blutzucker und meinen Puls gemessen. Hilde hat mir meinen Arm verbunden und gemerkt, dass ich was genommen haben muss. Sie ist dann in mein Zimmer gegangen um nachzusehen, da lag Emma in meinem Bett. Die sagte, dass wir Alkohol getrunken haben. Ich musste pusten und hatte 1,5 Promille. Daraufhin bin ich schnell abgehauen, habe mich eingeschlossen und meinen anderen Arm auch noch verletzt. Ich bekam ein Beruhigungsmittel, wurde zur Überwachung an einen Monitor angeschlossen und musste in der medizinischen Zentrale schlafen.

Am nächsten Morgen bin ich aufgewacht und es waren alle so sauer auf mich - mal wieder.

Ich war davon überzeugt, dass alle mich hassen und mich niemand dort haben will. Ich habe mir solche Selbstvorwürfe gemacht, dass ich nicht mehr leben wollte. Der Oberarzt sagte, dass die Klinik nicht mehr die Verantwortung übernehmen kann und dass ich verlegt werden muss.

So bin ich hierher gekommen. Die Aufnahme war krass. Die haben mir tatsächlich meine Schnürsenkel weggenommen, mein Deo, den Nagelknipser und mein Feuerzeug. Mit all den Dingen könnte ich mir etwas antun. Der Arzt hat meine Bedarfsmedikation erhöht, ein Glück – das habe ich auch schon in Anspruch genommen.
Wenn ich duschen möchte, muss ich mir ernsthaft die Dusche im Stationszimmer abholen und die anschließend wieder dort hinbringen, damit ich mich damit nicht erhänge.
Ich fühle mich unheimlich schlecht wegen der Dinge, die in der Klinik passiert sind.
Vorhin habe ich mit Emma telefoniert. Es tut ihr so leid, dass für mich der Aufenthalt in der Psychiatrie die Konsequenz aus dem Abend ist. Sie fühlt sich schuldig, das ist aber Quatsch. Wir haben beide getrunken. Sie wird mich hier besuchen. Ich bin mir sicher, dass es so viel Ärger gibt, wenn ich wieder da bin. Frau Weiß hat zu Emma gesagt, dass ich froh sein kann, jetzt in der Psychiatrie zu sein, da ich sonst auch nicht ins Veda zurück dürfte. Die wissen nicht, was sie mit mir machen sollen.
Papa hat mich angerufen. Er hat gesagt, dass er bereits mit dem Oberarzt
der Klinik telefoniert hat, der aber nichts erzählen wollte. Mama und Papa haben so eine Tochter wie mich echt nicht verdient. Mama und Papa haben gesagt, dass sie mich am Mittwoch auf jeden Fall besuchen werden – egal, wo ich dann bin. Da freue ich mich total drüber. Ich vermisse sie.

Die Leute hier sind schon etwas speziell. Die eine hat heute die Pflegerin gefragt, ob gerade das Bestattungsinstitut angerufen hat und sie abholen will. Sie hat das Gefühl, dass sie Selbstmord gemacht hat und dass sie gestorben ist oder spätestens heute sterben wird.

Dann gibt es einen Mann, der die permanent schreit. Sowohl am Tag als auch in der Nacht ruft er nach den PflegerInnen. Eine Mitpatientin hat mir erzählt, dass er fixiert ist.

Ich teile mein Zimmer mit einer Patientin, die schizophren ist und immer mir ihrer zweiten Persönlichkeit spricht. Spannend.

Gestern Abend habe ich es total genossen, vorne im Aufenthaltsraum zu sitzen. Es ist eine Mitpatientin hier, die Harfe spielt. Diese Melodien haben mich total beruhigt. Ich saß daneben und habe die ganze Zeit Tagebuch geschrieben. Beim Schreiben kann ich meine Gedanken gut sortieren.

Frau Stein, die Pflegerin, ist so wunderbar. Wir hatten ein ganz langes Gespräch. Ich habe ihr erzählt, was passiert ist und dass ich nicht in meinem Beruf arbeiten darf. Sie fragte mich, was ich gelernt habe und hat dann gesagt, dass sie sich das so gut bei mir vorstellen kann. Ich soll mir nichts von Frau Fischer und Frau Weiß einreden lassen. Sie glaubt an mich und ist davon überzeugt, dass es in der letzten Zeit vor der Klinik nur der Prüfungsstress war und nicht generell damit zu tun hat, dass ich falsch in diesem Beruf bin. Dann habe ich ihr gesagt, dass ich große Angst davor habe, was mich erwartet, wenn ich wieder in der Klinik bin. Meine Angst ist so groß, dass Frau Weiß mich fertig macht, mich anschreit und dass sie mich rauswirft. Was, wenn ich auch im Veda nicht mehr sein darf, weil sie denken, dass es mit mir alles keinen Sinn mehr macht? Ich hätte kein Problem damit, zu meinen Eltern zu ziehen, aber vielleicht finden sie das nicht so lustig. Frau Stein sagte, dass Frau Fischer und Frau Weiß nur Wegbegleiter sind. Es hängt nicht alles Glück der Welt davon ab, ob sie mich anschreien oder nicht. Der große Punkt ist, dass ich mir selbst verzeihen muss. Ich muss mein Leben weniger von anderen Menschen abhängig machen.

Heute wurde der Mann, der immer fixiert ist, mal losgemacht. Er ist erst Anfang 20, war sehr nett und irgendwie lustig. Er kam an meinen Tisch und fragte mich nach Milch. Da ich keine hatte, sagte er dann „Na gut, dann muss ich selbst Milch kaufen gehen". Er torkelte raus in den Stationsgarten und kletterte über den Zaun. So schnell habe ich die PflegerInnen noch nie laufen sehen. Er hat sich nichts Schlimmes dabei gedacht – er wollte halt einfach Milch. Hier ist echt immer was los.

Ich glaube, dass ich relativ bald wieder in die Klinik zurück sollte. Meine Angst wird mit jedem Tag größer, dort wieder hinzugehen. Mein Gespräch mit Frau Stein war heute wieder so toll. Sie hat gesagt, dass sie Menschen kennt, die nicht gesund werden wollen oder können, und dass das bei mir ganz anders ist. Sie weiß, dass ich das kann. Endlich glaubt mal jemand an mich. Der Garten hier ist echt toll. Wie schön, dass man sich über ein kleines bisschen Auslauffläche freuen kann. Ich drehe hier immer meine Runden im Garten oder sitze in der Sonne und schreibe Tagebuch. Es tut wirklich gut, die Wärme auf der Haut zu spüren. Es ist irgendwie gut; die anderen PatientInnen sind da, aber ich bin auch für mich. Es ist eine recht nette Stimmung, man unterhält sich mal, aber es geht hier nicht permanent um Aufmerksamkeit und gesehen werden.

Jetzt darf ich sogar schon mal 15 Minuten hier im Haus unterwegs sein, eine Steigerung. Das Essen ist hier natürlich ein bisschen schwierig. Ich versuche immer wieder, auch mitzuessen, doch es fällt mir schwer.

Vielleicht gehört die Psychiatrie zu meinem kranken Lebenslauf irgendwie dazu. Ich darf tatsächlich erfahren, dass es hier gar nicht schlimm ist. Ich brauche keine Angst vor gewissen Menschen zu haben und ich habe endlich mal meine Ruhe. Morgen werde ich entlassen. Es ist gut, dass ich wieder in die Klinik gehe. Ich muss das dort mit den Leuten klären, ich brauche den Augenkontakt und muss planen, wie es weitergehen kann.

Heute sollte eigentlich meine Entlassung sein. Vorher musste ich allerdings mit Frau Weiß telefonieren und sie hat mich so sehr angeschrien. Sie hat gesagt, dass ich wiederkommen darf, bis ich einen Platz in der Suchtklinik habe. Ich habe selber schuld, weil ich getrunken habe. Sie meint, meine Borderlinestörung muss endlich behandelt werden, das geht in der Klinik am Park nicht.

Mein Herz hat so gerast! Ich habe einfach aufgelegt, das hat sie sicherlich noch böser gemacht. Sollte ich vielleicht wirklich mal nach Mattingen in die Klinik gehen und dort die Borderlinetherapie machen? Da war Ida schon mal und es hat sie wirklich ein ganzes Stück weitergebracht. Ich brauche unbedingt einen Plan. Was mache ich denn jetzt?

Jedenfalls nicht entlassen werden.

Mama sagte am Telefon, dass ich nicht zu Hause einziehen kann. Und schon wieder habe ich aufgelegt, ich bin so verzweifelt. Papa rief dann noch einmal an und fragte, was ich erwartet habe. Sie kommen zu mir in die Psychiatrie zu Besuch.

Mama hatte mit Frau Weiß telefoniert und sie hat alles erzählt – von dem Sekt an der Tankstelle, meinem Promillewert und von der Selbstverletzung. Papa meinte, dass er die Idee mit der Suchtklinik nicht schlecht findet. Er glaubt, dass ich da nicht lange bleiben muss, weil ich keinen Entzug brauche. Es tat gut, sie zu sehen, und ich glaube, es war auch für die beiden gut zu sehen, dass eine geschlossene Station in der Psychiatrie gar nicht so grausam ist wie es im Fernsehen immer dargestellt wird.

Frau Fischer hat mich nun auch noch angerufen und fertiggemacht. Sie sagte, dass es ein Bruch in der Klinik ist, allerdings auch im Veda Konsequenzen in der therapeutischen Arbeit haben wird.

Mit Frau Thole habe ich auch noch gesprochen. Ich glaube, so langsam habe ich es geschafft und sie davon überzeugt, dass ich ein schrecklicher, hoffnungsloser Fall bin.

Seit der ganzen Scheiße mit Frau Fischer und Frau Weiß esse und kotze ich nur noch. Irgendwie muss ich meinen Druck ja loswerden.

Wir haben gestern zu fünft im Garten getanzt. Die Leichtigkeit war wunderbar. Die Leute sind alle echt schräg drauf, aber haben es drauf, Dinge rauszuhauen, bei denen ich nur lachen muss. Egal, wie schlecht die Laune vorher war. Das Tanzen tat so gut.

Tatsächlich konnte ich meinen ganzen Mut zusammennehmen und bei Frau Weiß anrufen. Ich hatte eine Liste gemacht mit den Dingen, die ich loswerden wollte und das Gespräch war echt gut. Sie denkt, dass das Veda vielleicht nicht mehr das Richtige für mich ist, da nicht die Essstörung, sondern die Persönlichkeitsstörung im Vordergrund steht. Ich darf wieder in die Klinik kommen, soll allerdings nochmal verlängern und dann besprechen wir, wie es weitergehen kann.
Anschließend hatte ich ein Gespräch mit Frau Stein. Sie meinte, dass ich immer im Kopf behalten soll, dass das, was in der Klinik passiert, nicht die Realität ist. Sie war echt so eine tolle Unterstützung für mich. Eine tolle Frau. Ich bin sehr fasziniert von ihr, weil sie trotz allem, was sie von mir weiß, immer noch an mich glaubt und davon überzeugt ist, dass ich das hinbekomme.

März 2011
Nun bin ich wieder in der Klinik. Ich wurde gut wieder aufgenommen. Ich lebe viel Symptomatik, wie soll es auch anders sein nach den Tagen in der Psychiatrie, in denen das Essen komplett aus dem Ruder gelaufen ist. Es haben mich voll viele darauf angesprochen, dass ich abgenommen habe. Ich wiege jetzt 70,2 kg – fünf Kilo weniger als vor zwei Wochen. Respekt.
Die Zeit in der Psychiatrie habe ich genutzt, um 120 Seiten Tagebuch zu schreiben und mir darüber einiges klar zu machen.

Mir wird das Leben schon wieder zu bunt: 18 Wochen Klinikaufenthalt liegen hinter mir - mit Unterbrechung durch den Aufenthalt in der Psychiatrie, der mich wieder in die Symptomatik der Bulimie zurückgeworfen hat. Jetzt kann ich mir überlegen, ob ich unter der Brücke wohnen oder meinen Aufenthalt verlängern will. Frau Weiß hatte es angekündigt, doch ich will es einfach nicht.

Ich hasse es, abhängig zu sein, und ich hasse es, nicht selber entscheiden zu dürfen.

Meinen Schwestern geht es nicht gut, wegen mir. Inga hat sich riesige Sorgen gemacht als ich auf der geschlossenen Station war. Und sie meinte, dass sich alle gerade Sorgen um Lara machen. Sie ist wohl total verletzlich und es geht ihr überhaupt nicht gut. Dann macht sie sich meinetwegen noch Vorwürfe, es geht ihr noch schlechter deswegen und ich kann nicht mal für sie da sein, weil ich hier bin.

Manchmal frage ich mich wirklich, ob ich ein schlechter Mensch bin. Es läuft schon wieder alles aus dem Ruder. Ich trinke schon wieder mit Emma. Das ist nicht gut, das weiß ich. Oft folgen darauf Selbstverletzungen. Damit riskiere ich alles. Wenn das **einmal** auffliegt, fliegt noch etwas. Und zwar ich – im hohen Bogen – sowohl aus dem Veda als auch aus der Klinik. Ich verspiele mir alles. Was mache ich da schon wieder?

April 2011
Ich hatte heute ein Gespräch gemeinsam mit Lara bei Frau Weiß. Sie hat uns nicht gefragt, was wir besprechen wollen. Nein, sie hat gleich angefangen. Damit, dass Lara nicht mit mir über ihre Probleme reden soll. Sie meint, dass es mir immer schlechter damit geht, ich mich jedes Mal selbst verletze, wenn wir telefoniert haben und es unverantwortlich von ihr ist. Dann kam sie richtig in Fahrt und sagte, dass ich mich durch meine Borderlinestörung, und das ist die schlimmste Persönlichkeitsstörung überhaupt, nicht abgrenzen und damit klarkommen kann. Sie sagte: „Wanda ist so eine schwer gestörte Person, dass sie teilweise hier nicht mehr behandelt werden kann, sie war gerade in der Psychiatrie. Sie wohnt in einem betreuten Wohnen und ist stationär. Wanda kann sich das nicht auch noch reinziehen. Sie ist so schlimm gestört, dass sie auch in der Psychiatrie behandelt werden könnte." Danke, wirklich danke. Ich bin die Gestörteste überhaupt.

Es war grausam. Mit Lara war es anschließend im Kontakt total schlimm. Sie hat wirklich direkt in die Wunde gehauen – Laras Schuldgefühle. Diese habe ich hier in Gesprächen immer wieder thematisiert, da es mir so leidtut und ich die Schuld niemals bei Lara gesehen habe und sehen werde. Es geht mir gerade so schlecht, weil ich das so wirklich nicht wollte. Das, was Frau Weiß gesagt hat, war nicht meine Intention. Ich will doch nur, dass es ihr besser geht, dass sie das Leben wieder genießen kann, dass sie so lacht wie sie es mal getan hat. Ihr Lachen ist so wundervoll. Sie soll wieder glücklich sein. Mama und Papa sind auch sauer, das weiß ich, weil ich es geschafft habe, dass es Lara noch schlechter geht. Wunderbar. Das wollte ich doch nicht.

Ich mag Emma so gerne, ich kann mit ihr wirklich über alles reden. Wir lachen viel zusammen, genießen Sonnenstrahlen, machen Spaziergänge. Doch auf der anderen Seite machen wir auch gemeinsam Dinge, die nicht gut sind. Wie zum Beispiel das Alkoholtrinken. Jetzt haben wir auch noch angefangen, regelmäßig zu klauen. Es ist irgendwie ein Kick: Es ist jedes Mal aufregend, ob wir erwischt werden. Nur wer ist schuld an der ganzen Sache? Vielleicht sind wir es einfach beide? Wir haben gemeinsam mit dem Klauen angefangen. Mit dem Alkohol geben wir uns beide nichts, das ist ein gegenseitiges Ding. Es ist da niemand schuld dran. Sie war in der Psychiatrie für mich da, das tat so unglaublich gut. Wir beide passen total gut zusammen. Wir können zusammen reden, lachen, weinen, schweigen.

Gerade habe ich einen Bericht über Kleptomanie gelesen. Mist, ich habe echt Angst, dass ich das jetzt auch noch habe. Was ist, wenn ich erwischt werde?! In meinem Beruf wäre das alles andere als gut. Jeden Tag habe ich wieder Angst, erwischt zu werden, und ich bin wirklich davon überzeugt, dass es irgendwann passiert.

Am Wochenende war ich in Gransberg. Da hatte ich meine neue Latzhose an. Ich habe mich richtig wohl gefühlt. Als ich einen Typen nach Feuer für meine Zigarette gefragt habe antwortete er, dass er Schwangeren kein Feuer gibt. Ich bin zu fett für diese Welt. Dieser Kommentar hat mich so traurig gemacht.

Dort wurde ich dann tatsächlich das erste Mal beim Klauen erwischt. Wir waren bei Deichmann und ich wollte ein Paar Schuhe klauen. Es war nicht schwer, sie unbemerkt in meine Tasche zu stecken, allerdings waren die Sicherungsschilder nicht sichtbar am Schuh angebracht, sondern die Sicherung war in der Sohle. Daher piepte es beim Verlassen des Geschäftes, das war unheimlich peinlich. Ich musste mit ins Büro und bekomme eine Anzeige. Danach war ich fertig. Was für ein Mist! Es werden mich alle hassen.

Mein erster Anruf war natürlich wieder bei Mama und Papa. Ich habe denen alles erzählt und so geweint. Lara hat das mitbekommen und mir gut zugeredet. Sie meinte, dass wir das alles wieder hinbekommen. Ich kann sehr froh sein, dass ich meine Familie an meiner Seite habe.

Nächste Woche werde ich entlassen. Heute habe ich nochmal den Knaller gebracht. Ernsthaft. Eine Woche nach dem Erwischen bei Deichmann wurde ich bei Lidl erwischt. Wie dumm kann ein Mensch sein? Das, was ich eingekauft habe, hatte einen Wert von neun Euro und das, was ich in der Tasche gelassen habe, hat nicht mal drei Euro gekostet. Es war der Kick. Nur mal eben gucken, ob es noch geht. Es ging nicht. Mama und Papa haben mir gesagt, wie dumm das ist. Lara sieht es genauso, da bin ich mir sicher. Wie kann ich das nur direkt wieder machen? Sie sagten, dass sie nicht sauer auf mich sind. Na super. Aber? So ein dummes Scheißkind! Bei Lidl musste ich auch wieder mit ins Büro, es war richtig peinlich. Ich bekomme Hausverbot für **alle** Filialen und eine Anzeige.

Jetzt hatte ich meine ganzen Abschlussgespräche und es geht morgen wieder ins Veda. Ich freue mich so sehr, dass Emma auch dort einziehen kann.

Mai 2011

Zurück im Veda bin ich in eine neue Wohnung gezogen, die direkt gegenüber vom Haupthaus ist. Wenn ich etwas von den Betreuerinnen brauche, habe ich es also nicht weit.

Frau Fischer fragte mich nach dem ersten Wochenende, was ich gemacht habe. Als ich ihr erzählte, dass ich meine Sachen in der neuen Wohnung eingeräumt habe und so weiter, fragte sie mich, ob ich jetzt auf „braves Mädel" mache. Sie rückt keinen Millimeter von ihrer Meinung über mich und meine Störung ab. Sie gehört definitiv zu den Menschen, die nicht an mich glauben. Das tut weh. Allerdings bin ich froh, dass ich mich als Heilerziehungspflegerin bewerben darf. Ich hoffe sehr, dass ich bald eine Beschäftigung für mich finde, die mich ausfüllt und mich glücklich macht.

Das Essen klappt hier wieder ganz gut. Ich bin wieder in meinem Essensplan und darüber in Kontakt. Seit einer Woche habe ich nicht gekotzt und jetzt auch schon ein paar Wochen keinen Alkohol mehr getrunken.

Langsam habe ich auch schon wieder das Gefühl, dass ich hier unwichtig bin.

Als ich letztes Wochenende zu Hause war, habe ich mich schon wieder schlecht gefühlt. Ich musste ein Rezept für meine ganzen Tabletten einlösen. Da ich immer noch über Papa privatversichert bin, müssen wir die Medikamente immer erst in der Apotheke bezahlen. Die haben ernsthaft 300 € gekostet. Es tut mir leid, dass ich mir dafür schon wieder Geld leihen musste. Ich hoffe, dass meine Eltern das von der Kasse alles wiederbekommen. Lara und ich haben uns auch ziemlich gestritten. Mein Gefühl ist, dass sie immer mehr abnimmt und sich da reinsteigert. Es fällt mir schwer, bei mir zu bleiben und trotzdem meinen Plan, zu essen, umzusetzen. Leider sehe ich dann nicht den Sinn oder die Gerechtigkeit darin. Warum soll ich mich so anstrengen, es gesund zu machen, wenn Lara es anders darf?

Seit ich aus der Klinik raus bin, habe ich mit dem Fitnessstudio angefangen. Das tut mir total gut, doch manchmal habe ich das Gefühl, dass es zu einem Zwang wird. Die Betreuerinnen wollen diesbezüglich ständig irgendwelche Absprachen treffen. Wenn ich mit dem Rad eine halbe Stunde dort hinfahre, soll ich das Ausdauertraining weglassen. Ich kriege das aber nicht hin. Das wäre dann für mich so, als würde ich es nicht ganz zu Ende bringen, als würde ich es nicht schaffen.

Ich wurde in Heringsbrügge in einem Seniorenwohnheim zum Vorstellungsgespräch eingeladen. Ich war total aufgeregt, da es endlich in die Richtung Normalität geht. Das Vorstellungsgespräch war in Ordnung. Die Chefin war wirklich nett, allerdings sagte sie, dass es ohne Auto kaum möglich ist, dort zu arbeiten. Das Heim ist ein Stück von Heringsbrügge entfernt und man kommt nur mit dem Bus dort hin. Dieser fährt nicht regelmäßig und vor allem nicht früh genug, dass man pünktlich zum Frühdienst kommt. Es hat mir dort alles echt gut gefallen und ich glaube, dass ich sicherlich dafür eine Lösung finde. Auf dem Heimweg musste ich auf den Bus warten. Ich habe mich an der Bushaltestelle auf den Grünstreifen gelegt, Musik gehört, die Sonne genossen und ein bisschen die Augen zugemacht. Bis auf einmal eine Aufregung um mich herum war. Dort stand ein Mann, der irgendwas redete. Ich nahm meine Kopfhörer raus und er meinte nur, dass der Krankenwagen gleich kommt. Ich wusste nicht, was da gerade passiert. Kurz darauf kam der Krankenwagen und der Mann fing an zu berichten, dass ich bewusstlos und nicht ansprechbar gewesen wäre. Ich versuchte zu erklären, dass ich nur Musik hörte und ihn dadurch nicht bemerkt habe. Die Sanitäter waren nett, wollten jedoch alles abchecken. Der Herr meinte dann, dass ich mit ins Krankenhaus fahren müsste, um mich durchchecken zu lassen und außerdem, dass ich sonst die Kosten für die Anfahrt zahlen müsse. Aufgrund von Täuschung. Bitte? Was kann ich denn dafür, dass er den Krankenwagen ruft? Ich habe mich belabern lassen und bin mit ins Krankenhaus gefahren. Dann saß ich von 15 bis 19 Uhr im Krankenhaus. Die haben mich an den Tropf gesetzt und mir gesagt, dass ich wahrscheinlich zu wenig Flüssigkeit hatte. Außerdem haben sie es darauf zurückgeführt, dass ich meine Medikamente genommen, aber kaum etwas gegessen habe. Es war nichts mit mir – gar nichts. Dann bin ich also endlich entlassen worden und konnte zurück nach Bösingen fahren.

Juni 2011
Heute hatte ich meinen Anhörungstermin bei der Polizei wegen der Klauerei. Ich hatte so ein Glück mit dem Polizisten. Da ich die ganze Wahrheit auf den Tisch legen wollte, erzählte ich ihm auch von der Anzeige von Lidl (bei der Anhörung handelte es sich um die Anzeige vom Deichmann). Er rief seinen Kollegen in Bad Ahlburg an und fragte, ob denen dort etwas vorliegt. Zum Glück nicht. Er meinte dann nur zu ihm „Nein, nein, dann lassen wir das schlummern." So unheimlich nett. Ich berichtete von meinem Klinikaufenthalt und dass ich im betreuten Wohnen lebe. Daraufhin sagte er, dass ich aufgrund meiner psychischen Krankheiten nicht straffähig bin. Ich muss nur eine Bearbeitungsgebühr von 100 € bezahlen. Der Polizist war sehr verständnisvoll und toll. Glück im Unglück.

Es ist wirklich wieder schwierig, sich an den Essensplan zu halten. Ich lasse immer mehr von meinem Plan weg und bekomme deshalb langsam auch einen Fressdruck. Es interessiert aber niemanden. Wenn ich sage, dass ich nicht zum zweiten Frühstück komme, werde ich ernsthaft von meiner Betreuerin gefragt, ob wir uns heute noch sehen. Was für eine Frage?! Es gibt noch das Mittagessen, die Kaffeemahlzeit und das Abendessen. Das ist doch eine Einladung, **nicht** dorthin zu gehen oder?
Ich bin total froh, dass ich Frau Scholz habe. Sie schafft es immer wieder, mich aufzufangen und für mich in den richtigen Momenten da zu sein.

Mein Sportpensum verfolge ich weiter. Jetzt habe ich allerdings schon wieder eine Absprache an den Hacken. Wenn ich mehr als fünf Stunden Sport in der Woche mache, muss ich einen Tag in Dauerbetreuung, um in den Kontakt zu kommen und um Pause vom

Sport zu machen. Das ist doch schon wieder eine Einladung zum Lügen. Wo soll ich sonst mit meiner Anspannung hin?

Im Juli startet der Job im Seniorenwohnheim in Heringsbrügge und ich bin sehr gespannt, wie das wird. Ich werde jetzt mit der Bahn nach Heringsbrügge und dann mit einem Autoruf zu dem Heim fahren. So langsam bekomme ich etwas Druck. Papa meinte, dass ich spätestens im Dezember ausziehen muss, da dann meine Kostenübernahme endet.

Emma und ich haben in den letzten Wochen fast jeden Abend im Veda zusammen getrunken. Als ich meinen Termin mit Frau Thole hatte, wollte sie eine Zimmerkontrolle bei mir machen. Irgendwer muss uns verpetzt haben. Oder ist einfach aufgefallen, dass wir so oft so spät erst wieder da sind? Frau Thole hat die Flasche Korn in meinem Schrank gefunden. Ich bin ausgerastet, habe zu viel von meinem Antidepressivum genommen und war komplett abgeschossen. Alles, was dann passierte, war zum Glück wie mit einem Schleier vor dem Gesicht. Frau Fischer war zuerst total kalt und hat mich dann richtig angeschrien. Abends hatten wir dann auch noch Mittwochsrunde. Da sagte sie, dass der Aufenthalt im Veda für mich beendet ist, dass ich nicht mit ihr im Kontakt bin und sie sich sowieso schon gewundert hat, dass es gerade so gut bei mir läuft. Danke. Wie soll es auch gut bei mir laufen?

Juli / August 2011
Ich bin unendlich froh, dass ich vorher schon einen Urlaub bei Ida geplant hatte. Nach einer Selbstverletzung und einem großen Streit und Drama im Veda bin ich abgedampft und zu Ida nach Lünshagen gefahren. Ida hatte Geburtstag und ihre Schwester hatte Abiball. Dort habe ich Fotos gemacht, was mir wieder total viel Spaß gemacht hat. Es hat sich kaum jemand aus dem Veda gemeldet. Ich bin egal, ist ja auch klar – ich bin ja quasi raus.

Nun habe ich mit dem Veda telefoniert und sie wollen, dass ich mir eine eigene Wohnung in Heringsbrügge nehme, sie würden mich dann ambulant weiter betreuen. Zurückkommen könnte ich nur, wenn ich wegen Borderline und Alkohol in eine Klinik gehe. Sie wollen mich ja so gerne auf meinem Weg begleiten – auf den Weg raus oder was? Ich komme doch gerade aus der Klinik, in der ich fast ein halbes Jahr war. Ich möchte doch einfach nur arbeiten und versuchen mein Leben zu genießen ist das zu viel verlangt?

In den letzten beiden Wochen habe ich gar nichts geschrieben. Die Stimmung im Veda war schlimm und meine neue Arbeitsstelle war noch schlimmer. Die KollegInnen waren grausam. Es war so schrecklich. Es hieß von Anfang an, dass sie keinen Bock mehr haben, neue Leute einzuarbeiten. Ich habe mich total abgelehnt gefühlt. Das schlimmste war allerdings an einem Morgen bei der Medikamentengabe. Eine Kollegin hat mir einen Schrankschlüssel für die Betäubungsmittel und ein Tablett mit den Medikamenten gegeben und meinte, dass ich die schon mal verteilen soll. An meinem zweiten Tag. Ich kannte werde die PatientInnen noch die Medikamente oder das Dokumentationssystem. Als ich das zu bedenken gab, sagte sie: „Die Namen stehen an den Türen, so schwer ist das doch nicht." Ich habe mich in die schlimmsten Szenarien hineingesteigert. Was ist, wenn jemand anderes gerade da in dem Zimmer ist? Und vielleicht dement ist und mir nicht mal selber sagen kann, wie er heißt? Wenn ich die falschen Medikamente verabreiche und irgendwas passiert? Deswegen habe ich es nicht gemacht. Unter diesen Bedingungen konnte ich es nicht. Nach einer weiteren Woche mit dieser schrecklichen Frau konnte ich zum Glück im Veda besprechen, dass das kein Job für mich ist.
Im Anschluss habe ich eine der netten Kolleginnen nochmal getroffen. Sie klärte mich über die Verhältnisse dort auf. Diejenige, die mich einarbeiten sollte, ist selber total unzufrieden, da sie gern die Pflegedienstleitung übernehmen will, aber nicht darf. Aufgrund von Mobbing sind dort wohl schon viel MitarbeiterInnen gegangen. Da ich mir vorher doch wieder Gedanken darüber gemacht habe, ob es an mir liegt, war ich nach dem Gespräch total erleichtert.

Im Veda läuft es gerade eigentlich ganz gut. Ich bin froh, dass meinen Wunsch unterstützt haben, in Heringsbrügge aufzuhören.

Mama, Papa, Lara und ich sind auf Borum. Es ist schön. Ich genieße es hier sehr. Wir fahren viel Fahrrad, sind am Strand und haben eine tolle gemeinsame Zeit.
Leider ist es gestern ein wenig eskaliert. Lara hat sich vorgenommen, auf Kohlenhydrate zu verzichten. Als wir Pizza essen gegangen sind, habe ich mich gewundert, dass sie auch eine gegessen hat. Anschließend war sie allerdings längere Zeit auf der Toilette verschwunden. Ich kenne den Druck und ich weiß, wie man dann versucht zu vertuschen. Meine Wut hat sich so angestaut. Als ich sie darauf angesprochen habe, hat sie gesagt, dass sie genau aus dem Grund nicht wollte, dass ich mitfahre. Es ist immer alles so kompliziert mit mir, wie soll man da im Urlaub entspannen? Da wusste ich auch, warum Mama und Papa so verhalten reagiert haben, als ich verkündet habe, dass ich mitfahren darf. Alle wussten, dass Lara nicht wollte, dass ich mitfahre. Deswegen hat Papa vorher auch gesagt, dass wir die schweren Themen hier nicht unbedingt im Urlaub besprechen müssen. Okay, ich bin also diejenige, die es alles so unentspannt macht.
Ich versuche wirklich die ganze Zeit, mein Essen so unkompliziert wie möglich zu machen und so, dass es niemanden nervt. Alle wussten, dass es für mich schwer ist, wenn Lara eine Diät macht, es redet niemand darüber und jetzt sind alle sauer, weil es **mich** belastet?
Das Thema Ernährung habe ich so gut es geht ausgeklammert und den Urlaub noch genossen. Wir waren bei Igor, einem befreundeten Musiker, zum Konzert. Er gibt im Sommer immer auf der Insel Konzerte. Das war so herrlich! Es war auf jeden Fall ein schöner Urlaub.

Nun bin ich zurück im Veda und habe wieder zugenommen. 81,7 Kilo, das sind + 1,7 Kilo. Es sollen mich jetzt alle in Ruhe lassen mit dem Scheiß-Essen. Ich esse jetzt definitiv weniger. Mittlerweile habe ich einen BMI von 30. Wenn ich zunehme, freuen sie sich doch alle, weil sie mal wieder recht hatten. Es geht nicht um mein Wohl. Ich bin echt lieber dünn und krank als gesund und fett. Wenn ich ausziehe und eh mit dem Scheiß weitermache, kann ich das auch direkt machen. Dann muss ich wenigstens nur 30 und nicht 40 Kilo abnehmen. Ich brauche die Ernährungsfachkräfte nicht. Ich brauche die „Weight Watchers" oder die „Naschkatzen". Vielleicht schmeißt Frau Fischer mich aber auch einfach raus? Ist ja meistens so, wenn es einem schlecht geht.

Meine Mitbewohnerin Rica hat eine Überdosis genommen. Gestern wurde sie noch von der Polizei nach Hause gebracht, weil sie zu viel getrunken hatte. Natürlich war ich wieder dabei und habe alles direkt mitbekommen. Genau das ist vor ein paar Wochen auch schon mit Theresa passiert. Auch da habe ich ihren Zustand mitbekommen und die ganze Aufregung, als der Krankenwagen kam. Es ist krass, dass ich hier immer wieder so viel Leid miterleben muss.

Ich wollte so gerne, dass Frau Jäger, meine Betreuerin, mich versteht. Deswegen habe ich ihr aufgeschrieben, wo in meinem Leben ich überall die Dickste war. Das war sicherlich bescheuert zu lesen, aber auch schon gigantisch. Das war eigentlich überall und jetzt hier schon wieder. Sie ist auf meinen Zettel gar nicht wirklich eingegangen. Sie kam auf mich zu und sagte, dass sie mich jetzt besser versteht. Anschließend hat sie mich mit Komplimenten überschüttet. Meine Augen haben so eine Kraft und ich habe ein schönes Gesicht. Sie findet meinen Stil und meine Art, meinen Körper mit den verschiedenen Dingen zu schmücken, super. Das war nur das Äußerliche – dazu kommt die ganze Art. Sie würde mich, wenn sie mich sieht, am liebsten einfach nur knuddeln. Wenn sie mich sieht, werden bei ihr nur positive Gefühle geweckt. Das war so unglaublich lieb von ihr. Ich habe gemerkt, wie sehr sie aus ihrem Herzen gesprochen hat und das hat mich unendlich doll berührt. Das ist echt bei mir angekommen.
Vielleicht hat so eine Ansage mal gefehlt. Seitdem gelingt es mir,

mit den Ernährungsberaterinnen wieder in Kontakt zu sein und auch der Kontakt mit Frau Scholz ist gerade richtig gut.

Ich hatte den besten Abend seit langem. Ich war bei einer Schwester aus der Klinik zu Hause, mit der ich mich richtig gut verstanden habe. Wir haben geredet, Nudeln gekocht, ein bisschen was getrunken, getanzt. Ich konnte ihre Wohnung und ihren Mann kennenlernen. Das war für mich so eine Wertschätzung. Wir hatten einen guten Abend, ohne dass ich zu viel Alkohol getrunken oder mich nach dem Essen übergeben habe. Normalität: Ich konnte sie ganz kurz spüren.
Und kurz danach ist dieses Hochgefühl wieder weg, weil mir hier im Veda niemand vertraut. Es wurde schon wieder eine Zimmerkontrolle gemacht. Es ist so demütigend, wenn die Betreuerinnen in meinen Schubladen herumwühlen. Das ist einfach nur schrecklich. Das kann ich gar nicht in Worte fassen. Gefunden haben sie nichts.

September 2011
Frau Scholz war gerade im Urlaub und es ist mir so schwer gefallen, zu den Betreuerinnen ehrlich zu sein. Da sie am Montag wiederkommt, wollte ich klare Verhältnisse schaffen und war endlich mal wieder ehrlich - auf jeden Fall, in Bezug auf Selbstverletzung und Erbrechen. In der letzten Zeit hat die Symptomatik wieder sehr zugenommen. Dass ich öfter zu viel Alkohol trinke, werde ich niemals von mir aus sagen. Wir haben uns für eine Körpervisite entschieden, um mich abzusichern und damit die Betreuer schneller mitbekommen, wenn etwas passiert ist.
Die Symptomatik war erst wieder so stark, nachdem Frau Fischer meinte, dass ich eigentlich in das Haupthaus gehöre, dass aber kein Amt dieser Welt das noch bezahlen würde. Es hat mich wirklich verletzt. Sie glaubt nicht an mich. Frau Fischer meinte, dass sie mich in eine schwere Depression rennen sieht. Meine Angst ist, dass ich es im Job nicht ohne Symptomatik schaffe und dann wieder in eine Klinik muss, und es immer so weiter geht. Dieser Drehtüreffekt. Ich

denke, dass ich für mich mehr Symptomatik als die Betreuerinnen tolerieren kann, wenn ich im Arbeitsleben bin. Vielleicht geht es daher hier im Veda nicht?

Bei Rossmann habe ich gesehen, dass sie eine Aushilfe für das Einräumen der Ware suchen. Nach dem Probearbeiten konnte ich dort anfangen. Oft habe ich den Eindruck, dass ich allen zu langsam bin und dass die mich scheiße finden. Dann ist es aber zwischendurch wieder ganz nett und wir gehen gemeinsam Kaffee trinken. Dieses Hin und Her in meinem Kopf verwirrt mich ein wenig.

Oktober 2011
Heute war mein Hilfeplangespräch. *(die zuständige Frau vom Jugendamt, die Chefin, meine Therapeutin und ich setzen uns zusammen und schauen, wie es mit meiner Betreuung weiter geht, was meine Ziele sind etc.)* Ich darf echt hier bleiben. Was für ein Glück. Oder? Das war auf jeden Fall ein gutes Gespräch, das kann ich nicht anders sagen.
Es ist alles nur bekackt. Ich hatte ein Vorstellungsgespräch, bei dem ich mich so dämlich angestellt habe. Die nehmen mich definitiv nicht, da ich die einfachsten Fragen nicht beantworten konnte. Dazu kommt, dass ich eine neue Mitbewohnerin habe, mit der ich nicht klarkomme. Dann bin ich mit total schlechter Laune ins Haupthaus gegangen und hatte keine Lust, mit der Ernährungsfachkraft über das Essen zu reden. Frau Scholz hat dann total angepisst gesagt: „Wie wäre es, wenn du endlich mal was absprichst und das dann auch einhältst?" Das hat mich so wütend und traurig gemacht. Warum wird mir immer unterstellt, dass ich nur Mist mache und nichts hinbekommen kann und will? Als wenn ich das extra mache. Frau Scholz hasst mich. Sie hat mich so böse angeschaut, dass ich glaube, die Beziehung ist vorbei. Am Abend habe ich schon wieder Alkohol getrunken, mit dem Ende, dass ich mich verletzt habe, weil mir das alles so einen Druck gemacht hat.
Als ich am nächsten Tag ins Haupthaus gegangen bin, hat Frau

Fischer sich in den Türrahmen gestellt, damit ich nicht gehen konnte. Sie meinte, dass ich manchmal den Weg nicht weiß und fragte, warum ich ihn mir dann nicht von meinem Gegenüber zeigen lasse. Darauf antwortete ich nur, dass ich gestern kein Gegenüber hatte. Daraufhin ist sie richtig abgedreht. Sie hat so geschrien. „Du kommst nicht damit weiter, wenn du andere Menschen abwertest. Ich lasse mich von dir jetzt nicht zum Arschloch machen. Wolltest du nochmal beweisen, dass du nicht in der mobilen Betreuung leben kannst? Was willst du erreichen? Ich lasse mich ganz sicher nicht von dir zum Arschloch machen. Ich war gestern den ganzen Tag da, den ganzen Tag." Sie kam gar nicht mehr raus aus ihrer Wut. Und ich konnte nichts mehr sagen, gar nichts.

Nachdem ich dann den ganzen Tag depressiv auf dem Sofa gelegen und geschlafen habe, habe ich gemerkt, dass ich es dort gerade nicht aushalte und dass ich mich nicht sicher fühle.

8.2 Psychiatrie - eine Woche auf der geschlossenen Station
Jetzt bin ich wieder in der Psychiatrie. Es sind im Veda alle sauer auf mich. Ist jetzt die Beziehung zu Frau Scholz beendet? Sie hat mir so oft verziehen – die Geschichte mit Gransberg, mit dem Alkohol – jedes Mal war sie für mich da. Was ist, wenn jetzt das Fass übergelaufen und es vorbei ist?

Mein Plan ist hier, auf jeden Fall nichts zu essen. Es macht sowieso den Eindruck, als wäre ich allen egal. Frau Stein ist leider nicht hier, sie hätte sich schon längst mit mir unterhalten.

Mama und Papa konnten nicht verstehen, warum ich schon wieder hier bin. Im Grunde war es meine Entscheidung. In manchen Situationen habe ich absolut kein Vertrauen in mich und sogar Angst vor dem, was ich machen könnte.

Als ich wach geworden bin, waren Mama und Papa da. Sie kamen mit Apfelkuchen, Haribos und Walnüssen. Da habe ich mich wirklich so sehr drüber gefreut. Egal, wo ich bin und was ich mache, sie sind an meiner Seite. Das ist gut zu wissen.

Frau Scholz rief mich heute an und ich äußerte meine Angst, dass unsere Beziehung vorbei ist. Sie gab mir das Gefühl, dass alles in Ordnung ist zwischen uns und sprach mich auf mein aktuelles Essverhalten an, da sie gehört hat, dass es nicht klappt. Sie hat festgelegt, dass sie am nächsten Tag mit dem Mittagessen vorbeikommt und wir zusammen essen.

Eigentlich ist fast die ganze Zeit Emma bei mir. Der Kontakt zu den PatientInnen ist relativ gering. Wir spielen zwar mal etwas zusammen oder puzzeln, aber das ist alles eher oberflächlich. Genauso sieht es mit den PflegerInnen aus. Es kümmert sich kaum jemand um mich und es gab bisher nicht einmal ein Gespräch. Es ist auch okay, da ich viel in Kontakt mit dem Veda bin. Da liegen ja auch die Probleme, die geklärt werden müssen.
Mit Frau Scholz war es ganz gut. Mein Versprechen, nach dem Essen nicht zu kotzen, habe ich eingehalten. Es ist mir schwergefallen, aber ich kann die Beziehung nicht noch mehr belasten. Frau Scholz hat angekündigt, dass Frau Fischer mich besuchen und klären will, wie es weiter gehen kann. Meine Angst davor ist so unendlich groß. Bestimmt rastet sie aus, wie meistens.
Nachdem ich den ganzen Tag so einen riesigen Druck und Angst vor dem Gespräch hatte, war es gar nicht so schlimm. Frau Fischer sagte, dass sie mich so gerne verstehen will. Sie fragt sich, warum in unserer Beziehung solche Löcher sind, dass ich den Anker in ihr nicht sehen kann. Sie würde mich so gerne verstehen. Sie hat mir angeboten, dass ich direkt in eine neue Wohnung ziehe, wenn ich hier entlassen werde. Quasi als Neuanfang. Ich bin total erleichtert, dass das Gespräch so gut verlaufen ist.

Emma hat mich eben angerufen und mir gesagt, dass sie mich morgen nicht mit abholen kann, da Frau Fischer mit mir zu Frau Weiß fährt und wir dort ein Gespräch haben. Diese Information habe ich von niemandem sonst bekommen. Warum soll ich da hin? Meine Angst ist schon wieder so riesig.

Als Frau Fischer mich abgeholt hat, war ihre Stimmung richtig schlecht. Als ich fragte, was wir bei Frau Weiß wollen, murmelte sie nur irgendwas von „weiter geht...". Da ich nichts verstanden habe, habe ich gefragt „**ob** oder **wie** es mit mir weiter geht?" Wohl beides. Das Gespräch war schrecklich. Frau Weiß hat mich angeschrien und gesagt, dass ich auf keinen Fall in meinem Job arbeiten kann. Was ich mir denn denke – so was spricht sich herum. Das Veda ist nicht das Richtige für mich und ich muss in eine psychiatrische Einrichtung und so weiter.

Das Ende vom Lied war dann der Beschluss, dass ich für eine Woche im Haupthaus einquartiert bin.

Es geht jetzt hier im Veda alles gewohnt weiter. Meine Arbeit bei Rossmann kann ich weitermachen. Vor der Klinik hatte ich den Eindruck, dass meine KollegInnen nicht viel von mir und meiner Arbeit halten. Heute hatte ich ein Gespräch mit der Chefin und sie war wirklich zufrieden mit mir. Dafür, dass ich erst so kurz da bin, mache ich das richtig klasse und sie freut sich, dass ich wieder da bin. Manchmal sind da wirklich Hirngespinste in meinem Kopf.

In das regelmäßige Essen bin ich auch wieder reingekommen. Der Kontakt zu den Betreuerinnen, TherapeutInnen und den Ernährungsfachkräften ist gerade richtig gut.

Nach einer Woche hatte ich nochmal ein Gespräch bei Frau Weiß. Sie war total nett und meinte, dass sie findet, dass ich viel zu schnell in die Psychiatrie gehe. Wenn ich das nächste Mal etwas in meinem Kopf so dramatisiere wie die Beziehung zu Frau Scholz, soll ich ihr eine Mail schreiben. Außerdem soll ich zu regelmäßigen Terminen zu ihr kommen.

Mein Wochenende war wunderbar. Emma und ich waren in Nolburg. Wir haben so viel geredet und ich habe richtig gemerkt, wie sehr wir zusammengewachsen sind in den letzten Wochen und Monaten. Ich glaube das liegt vor allem an den viele schwierigen Situationen, durch die wir gemeinsam gegangen sind. Es ist so toll zu wissen, dass sie immer an meiner Seite ist. Sie hat mir in Nolburg alles gezeigt, was für mich sehenswert ist. Wir haben den gleichen Geschmack, deswegen konnte sie das so genau wissen. Ein bisschen gefeiert haben wir auch, aber in Maßen und nachts noch was gegessen, ohne es im Plan zu berechnen. Es war so eine Leichtigkeit da. Am letzten Tag habe ich sogar, aus der puren Lebensfreude heraus, eine Portion Pommes gegessen, ohne etwas dafür wegzulassen. Es war herrlich. Mir ist folgendes klar geworden: „Ich habe die Verantwortung für mich und ich möchte sie auch haben. Ich bin diejenige, die das Segel spannt und die Richtung wählt, die der Weg haben soll." Die Fahrt hat mir einen tollen Aufschwung gebracht.

Als wir wieder zu Hause waren, konnte ich es kaum erwarten, meine ganzen Absprachen zu ändern. Ich wollte wieder Verantwortung für mich übernehmen. Deswegen habe ich jetzt die Körpervisite auf einmal wöchentlich reduziert und bei der Ernährung geht es mehr nach meinem eigenen Plan. Das fühlt sich gut an.

Mein Gewicht hat einen Sprung von drei Kilo nach oben gemacht. Das ist innerhalb von zwei Wochen echt ganz schön heftig, doch ich mache kein Drama draus. In einem Gespräch mit Frau Weiß habe ich abgemacht, dass ich eine BIA-Messung *(dient der Bestimmung der Körperzusammensetzung)* und eine Grundumsatzmessung *(der tägliche Kalorienbedarf wird anhand der Atemgase berechnet)* machen lassen darf.
Die Grundumsatzmessung war nicht so, wie ich mir das vorgestellt habe. Der Wert lag bei 2700 Kalorien. Die Schwester, die sie durchgeführt hat, meinte, dass ich so schnell geatmet habe und es daran liegen kann, dass er so hoch ist. Das hat mich wieder total verunsichert, daher stehe ich wieder an dem Punkt wie vor der Messung.

November 2011

Frau Thole hat mir gesagt, sie wechselt in drei Wochen die Arbeitsstelle und fängt in der Psychiatrie an. Das ist schwer auszuhalten. Ich werde sie total vermissen. In diesem Punkt versteht mich aber niemand. Frau Weiß hat es mir in der Mittwochsrunde klargemacht. Meine Stimmung war durch die Information sowieso schon nicht gut. Dann hatte eine Mitbewohnerin sich selbst verletzt. Frau Weiß wollte die Verletzung in der Runde sehen – so etwas geht schon mal gar nicht. Das triggert doch jeden, der mit Selbstverletzungen zu kämpfen hat. Außerdem haben wir sogar das Verbot, Mitbewohnerinnen unsere Wunden zu zeigen. Sie fragte dann, wie sie das gemacht hat. Petra fing an, von ihrem Rasierer zu erzählen. Da habe ich gefragt: „Ach, genau! Den muss man dann so auseinanderbauen oder?" Ich fand diese Diskussion schrecklich und ich wollte das nicht hören. Niemand beschreibt das so genau. Meine Frage sollte zeigen, wie absurd das Gespräch ist. Daraufhin ist Frau Weiß ausgerastet: „Wanda, dass du auch immer die Bombe zum Platzen bringen musst. Außerdem habe ich gehört, dass du schon wieder so ein Drama daraus machst, dass eine Mitarbeiterin geht. Was ist denn deine Vorstellung? Dass die Betreuerinnen nicht mehr ihren eigenen Weg gehen und hier nicht mehr kündigen dürfen?" Es ist unglaublich, wie schnell diese Frau meinen Druck steigen lässt. Nach der Runde habe ich Kontakt zu den Betreuerinnen aufgenommen. Ich bin sehr stolz auf mich, dass ich trotz des starken Drucks keine Symptomatik gelebt habe.

Am Wochenende war ich zu Hause. Inga ist noch dünner geworden. Sie sagt selber, dass sie zwei Kilo abgenommen hat und merkt, dass sie aufpassen muss. Mich besorgt noch mehr, dass sie so sensibel geworden ist und total viel weint. Ich würde ihr so gerne helfen. Mein Abend mit Ben war wieder sehr schön. Wir haben viel geredet, gekuschelt und sind gemeinsam eingeschlafen. Es tut mir so gut, dass er da ist.

Mein Entschluss, im April auszuziehen, steht jetzt fest. Im Gespräch mit Frau Scholz habe ich das schon angesprochen. Meine Aussage, dass ich im Veda nicht mehr weiterkomme, hat sie ein bisschen relativiert. Ich sollte den Blick nochmal darauf werfen, wie viel Verantwortung ich wiederbekommen habe, und dass ich besser reflektiere, wenn es um die Stimmungen anderer Menschen geht. Frau Scholz fragte mich, ob es für mich einfacher ist, in der guten Beziehung zu ihr zu bleiben, wenn ich weiß, dass ich ambulant weiter zu ihr kommen kann, wenn ich ausgezogen bin. Das hat sich gut angefühlt.

Gerade kann ich mich echt nicht beschweren. Ich habe acht Bewerbungen als Heilerziehungspflegerin abgeschickt und alle haben sich zurückgemeldet. Ich hatte Vorstellungsgespräche und bin begeistert. Vor allem von dem Wohnheim für blinde Menschen in Drensburg. Der Chef macht einen netten Eindruck, die Bereichsleitung war wunderbar und auch ich habe einen guten Eindruck hinterlassen. Meine Vorbereitung auf der Internetseite war wirklich sinnvoll. Nächste Woche arbeite ich dort zur Probe. Mein Plan ist, dass ich erst einmal von Bösingen aus dort hinfahre und dann eine Wohnung suche und noch die ambulante Betreuung vom Veda in Anspruch nehme.
Worüber ich mich sehr freue, ist, dass ich Frau Pohl als Bezugsbetreuerin bekomme, wenn Frau Thole weg ist. Sie ist wirklich ein toller Mensch und zwischen uns passt die Chemie.

Letzte Woche war ich beim Probearbeiten in Drensburg in dem Wohnheim. Das war so toll. Die BewohnerInnen sind klasse, die MitarbeiterInnen wirken sehr sympathisch und im Anschluss hat die Bereichsleiterin mir gesagt, dass sie einen sehr guten Eindruck von mir hat. Schon am nächsten Tag hat der Chef mich angerufen und gesagt, dass sie sich sehr freuen würden, wenn ich dort anfange. Ab dem 16.12. mit 39 Wochenstunden. Wie wunderbar.
Frau Fischer sagte zu der Neuigkeit nur: „Na, dann hoffen wir mal, dass Ihre Borderlinestörung Ihnen nicht wieder einen Strich durch die Rechnung macht." Das hat mich geärgert, doch alle anderen

haben sich mit mir gefreut, daher konnte ich das ein wenig ausblenden.

Als ich bei den anderen Arbeitsstellen angerufen habe, um abzusagen, habe ich ebenfalls tolle Rückmeldungen bekommen. Eine Mitarbeiterin vom DRK meinte: „Nachdem Sie da waren, habe ich meinem Chef gesagt, dass allen anderen BewerberInnen abgesagt werden kann." Scheinbar wirke ich auf andere doch kompetenter und positiver als ich manchmal denke. Das war toll zu hören.

Mit den Betreuerinnen ist es momentan nicht so einfach. Mein Gefühl ist, dass sich schon jetzt niemand mehr für mich interessiert. Als wäre ich schon weg. Dabei bräuchte ich gerade jetzt noch einmal Unterstützung, weil mein Gewicht schon wieder hochgegangen ist. Ich wiege mittlerweile 83,9 Kilo. Es wird immer mehr und ich weiß nicht, wie ich das alleine hinbekommen kann.

In der letzten Woche habe ich mir ganz viele Wohngemeinschaften in Drensburg angesehen. Das waren hauptsächlich Studenten und alle total nett. Aber ganz ehrlich: Warum sollten die mich nehmen? Die sind doch nicht blind. Was macht das denn für einen Eindruck, eine Mitbewohnerin zu haben, die so fett ist? Das will doch wirklich keiner.

Das andere, was mich sehr belastet, ist, Emma so traurig zu sehen. Immer wenn ich mein neues Leben in Drensburg plane und etwas dafür mache, ist sie traurig. Gleichzeitig fällt es mir schwer zu sehen, wie sie sich ihr Leben hier aufbaut – ein Leben ohne mich. Sie arbeitet jetzt in einem Café und macht ein Theaterprojekt. So gerne möchte ich mich für sie mitfreuen. Es tut weh zu wissen, dass wir bald weit auseinander sind.

Mein Gewicht ist schon wieder angestiegen: 87,3 Kilo. Das sind 20 Kilo Zunahme innerhalb von zwei Jahren. Es hat nichts mehr mit einem schlechten Körpergefühl zu tun. Das ist ein schlechter, fetter Körper. Das ist nicht nur ein Gefühl von mir. Wie soll ich kopftechnisch da bitte hinterherkommen?

Wenn ich in Drensburg anfange, könnte ich das ja so machen, dass ich nur noch esse, wenn ich hier vor Ort bin. Das ist dann nur Frühstück, wenn ich Spätdienst habe. Wenn ich eine Zahl festlege, wie zum Beispiel 800 Kalorien pro Tag, ist das, glaube ich, ganz gut. Ich habe ein wenig Angst, dass ich dann nicht genug Energie mehr zum Arbeiten habe. Ich sollte darauf achten, mir nicht alles zu verbieten, denn dann bekomme ich da noch mehr Lust drauf und die Gefahr besteht, dass ich einen Essanfall bekomme. Wenn Mama und Papa das nicht gut finden, werde ich fragen, warum Lara und Inga abnehmen dürfen und ich nicht. Ein bisschen Gerechtigkeit muss ja bleiben. Mit dem Gewicht geht es gerade nicht mehr und auf gesundem Wege pendelt sich da nichts wieder ein; das habe ich bereits versucht. Wenn ich in einer Wohngemeinschaft lebe, werde ich mit denen zusammen essen und hinterher kotzen gehen. Dann hat das auf jeden Fall was von Normalität. Solange die das mit meiner Störung nicht wissen, richten sie den Blick nicht nur darauf, was ich im Anschluss an das Essen mache.

Mein letzter Tag bei Rossmann war ganz gut. Ich bin trotzdem froh, dass ich dort jetzt weg bin.

8.3 Arbeit in Drensburg mit ambulanter Betreuung ab Mitte März 2012

Die ersten Tage bei der Arbeit sind ganz gut gelaufen. Die Köchin vom Veda hat mir mein Mittagessen in einem Behälter mitgegeben, der warm hält. Ich muss gegen elf los, wenn ich zum Spätdienst muss, damit ich pünktlich ankomme. Abends bin ich um elf wieder in Bösingen. Ich weiß nicht, wie lange ich das aushalten kann. Diese Fahrerei ist wirklich anstrengend. Daher ist es gut, dass ich mir gerade weiterhin Wohngemeinschaften anschaue.

Die BewohnerInnen in dem Wohnheim sind toll. Es ist unglaublich, wie geschickt sie sind. Sie haben tolle Taktiken, wie sie trotz ihrer Blindheit so vieles selbstständig bewältigen. Das fasziniert mich wirklich. Bei den MitarbeiterInnen bin ich noch etwas vorsichtig.

Sie reden oft schlecht über KollegInnen, die nicht da sind. Das macht keine gute Stimmung. Ich möchte meinen Job gern gut machen. Eigentlich weiß ich, dass ich gut bin. Aber die Unsicherheit ist immer wieder da. Wenn ich eingearbeitet bin, wird das hoffentlich etwas einfacher.

Im Veda finde ich es anstrengend. Da mein Gewicht immer weiter ansteigt, machen sich alle Gedanken über meinen Essensplan. Die eine sagt „viel Eiweiß, viel Fett, wenig Kohlenhydrate", die nächste sagt „nur noch drei Mahlzeiten pro Tag", und dann kommt noch jemand mit einer anderen Idee. Die wissen alle nicht mehr, was ich machen kann. Ich regle das sowieso bald nach meinem eigenen Wissen. Frau Scholz fand die Ideen von den Ernährungsfachkräften auch nicht besonders toll. Sie meint, ich soll nach Gefühl essen – Hunger und Sättigung. Leider kenne ich beides gar nicht mehr. Also doch mein Ding machen?

In der letzten Zeit habe ich meine Schilddrüsenmedikamente ein wenig hochdosiert, weil ich dachte, dass es vielleicht was bringt. Das hat nichts außer Ärger gebracht. Jetzt darf ich mir immer nur eine Tablette pro Tag abholen.

Januar 2012
Mittlerweile werde ich in den Frühdienst eingearbeitet und es ist echt anstrengend für mich. Die Schichten beginnen so früh, dass ich es aus Bösingen nicht schaffen würde, dort hinzufahren. Mama und Papa haben daher organisiert, dass ich an den Tagen bei Freunden von ihnen, Anita und Jakob, übernachten kann. Es ist eine organisatorische Hochleistung, was ich da gerade betreibe. In meinen Büchern stehen überall To-do-Listen, Packlisten (was brauche ich zum Anziehen in den nächsten Tagen, was muss ich mitnehmen an Essen), Planungen, wann ich wie, wo und was esse. Ich arbeite acht Tage am Stück und habe dann einen bzw. am Wochenende zwei Tage frei. Wenn es nur die Arbeit wäre, wäre es nicht so anstrengend für mich. Dazu kommt das Pendeln. Ich will unbedingt bei der Arbeit und bei Anita und Jakob einen guten Eindruck hinterlassen und das Essen geregelt bekommen. Nebenbei

versuche ich, den Kontakt zum Veda so gut wie möglich hinzubekommen und mir Hilfe zu holen, wenn ich sie brauche. In der letzten Woche hatte ich eine ganz bescheuerte Situation bei der Arbeit. Silke, die Bereichsleiterin, fragte mich, ob ich die BewohnerInnen zum Schwimmen begleite. Mir ist auf die Schnelle nichts eingefallen, wie ich mich herausreden kann und habe das dann ziemlich kurzfristig abgesagt. Meine Angst, dass alle deswegen sauer sind, war groß. Meine Ausrede war letztendlich, dass ich selbst lange nicht mehr im Wasser war, weil ich allergisch auf Chlor reagiere. Wäre es nur mein dicker Körper, hätte ich noch ein Auge zugedrückt, doch was sollen sie von meinen ganzen Narben halten? Silke sagte zu mir, sie findet, dass ich meine Arbeit im Großen und Ganzen schon ganz gut mache. Allerdings ist ihr aufgefallen, dass ich für eine Fachkraft zu unsicher wirke, das sollte ich ändern. Wie soll ich bitte nach einem Monat sicher sein? Was ist, wenn sie mich nach der Probezeit rausschmeißen? Wenn sie denken, dass ich es nicht gut hinbekomme und als Fachkraft ungeeignet bin? Die BewohnerInnen sind nach wie vor toll. Ein wenig belastet es mich, dass wir einen Bewohner haben, der sich selbst verletzt und einen, der immer weniger isst und trinkt. Mittlerweile wird er zusätzlich durch eine Magensonde ernährt.

Das mit dem Essen klappt nicht so besonders gut. Es gibt Tage, an denen ich über zwölf Stunden nichts esse. Meine Unsicherheit ist groß, ob ich das im Veda besprechen soll oder nicht. Beim Termin mit Frau Scholz habe ich es angedeutet. Sie sagt, dass es Konsequenzen haben muss, wenn ich nicht gut auf mich achte, allerdings konnte ich mich auf keinen Vorschlag von ihr einlassen. Sie hat angedroht, mich nicht mehr darin zu unterstützen, dass ich vom Veda ambulant betreut werde und mir weiterhin WGs anschaue, wenn es so weiterläuft.
Die Absprache ist nun, dass ich nach der Arbeit immer im Veda anrufe, damit es mir leichter fällt, meine Maske wieder abzusetzen. Um zu merken, dass ich auch Hilfebedürftige und nicht nur Hilfegebende bin. Das finde ich ganz gut. Es ist schon schwer, diese

zwei Welten immer wieder zu wechseln.

Von den WGs, die ich mir angeschaut habe, habe ich bisher nur Absagen bekommen.

Februar 2012

Diese Arbeit macht mich noch kränker als ich bin. Als ich im Dienst war, kamen meine Kolleginnen Sabine und Inge auf mich zu und meinten, dass sie unter sechs Augen mit mir sprechen müssen. Da fragte mich Sabine ernsthaft: „Wanda, wir wollten dich fragen, ob du schwanger bist. Also versteht das nicht falsch, aber wir haben den Eindruck, dass dich etwas belastet und abgenommen hast du ja auch nicht gerade." Das habe ich verneint. Die beiden haben nicht aufgehört. Sie haben sich richtig in Rage geredet: „Das ist zwar eine doofe Situation - gerade in der Probezeit. Aber wir wollen dich wirklich unterstützen. Wir können gemeinsam zum Chef gehen und das regeln. Es findet sich für alles eine Lösung." Nein, nein, nein – dreimal habe ich das gesagt und sie haben nicht aufgehört. Es war so demütigend. Meine Gefühle schwankten von Wut über Traurigkeit bis hin zu Fassungslosigkeit.

Neben der Arbeit habe ich mir gerade wieder viele verschiedene Wohngemeinschaften angesehen. Ich habe den großen Wunsch, dass diese Pendelei endlich ein Ende hat. Abgesehen davon zahle ich momentan von meinem Gehalt immer 75% an das Jugendamt. Dadurch, dass sie schon so viel für mich getan und bezahlt haben, ist es verständlich. Auf der anderen Seite fühlt es sich manchmal so an, als würde ich für nichts arbeiten.

Am Wochenende war ich bei meiner Familie und habe mit denen meinen Geburtstag gefeiert. Da war die Stimmung nicht so toll. Papa hat mit mir das Gespräch gesucht. Er sagte, dass Lara gerade in der Situation ist wie ich in meinen schlimmsten Phasen. Sie isst kaum etwas, dann fängt sie irgendwann an und kann nicht mehr aufhören. Ihre Stimmung ist wohl richtig schlecht. Meine Eltern machen sich Sorgen und wissen nicht, ob sie das Thema bei Lara ansprechen sollen oder nicht. Die Angst ist, dass sie dann noch mehr dicht macht und nicht mehr heimkommen mag. Mein Vorschlag war, dass sie mit Frau Scholz spricht. Sie braucht definitiv Hilfe. Toll war, dass ich so offen mit Papa reden konnte. Wir haben auch über Inga gesprochen. Papa sagte, dass auch **sie** aufpassen muss.

Bei der Arbeit ist es schwer auszuhalten. Mittlerweile habe ich ab und zu die Schichtverantwortung. Das bedeutet, dass ich den MitarbeiterInnen alle anfallenden Aufgaben zuordnen muss. Meine Angst ist, dass die anderen denken, dass ich mir die einfachen Aufgaben gebe. Daher trage ich mich immer so ein, dass ich die meiste Arbeit machen muss. Einige der KollegInnen sehen mich nicht als Fachkraft an und verändern dann meine Planung. Das nervt mich, und ich finde es mir gegenüber respektlos. Bei den anderen KollegInnen würden die sich das nicht trauen. Manchmal, wenn ich in den Raum komme, wird es auf einmal ganz still. Wer weiß – vielleicht überlegen sie schon, ob es ein Junge oder ein Mädchen wird?! Ich hasse diese Arbeit!

Nun habe ich in der Mittwochsrunde angesprochen, dass ich in eine eigene Wohnung ziehen möchte. Frau Fischer sagte, dass sie bei mir Fortschritte sieht und das Pendeln und gleichzeitig die Arbeit im Schichtdienst das ist, was so anstrengend ist. Sie würde sich für mich freuen, wenn ich etwas finde und hofft, dass ich meine gewonnene Freizeit dann für Dinge nutze, die mir guttun und nicht für Symptomatik.

Nur ein paar Tage später habe ich meinen eigenen Wohnungsschlüssel in der Tasche. Es ist unglaublich. Es ist eine Wohngemeinschaft mit drei Zimmern, die einzeln vermietet werden. Das Zimmer ist möbliert, daher muss ich nicht viel Geld für Möbel ausgeben. Von dort fährt direkt ein Bus zu meiner Arbeit. Es wirkt alles perfekt.
Die Wohnung ist nicht teuer und der Vermieter hat gesagt, dass noch einiges gemacht wird: Es kommen noch neue Küchenschränke und eine neue Toilette. Ein Zimmer ist schon von einem Björn belegt,

aber den habe ich gar nicht kennengelernt. Das andere Zimmer muss noch vermietet werden. Der einzige Nachteil ist, dass ich die Wohnung schon ab März nehmen muss. Mein Wunsch war ab April, aber irgendwie bekomme ich das auch geregelt.

Das Gute an einer eigenen Wohnung ist ja, dass ich das Essen dann anders regeln kann. Dann kann ich wieder leichter durchs Leben gehen. Das sollte ich allerdings **so** nicht mit dem Veda besprechen.

Der Vertrag ist unterschrieben. Frau Fischer hat einige Bedingungen an die ambulante Betreuung. Sie möchte, dass ich zwei Tage in der Woche mit Übernachtung im Veda bin. Zusätzlich soll die Küche für mich jeden Tag das Mittagessen mitkochen. Das wird dann eingefroren, damit ich es mit nach Drensburg nehmen kann – als Absicherung, dass ich immer Mittagessen habe.

Frau Scholz wäre es lieber, wenn ich in Bösingen eine Arbeit finden und im Veda wohnen bleibe. Sie meint, ich kann es schaffen, wenn ich es wirklich will, doch nicht, wenn ich glaube, dass ich es schaffen muss. Dazu muss ich lernen mir Hilfe zu holen.

Mit Emma ist die Stimmung richtig im Keller, seitdem klar ist, dass ich in eine eigene Wohnung ziehe. Sie ist der Meinung, dass je näher der Umzug kommt, es mir immer schlechter geht, ich mich immer mehr abkapsle und alles an Hilfe abblocke. Es ist halt nicht so leicht.

Es ist so toll, ich plane immer weiter meinen Auszug, das macht richtig Spaß. Nächste Woche räume ich schon mein Zimmer bei Anita und Jakob, dann ist eine Baustelle schon mal weg.

Mit meinem Kollegen Thorsten war es im letzten Dienst richtig nett. Wir haben uns endlich mal länger unterhalten. Er hat gesagt, dass er sich total gemobbt fühlt, da immer wieder Dinge gesucht werden, worüber geredet werden kann. Scheinbar bin ich nicht die einzige, die sich so fühlt.

März 2012

Seit dem letzten Wiegen habe ich vier Kilo zugenommen. Es muss unbedingt ein Abnehmplan her. Der sieht jetzt so aus, dass ich für jeden Dienst aufgeschrieben habe, was ich essen darf. Pro Tag höchstens 1000 Kalorien und 35 Gramm Fett. Keine Süßigkeiten, Alkohol nur in absoluten Ausnahmen, mehr Bewegung, keine Cola light mehr und jeden zweiten Tag Gewichtskontrolle. Dafür werde ich mir dann für meine Wohnung eine Waage kaufen.

Mitte März werde ich meine Sachen nach Drensburg bringen. Meine Wohnung im Veda muss ich Ende März übergeben. Oft schlafe ich schon in meiner Wohnung. Der Kontakt zum Veda fällt mir sehr schwer, weil es mit dem Essen eher nach meiner Essstörung als nach deren Plan und Wunsch läuft. Meine Angst ist, dass ich nicht mehr arbeiten gehen darf oder ich aufgrund meiner Probleme Konsequenzen bekomme.

Ich war in Drensburg bei einer Heilerin. Das war total spannend. Sie sagte, dass ich nur eine ganz kleine Aura habe und dass darum herum alles schwarz ist. Ihre Frage war immer wieder, wie ich das nur aushalte und schaffe. Wir sind dann darauf gekommen, dass es wahrscheinlich durch die Tabletten noch relativ stabil läuft. Allerdings ist sie der Meinung, dass meine Zunahme von den Tabletten kommt. Ihre Idee ist, dass ich meine Tabletten nach und nach absetze. Meine Seele muss gepflegt werden. Sie hatte so tolle Worte. Mir tat es so gut, bei ihr zu sein. Anschließend habe ich beschlossen, dass es besser ist, meine Tabletten abzusetzen.

Drensburg - eigene Wohnung
Jetzt habe ich alle meine Sachen in Drensburg, der Umzug hat gut geklappt. Es ist alles so ruhig, ich fühle mich total einsam. Im Veda war immer was los. Es war mir oft auch zu viel los, das weiß ich. Wahrscheinlich muss ich erstmal ankommen. Es ist hier in der Wohnung alles total dreckig, das stört mich tierisch. Die Küche ist so dreckig, dass ich da weder etwas kochen noch etwas essen möchte. Das Bad ist auch richtig widerlich.
Daher bin ich so unendlich froh, dass ich meine Familie an meiner Seite habe. Meine Mama war mit mir einkaufen. Einen

Apothekerschrank, weil ich noch Platz zum Verstauen brauchte, Lebensmittel und Putzzeug. An dem ersten Wochenende war Lara da, hat Sachen mit einsortiert und den Schrank zusammengebaut.

Es reicht mir! Wirklich! Als ich zum Frühdienst musste, stand morgens auf einmal ein völlig fremder Mann vor mir. Er ist der neue Mitbewohner. Der Vermieter hat kein Wort davon gesagt. Es wäre doch nett, wenn man die MieterInnen darauf vorbereitet, oder? Das ist eindeutig nicht zu viel verlangt. Ich hoffe sehr, dass er nicht auch so eine Sau ist wie Björn. Es hat mich so wütend gemacht, dass ich dem Vermieter eine Mail geschrieben und direkt auch nach den angekündigten Küchenschränken und der Toilette gefragt habe. Er antwortete bis heute nicht. Björn lässt sich nie blicken. Letzte Woche hat er in der Nacht telefoniert und so sehr geschrien: „Ich bringe dich um, ich bringe mich um..." Das ging von zwei bis vier Uhr nachts. Er war richtig aggressiv. Das ist ganz besonders toll, wenn man um fünf zum Frühdienst aufstehen muss. Ich hatte so eine große Angst, dass er tot in der Küche liegt, wenn ich aus dem Zimmer komme. Mittlerweile habe ich immerhin einen Weg gefunden, normal auf Toilette und duschen gehen zu können. Wenn ich außerhalb meines eigenen Zimmers bin und etwas benutzen möchte, desinfiziere ich es vorher. Damit fühle ich mich einigermaßen geschützt vor dem Dreck der anderen.

Heute hatte ich mein Zwischengespräch mit unserer Wohnbereichsleiterin Silke. Meine Angst vor Kritik war total groß. In meinem Kopf waren nur schlechte Dinge, die sie mir sagen könnte und dann kamen so tolle Rückmeldungen. Wieder einmal habe ich mich umsonst verrückt gemacht. Sie sagte, dass ich in den letzten Wochen immer selbstbewusster geworden bin, dass ich es schon schaffe, meine Meinung zu äußern und dass ich so eine Lebensfreude ausstrahle. Meinen Umgang mit den BewohnerInnen findet sie toll, ich sehe anfallende Aufgaben, komme mit stressigen Situationen klar und traue mir immer mehr Dinge zu. Ihr Wunsch ist, dass ich mich noch mehr traue, Dinge im Team anzusprechen. Wenn ich die Schichtverantwortung habe, soll ich hinter meiner Einteilung stehen und darauf achten, dass sie eingehalten wird. Ich werde jetzt auch mit der Bezugsbetreuung von BewohnerInnen starten, das ist cool. Das war ein tolles Gespräch.

Nachdem ich Frau Scholz und Frau Pohl von meiner Niedergeschlagenheit und meiner Traurigkeit erzählt hatte, musste ich nochmal zum Psychiater. Dort habe ich berichtet, dass ich meine Tabletten abgesetzt habe, da ich Angst hatte, dass sie der Grund für meine Gewichtszunahme waren. Der Arzt hat nicht verstanden, warum die Klinik die Tabletten so kombiniert hat. Die beiden Medikamente, die ich genommen habe, haben die gleiche Wirkung und ergeben in Kombination gar keinen Sinn. Außerdem sagte er, dass die Zunahme auf jeden Fall davon kommen kann, da diese Medikamente bekannt dafür sind, dass sie Hunger auslösen und zu einer Gewichtszunahme führen. Da wurde ich schon wieder wütend, da ich extra in der Klinik danach gefragt habe und es verneint wurde. Der Plan ist, dass ich mit dem Citalopram wieder anfange. Dies braucht zwei bis drei Wochen, bis sich der Spiegel aufgebaut hat und es wirkt. Zur Nacht soll ich Promethazin nehmen, da es müde macht und ich dadurch besser in den Schlaf finde.

Langsam habe ich das Gefühl, dass meine Essstörung in vollem Umfang wieder da ist. Letzte Woche habe ich nur Gemüse gegessen und bin viel Fahrrad gefahren. Den Termin mit Frau Pohl habe ich abgesagt, da ich sie nicht anlügen wollte. Aufgrund der doofen Situation in der WG und bei der Arbeit kann ich das gerade nicht verändern. Mir fehlt die Kraft, etwas zu verändern.
Als ich das letzte Mal meine Schwierigkeit mit dem Essen angesprochen habe, habe ich wieder nur gehört, dass der nächste Essanfall dann vorprogrammiert ist. Allen geht es nur darum, dass ich dann wieder fresse. Ganz ehrlich: Ich werde es beweisen - beweisen, dass ich ein gutes Durchhaltevermögen habe. Ich werde zeigen, dass ich es schaffe, wenig zu essen. Das ist sind schwierige Bedingungen für den Auszug und für den Start in Drensburg.

Mein Termin bei Frau Scholz lief nicht besonders gut. Als allererstes fand sie es nicht lustig, dass ich das Wiegen verweigert habe. Es hat mich niemand seelisch darauf vorbereitet, gewogen zu werden. Dann sagte ich ihr ehrlich, wie es bei mir mit dem Essen läuft. Sie hat mir gesagt, dass sie mich nicht mehr ambulant betreut, wenn ich nicht anfange, meinen Plan normal zu essen. Was bleibt mir dann bitte, außer beim nächsten Mal zu lügen? Sie lässt mir doch gar keine andere Wahl. Ganz ohne Betreuung kann ich das nicht. Frau Jäger hat mich im Anschluss daran auch noch dazu gezwungen, zu essen. Sie hat mich vor die Wahl gestellt: Wenn ich nichts esse, darf ich nicht nach Drensburg zur Arbeit fahren. Daraufhin habe ich einen Joghurt und ein paar Cornflakes gegessen. Ich lasse mich doch nicht einsperren!

Am Wochenende hatte ich frei und war mit meinem Chor auf Jestingen. Lara und ich haben uns mal wieder wegen der Ernährung gestritten. Wir haben es nicht geklärt, sondern das Thema am nächsten Tag einfach mit Sekt weggespült - auch eine Art und Weise, damit umzugehen.
Das war ein toller Kurzurlaub. In dem Chor sind so viele liebe Menschen. Wir haben viel gefeiert, gesungen und wahrscheinlich zu viel getrunken. Wir hatten viel Spaß bei den Konzerten von den Shantys, haben sie angefeuert und so viel getanzt. Das tat richtig gut. Ich konnte meinen Kopf endlich mal wieder ausschalten.

Mein letzter Aufenthalt in Bösingen war wieder sehr emotional. Erstmal voller Freude, da ich dreieinhalb Kilo weniger hatte als beim letzten Wiegen. Allerdings hat das wieder Sorgen und Wut bei den Betreuerinnen und Ernährungsberaterinnen ausgelöst. Ich selbst schwanke jeden Tag zwischen stolz und nicht so stolz, wenn ich es schaffe, nicht zu essen. Eigentlich weiß mein Kopf, dass es nicht gut ist. Dann sehe ich jedoch das Gewicht und dass es sich scheinbar lohnt, durchzuhalten. Mein Zimmer in der WG in Bösingen habe ich übergeben. Jetzt ist mein einziges richtiges Zuhause also wirklich Drensburg; das fühlt sich komisch an.

Bei der Arbeit läuft es immer noch nicht gut. In den meisten Diensten fühle ich mich überfordert, ich will gut ankommen und mache ganz viel. Mein Gefühl ist jedoch, dass ich alles falsch mache. Ein Bewohner ist ausgerastet, weil er seine Schuhe nicht anziehen wollte. Stattdessen hat er mich damit beworfen. Meine Kollegin ging zu ihm, hat sie ohne Probleme angezogen und sagte anschließend voller Stolz: „Er mag halt einfach nicht jeden." Ja, und mich eben nicht. Das alles immer kommentiert werden muss, macht mich fertig, ganz ehrlich.

April 2012

Es ist echt soweit gekommen, dass ich im Krankenhaus gelandet bin, weil ich meine Rückenschmerzen nicht mehr ausgehalten habe. Was sollen meine KollegInnen von mir denken, nach drei Monaten die erste Krankmeldung? Damit habe ich mich nicht gut gefühlt, doch mein Körper hat gestreikt. Ich wurde komplett durchgecheckt. Es wurde nichts Offensichtliches gefunden, die Ärzte gehen von einer Entzündung aus. Die drei Tage Erholung und die Schmerzmittel taten mir so gut.

Ich bin so unglücklich in meiner WG. Das geht so nicht mehr. Björn hat immer öfter diese Ausraster. Er schreit am Telefon wie ein Bekloppter, das macht mir große Angst. Der neue Mitbewohner ist nicht besser. Er hatte gestern eine Pizza im Ofen und als ich ihn ausgemacht habe, war sie schon komplett schwarz. Er erklärte anschließend, dass er gekifft hat und eingeschlafen ist. Na danke. Was wäre gewesen, wenn die ganze Bude abgebrannt wäre? Klar ist, dass ich hier weg muss.

Es ist das erste Mal passiert, dass ich bei der Arbeit gekotzt habe. Damit darf ich gar nicht erst anfangen, das weiß ich doch. Wenn diese Hemmschwelle erstmal überwunden ist, geht es schnell so weiter. Wie kann ich nur so doof sein? Mir ist das doch bewusst. Der Fressdruck war zu groß.

Meine Termine im Veda sind anstrengender als je zuvor. Die Waage zeigte, dass ich innerhalb der letzten zwei Wochen über vier Kilo abgenommen habe. Auf einmal hatte ich wieder den Eindruck, als wäre ich wichtig und als wenn alle dort irgendwas mit mir besprechen wollen. Dabei hat sich in der letzten Zeit kaum jemand bei mir gemeldet. Mein Druck, mich zu verletzen, ist immer stärker geworden in der letzten Zeit, und gegessen habe ich kaum etwas. All das konnte ich jetzt loswerden. Frau Scholz meint, dass ich anfangen muss, mich selber wichtig zu finden. Ich werde sonst niemals das Gefühl haben, anderen Menschen wichtig zu sein, weil es nicht in mir als festes Gefühl verankert ist. Ich soll nicht darauf warten, dass mich jemand anruft, sondern mich so wichtig nehmen, dass **ich** anrufe, wenn ich Hilfe brauche. Sie hat angedroht, keine Termine mehr mit mir zu machen, wenn ich nicht wieder anfange, vernünftig zu essen. Die nächste Alternative ist ein zweiwöchiger Aufenthalt in der Klinik, um wieder in den Plan zu kommen und dann wieder ins Veda zu ziehen. Nein, ganz sicher nicht. Wir haben abgesprochen, dass ich wieder das Mittagessen vom Veda mit nach Drensburg nehme und mich davon nicht abmelden darf.

Meine Idee, als ich wieder nach Drensburg gefahren bin, war, dass es für das Gewicht besser ist, wenn ich statt 600 Kalorien am Tag nur noch 300 zu mir nehme. Irgendwie denke ich immer, die Essstörung ist mein Freund und Helfer. Wenn ich es genau betrachte, macht es gerade alle Beziehungen und Freundschaften kaputt. Wenn ich so weitermache, waren alle Klinikaufenthalte für den Arsch.

Die letzten Tage war Ida bei mir zu Besuch. Das tat gut. Wir haben Karten gespielt, geredet, getrunken. Sie war an meiner Seite, diese Leichtigkeit hat mir so gefehlt. Es tat gut, dass sie da war. Seit sie wieder gefahren ist, habe ich so ein schlimmes Gefühl im Herzen, dass ich mich verletzen musste. Es war mir lieber, den Schmerz am Arm zu spüren als im Herzen. Diese unendliche Einsamkeit war unaushaltbar.

Leider hatte ich ein paar Tage später ein Termin bei Frau Scholz. Es ist schon wieder eskaliert. Als ich sagte, dass ich den ganzen Tag nicht gegessen habe, war sie erschrocken darüber, mit was für einer Selbstverständlichkeit ich das gesagt habe. Ich konnte und ich wollte in diesem Termin nicht wieder eine Maske aufsetzen und es ist alles aus mir herausgesprudelt. Daher berichtete ich davon, wie es mir wirklich geht und auch von der Selbstverletzung. Sie war so klar und ich so erschrocken über ihre Worte. Wenn ich keinen Antrag auf eine stationäre Betreuung beantrage, wird sie keine Therapie mehr mit mir machen. Als ich gehen wollte, sagte sie, dass sie mich so nicht fahren lässt. Ich hatte den großen Wunsch zu gehen, durfte aber nicht. Frau Pohl kam dazu, da wir auch noch einen Termin hatten, und so saßen wir da zu dritt. Frau Scholz berichtete von unserem Termin. Die beiden beschlossen dann, dass ich dableiben muss. Daraufhin habe ich anderthalb Stunden diskutiert. Meine Argumente, nach Drensburg zu fahren, waren wirklich gut. Das erste war, dass ich Abstand zum Nachdenken brauche und das zweite, dass ich gerade in den Nachtdienst eingearbeitet werde. Die Einarbeitung ist mir so unendlich wichtig, weil ich da als Fachkraft allein bin und sowieso schon Angst habe, dass da etwas passiert. Je mehr Einarbeitung, desto mehr Sicherheit und Wissen. Sie sind auf nichts eingegangen. Frau Pohl hat sich mir immer wieder in den Weg gestellt, sodass ich nicht gehen konnte. Das hat mich wahnsinnig gemacht. Das Gefühl, die Kontrolle zu verlieren und eingesperrt zu sein, ist unerträglich für mich. Meine Hoffnung war, dass ich es mit Frau Fischer klären kann. Erst ignorierte sie mich und dann sagte sie, dass es da absolut nichts zu diskutieren gibt. Die Regel ist, dass ich mich bei einer Selbstverletzung krankschreiben lassen muss und dass Frau Pohl jetzt mit mir zum Arzt geht.

Mir war klar, dass ich durchsetzen werde, nach Drensburg zu fahren. Ich äußerte, dass es mir von Herzen leidtut, wenn dadurch dann alles vorbei ist, aber ich gerade nicht anders kann. Nach einer weiteren halben Stunde bin ich gegangen. So schnell war ich noch nie am Bahnhof. Ich hatte so eine Angst, dass Frau Fischer mich verfolgt. Überall, wo es ging, habe ich mich versteckt. Grausam. Einfach ein schrecklicher Tag.

Leider ist das alles einen Tag vor meinem Hilfeplangespräch passiert. Daher war es noch viel schlimmer, dort wieder hinzufahren. Mit der Angst, dass Frau Fischer unendlich sauer auf mich ist, mich hasst und mich direkt rausschmeißen wird.

Das Gespräch war generell in Ordnung. Dass es im Veda so nicht weitergeht, habe ich mir fast gedacht. Eine Idee ist, dass ich mir in Drensburg das betreute Wohnen anschaue. Dort könnte ich betreut werden und gleichzeitig weiterarbeiten, ohne pendeln zu müssen.

Langsam raste ich echt aus. Als wenn es nicht reichen würde, dass im Veda alles verquer läuft. Silke ist von der Treppe gefallen und fällt jetzt mehrere Wochen aus. Das alleine ist ja schon tragisch, aber viel tragischer ist, dass meine Kollegin Carola ihre Vertretung übernimmt. Sie ist die schlimmste unter den Mobbern. Es geht den ganzen Tag nur: „Also, ich bin jetzt ja kommissarische Wohnbereichsleitung und deswegen ..." Das hält man doch nicht aus. Es ist mir schon jetzt klar, wen sie bevorzugen wird und wer hier in der nächsten Zeit die Arschkarte hat. Bei der Arbeit kotze ich mittlerweile fast immer. Den inneren Druck könnte ich sonst nicht aushalten.

Mai 2012
Die Mitarbeiterin im Anida, so heißt das betreute Wohnen in Drensburg, war von meinem Anruf nicht besonders erfreut. Als sie nach meinen Diagnosen fragte, meinte sie: „Ne, also Menschen mit Borderline nehmen wir eigentlich nicht so gerne." Immerhin haben sie mich trotzdem zum Kennenlernen eingeladen. Das Ergebnis des Treffens ist allerdings, dass sie mich nicht aufnehmen, wenn ich nicht vorher in eine Klinik gehe. Frau Pohl hat anschließend gesagt, dass ich vom Veda betreut werde, bis ich in der Klinik bin. Ist das jetzt echt schon wieder soweit? Das war nicht mein Plan und ich möchte das nicht. Was soll ich denn machen? Ganz alleine kann ich es auch nicht schaffen.

Es ist unglaublich – vielleicht sogar unglaublich dumm, aber ich habe meine Wohnung gekündigt, weil es nicht mehr auszuhalten war. Mein eigentlicher Wunsch war, in einem Monat auszuziehen und mir bis dahin etwas Neues zu suchen. Der Vermieter hat allerdings schon einen Nachmieter, daher kann ich schon am 15. raus – das ist nächste Woche Mittwoch. Oh je, wie mache ich das denn jetzt alles? Kriege ich das hin? Wer hilft mir? Und wie mache ich das mit der Arbeit?

Mama hat sich einen kleinen Transporter ausgeliehen und mich und meine Sachen abgeholt. Gemeinsam haben wir das echt gut hinbekommen. Meine Sachen sind jetzt alle wieder bei meinen Eltern und ich bleibe ebenfalls für ein paar Tage hier. Meine Eltern sind wirklich eine große Unterstützung. Sie überlegen, wie ich das weiter in Drensburg mit der Arbeit und ohne Wohnung hinbekommen kann. Sie haben Inga gefragt, da sie in Drensburg studiert und dort eine Wohnung hat, ob ich bei ihr schlafen kann. Es macht den Eindruck, als sei sie alles andere als erfreut. Sie hat gestöhnt und gesagt: „Na gut, zwei Nächte." Ich bin ihr peinlich. Ich esse zu unkontrolliert, bin zu gestört, zu fett und nicht gern gesehen. Papa hatte noch die Idee, eine ehemalige Klassenkameradin zu fragen, die auch in Drensburg wohnt. Vielleicht kann sie uns noch weiterhelfen.

Ich fühle mich so ungeliebt, einsam und überfordert. Die letzten zwei Nächte war ich bei Inga. Mein Gefühl war, dass sie schon mein Atmen genervt hat. Dann wollte ich auf dem PC Tagebuch schreiben, da hat sie auch nur gestöhnt. Wahrscheinlich war das Tippen zu laut. Daher legte ich mich hin und versuchte so gut wie gar nicht da zu sein und leise zu atmen. So eine Anspannung die ganze Zeit.
Anita und Jakob haben gesagt, dass sie mich nicht mehr aufnehmen können. Oder eben wollen. Denen war ich auch zu anstrengend, klare Sache.
Die Betreuerinnen im Veda haben auch kein Zimmer für mich – denen geht es nur ums Geld. Wenn es niemand bezahlt, bekomme ich nichts. Es geht nicht um Beziehung und darum, wie es mir geht.

Ich stehe vollkommen alleine da.

Ich möchte einfach nur schlafen, mich ausruhen, irgendwo mal **sein** und sein **dürfen**. Gerade bin ich immer hier und da und nirgends so richtig. Wenn ich Frühdienst und Nachtdienst habe, schlafe ich in Bösingen, da habe ich einen Raum, in dem ich mich zurückziehen kann. Wenn ich aufgrund der Dienstzeiten nicht fahren kann, schlafe ich bei Katrin, der Schulkameradin von Papa. Das war erstmal eine ziemliche Überwindung für mich, dorthin zu gehen, da mir die Leute in der WG unbekannt waren. Jetzt hatte ich allerdings schon wirklich richtig tolle Unterhaltungen mit Katrin. Sie ist so warmherzig, unkompliziert und offen, dass es mir leichter fällt, mich so zu zeigen, wie ich bin.

Zurück in den Händen vom Veda

Das Amt hat tatsächlich eine schnelle, vorübergehende Kostenübernahme für das Veda geschickt. Frau Fischer hat sich richtig gefreut, mich 100 Mal umarmt und gesagt, wie froh sie ist, dass ich da bin. Sie war so herzlich und meinte, dass wir noch einen langen gemeinsamen Weg haben.

Meine Gefühle sind sehr gespalten. Ich freue mich, dass ich einen Ort habe, den ich zu Hause nennen kann. Gleichzeitig weiß ich, dass ich es nicht bringen kann, zu kotzen oder mich zu verletzen. Sonst kann ich nicht zur Arbeit gehen. Es war so einfach in den letzten Wochen, meine Gefühle damit zu unterdrücken. Wenn ich zur Arbeit fahre, werde ich nichts essen, das ist eine gute Idee – ein wenig Kontrolle. Meine Hasskollegin hat mich gefragt, wie ich denn so abgenommen habe. Das motiviert mich nochmal mehr, Essen wegzulassen. Ich habe es auf den Stress geschoben.

Es ist so schrecklich. Lara rief mich letzte Woche an, dass sie im Krankenhaus ist. Sie sei umgekippt, aber es ist alles wieder gut. Nach einer Nacht Überwachung habe ich sie dort abgeholt. Von unseren Telefonaten in den letzten Tagen wusste sie nichts mehr, sie hat alles vergessen und wirkte insgesamt total verwirrt. Lara war so wackelig auf den Beinen, dass ich sie wieder ins Krankenhaus bringen wollte. Dies hat sie jedoch abgelehnt. Auf dem Weg zu unseren Eltern wusste sie nicht mehr, wo wir sind. Da mein Orientierungssinn auch nicht der Beste ist, war ich so unendlich überfordert. Ich habe am ganzen Körper gezittert und wusste nicht mehr weiter. Irgendwann waren wir endlich auf dem richtigen Weg. Dann wollte sie unbedingt noch zum Supermarkt und Sekt kaufen. Sie hat übers Wochenende ein 24-Stunden EKG und muss dann wieder ins Krankenhaus. Ich habe sie bei meinen Eltern abgesetzt und bin wieder nach Bösingen gefahren. Dort ist sie in guten Händen und ich muss wieder arbeiten. Emma hat mich ernsthaft gefragt, ob Lara vielleicht auf Entzug war. Sie trinkt zwar viel Alkohol, doch so schlimm ist es nun wirklich nicht.

Lara war im Anschluss an das Wochenende auf der neurologischen Station und wurde noch weiter durchgecheckt. Es war die Überlegung, ob sie eine kleine Hirnblutung hat, da sie noch immer so verwirrt wirkt. Da nichts gefunden wurde, hat sie beschlossen, direkt wieder arbeiten zu gehen. Ich hatte die große Hoffnung, dass sie sich endlich mal eine Auszeit nimmt, da sie meiner Meinung nach total überarbeitet ist.

Seit meinem letzten Wiegen habe ich schon wieder viereinhalb Kilo abgenommen. Ich bin jetzt bei einem Gewicht von 74,7 kg. Frau Schneider, die Ernährungsberaterin, hat es endlich erkannt. Sie sagte, dass sich die Symptome bei mir immer verschieben. Vom Essen und Erbrechen über Selbstverletzungen bis zum Nichtessen mit viel Bewegung. Langsam frage ich mich, ob es bei mir ein Leben geben kann, bei dem es in allen Bereichen gut läuft? Die Bedingung, dass ich weiter im Veda sein darf, ist, dass ich einen Antrag auf Kostenübernahme für die Klinik stelle und eine Verlängerung des Aufenthalts im Veda. Was soll ich bei der Arbeit bitte sagen, wenn ich so lange weg bin, um in die Klinik zu gehen? Kann das mit der Arbeit überhaupt irgendwie weiter gehen?

Juni 2012
Es ist echt besser, wenn ich mich ganz gegen Drensburg entscheide.

Neulich hatte ich dort wieder eine Situation, die mich an den Rand der Verzweiflung gebracht hat. Nach einem harten, ätzenden, anstrengenden Arbeitstag wollte ich einfach nur essen. Am Bahnhof habe ich mir Burger bei Macces geholt. Ein wildfremder Typ kam und meinte, dass ich ihm einen abgeben soll. Darauf habe ich nicht reagiert. Scheinbar hat ihn das so wütend gemacht, dass er sagte: „Du frisst die ganz alleine? Dabei siehst du so aus, als hättest du schon zehn davon gegessen." Meine Stimmung war direkt noch viel, viel schlimmer.

In der letzten Woche habe ich mich krankschreiben lassen. Erstens, weil ich nicht mehr konnte und zweitens, weil unsere Chorfahrt nach Schweden stattfinden sollte.

Auf die Chorfahrt habe ich mich echt total gefreut. Auf die ganzen wunderbaren Menschen, das gemeinsame Singen, Feiern, Tanzen.

Die Zeit war toll und ist viel zu schnell umgegangen. Papa konnte leider nicht mitkommen, weil er aufgrund seiner Knie-OP noch im Krankenhaus ist. Er hat mir sehr gefehlt.

Die lange Busfahrt war schon toll. Wir haben viel gesungen, kaum geschlafen und viel getrunken. Der Zusammenhalt im Chor wird gefühlt immer stärker.

Am letzten Abend haben wir wieder viel getanzt. Anschließend haben wir die Nacht durchgemacht. Ich weiß echt nicht, wann ich das letzte Mal so unendlich viel gelacht habe. Es tat im Herzen weh, wieder nach Bösingen zu fahren. Da waren sie wieder, meine Probleme.

Nach meiner Krankschreibung war ich wieder arbeiten. Ich habe mich direkt überwunden und meinen Chef nach einem Gesprächstermin gefragt. Ich habe ihm mitgeteilt, dass ich starke Rückenprobleme habe und deswegen zur Kur muss. Dazu sagte ich, dass es wohl besser ist, wenn ich kündige. Ich erklärte es damit, dass ich nicht immer wieder wegen der Rückenschmerzen Krankmeldungen abgeben und damit die KollegInnen belasten möchte. Der Chef der Einrichtung, Herr Bruns, war nett und verständnisvoll. Er möchte mich auf keinen Fall verlieren und denkt, dass die Kur schon viel helfen wird. Ich sollte mir nicht so viele Sorgen machen, wir kriegen das hin und sie warten gerne auf mich. Das war wirklich nett, aber meine Einleitung zur Kündigung dahin. Das Gute ist, dass die Alternative, bei Katrin zu übernachten, wirklich toll ist. Wir waren am Wochenende gemeinsam in ihrem Schrebergarten und haben so viel geredet. Sie ist wirklich eine tolle Frau.

Frau Fischer hat mich zum Gespräch gebeten. Ich hatte so eine Angst, dass sie irgendwas herausgefunden hat. Dass ich Alkohol getrunken habe? Meine Selbstverletzung, die ich nicht gesagt habe? Oder geht es um das Gewicht? Nein, sie wollte mir eine Frist setzen. Ich muss bis Donnerstag kündigen, sonst betreuen sie mich nicht weiter.

Juli 2012
Jetzt ist meine Kündigung weg. Durch den Resturlaub und meine aktuelle Krankschreibung bin ich direkt raus. Mit der Kündigung bin ich nach Drensburg gefahren, habe um ein Gespräch gebeten und habe Silke alles erzählt – von der Schwangerschaftsgeschichte bis zum allgemeinen Mobbing. Sie war sehr geschockt. Die Stimmung im Team war ihr nicht bewusst. In den letzten Wochen, in denen sie nicht da war, ist es besonders schlimm geworden. Sie hat sich bedankt und war sehr traurig darüber, dass ich gehe.

Nachdem die Kündigung raus war, habe ich im Veda alles offen erzählt. Ich habe erzählt, dass ich die letzten sechs Wochen nur Symptomatik gelebt, aber das Problem verschwiegen habe. Vom Alkohol, der in der letzten Zeit immer mehr geworden ist, habe ich nichts gesagt.
Es kam raus, dass mir zwar das Jugendamt eine schnelle Wiederaufnahme ermöglicht hat, für den weiteren Aufenthalt jedoch das Sozialamt zuständig ist. Das bedeutet, dass ich ins Veda 2 ziehen muss.
Deshalb bin ich mal wieder dabei, einen Antrag zu schreiben. Es ist

eine sehr große Entlastung, dass ich nicht mehr zur Arbeit fahren muss. Mir gelingt es, hier wieder Kontakt aufzunehmen.

8.4 Einzug ins Veda 2 / Sozialhilfe
August 2012

Mein Umzug ins Veda 2 ist jetzt eine Woche her. Hier anzukommen fällt mir schwer. Es gibt viele bestehende Grüppchen und Freundschaften. Ich weiß nicht, wie ich dazwischen kommen kann und bin daher sehr viel allein. Zu den Betreuerinnen kriege ich keinen richtigen Draht, da das Vertrauen fehlt. Richtig gut ist, dass ich weiterhin Frau Scholz als Therapeutin und große Unterstützerin an meiner Seite habe. Leider ist es auch hier so, dass es immer wieder Menschen gibt, die durch ihre Störung Aufmerksamkeit suchen und finden. Es ist so schwer, sich abzugrenzen. Daher bin ich auch kaum im Wohnzimmer.

Mein erstes Gespräch mit meiner Bezugsbetreuerin, Frau Becker, war ganz gut. Sie sagte, dass sie den Eindruck hat, dass ich hier weniger bekomme als ich brauche. Wir haben abgesprochen, dass es gut ist, wenn ich unten mit den anderen Bewohnerinnen gemeinsam frühstücke und abends in die Reflektionsrunde *(die diensthabende Betreuerin setzt sich mit den Bewohnerinnen zusammen, reflektiert deren Tag und schaut, was an Unterstützung für den Rest des Tages / der Nacht nötig ist)* gehe. So kommt hoffentlich auch mehr Kontakt zu den Betreuerinnen und Bewohnerinnen zustande.

Gestern bin ich zu meiner Arbeit gefahren, habe mich verabschiedet und meinen Spind ausgeräumt. Mich hat das alles emotional so mitgenommen, dass ich mich mit drei Piccolo Flaschen Sekt ein wenig beruhigen musste. Als ich wieder im Veda war, hat Frau Becker mich gefragt, ob ich Alkohol getrunken habe. Es war bereits zwei Stunden her, ich habe extra Kaugummi gekaut und mich mit Deo eingesprüht. Ich habe es natürlich verneint und bin schnell weg. Sie hat nichts mehr dazu gesagt. Bei ihr muss ich scheinbar wirklich aufpassen. Sie hat eine gute Nase.

Meine letzten eineinhalb Wochen waren wunderbar. Das Veda hat mir erlaubt, mit meinen Eltern nach Borum zu fahren. Die Bedingung war, dass wir feste Zeiten ausmachen, an denen ich mich melde. Das habe ich eingehalten, ich bin sehr stolz auf mich.

Die Zeit war so toll. Ich hatte Mama und Papa für mich und wir hatten tolle Gespräche.

Papa meinte, dass es zwischen uns nicht ist wie „Vater-Mutter-Kind", sondern eher wie „Vater-Mutter-Freundin". In der Zeit habe ich wieder gemerkt, wie viel Spaß es mir macht, zu fotografieren. Die Anerkennung und das Lob von Mama und Papa für meine Bilder haben mich sehr glücklich und stolz gemacht. Wir sind viel Fahrrad gefahren. Vor einer Radtour hat Papa gesagt: „Wenn ich jemandem die 80 Kilometer zutraue, dann dir. Du hast so eine Power." Die Tour bin ich nach dieser Aussage mit Leichtigkeit gefahren.

In der Zeit habe ich wirklich viel reflektiert, ganz viel aufgeschrieben und mich gut gefühlt. Es war kein Druck da, irgendeinen Mist zu machen, weil alles so gut war. Wir hatten bestes Wetter und waren definitiv immer zur richtigen Zeit am richtigen Ort. Die Konzertabende von Igor waren wieder unbeschreiblich schön. Ich konnte vieles sehr genießen. Das Beobachten von Eichhörnchen, Softeis essen, Fahrrad fahren, Kinder beim Baden beobachten, das Witzemachen mit Mama und Papa – eine unvergesslich schöne Zeit.

Ich habe in dieser entspannten Zeit und mit Abstand zum Veda darauf schauen können, was mich dort so unter Spannung versetzt. Es fängt damit an, dass ich das Gefühl habe, dass mich niemand kennt und ich nicht weiß, wem ich vertrauen kann und wem nicht. Ich habe total die Angst, dass jemand über mein Essverhalten urteilt, und davor, dass die anderen sich fragen, warum ich nochmal in die Klinik gehen soll. Mein Körper sieht jetzt nicht unbedingt so aus, als müsste ich in eine Klinik für Essgestörte. Dafür bin ich eindeutig zu fett. Es ist schwer, mitzubekommen, dass die anderen Bewohnerinnen sich von den Betreuern das holen, was ich auch so unbedingt brauche: Aufmerksamkeit, Umarmungen, guten

Zuspruch. Ich fühle mich so einsam dort.

Bevor ich nach Borum gefahren bin, habe ich einen Brief an Frau Scholz geschrieben, in dem ich ihr die ganze Wahrheit gesagt habe. Ich habe ziemlich große Scheiße gebaut und konnte damit nicht alleine umgehen. Im Wohnheim gab es einen Bewohner, der Tavor als Bedarfsmedikament hatte. In der Zeit, in der ich dort gearbeitet habe, habe ich mir ein paar Mal eine von seinen Tabletten genommen. Durch meine Erfahrung in der Klinik wusste ich, dass sie unheimlich gut helfen, und ich wollte Ruhe in meinem Kopf. Frau Scholz rief mich in meinem Urlaub an. Sie sagte, dass ich nicht nur eine Kündigung, sondern auch eine Anzeige bekommen hätte, wenn mein Arbeitgeber von dem Tablettenmissbrauch erfahren hätte. Sie hasst mich, weil ich so ein dummer Vollidiot bin. Verständlich. Jetzt geht sie vier Wochen in den Urlaub.

Frau Klein macht die Urlaubsvertretung, das freut mich, weil ich gut mit ihr auskomme.

Zurück im Veda läuft es wieder aus dem Ruder. Frau Becker hat gemerkt, dass ich meine Medikamente alle bei mir hatte, und nun musste ich sie abgeben. Doof, dass ich ein paar vergessen habe – ein kleines Stückchen Sicherheit für schwierige Momente.

Meine Selbstverletzungen werden mehr. Mein Wunsch nach Aufmerksamkeit ist so groß. Diese hole ich mir allerdings bei meiner Ärztin, indem ich meine Wunden verarzten lasse. Im Veda habe ich es noch nicht gesagt.

Mein Alkoholkonsum ist ebenfalls wieder gestiegen. Langsam frage ich mich, ob ich wirklich ein Problem damit habe. Mittlerweile ist es schon gut, wenn ich mal zwei Tage nichts trinke. Das ist alles nicht gesund.

Das allerbeste wäre, wenn ich schnell in Mattingen auf der Borderlinestation einen Platz bekommen würde. Allerdings hatten sie mir beim letzten Anruf gesagt, dass es ein halbes bis dreiviertel Jahr dauern kann. Wenn ich dort hingehen würde, hätte ich wenigstens mal den Abstand zum Veda. Den bekomme ich in Bad Ahlburg nicht, da alle Informationen weitergegeben werden.

Deswegen sind sie hier auch nicht begeistert, wenn ich in eine andere Klinik als nach Bad Ahlburg gehe. Dabei wollten sie doch immer, dass ich eine Borderline spezifische Therapie mache.

Lara hat mir erzählt, dass Ben mit ihrem Freund über mich gesprochen hat. Er sagte, dass er mich total gerne mag. Allerdings braucht er eine Frau an seiner Seite, die stark ist. Da er schon für seine Tochter die Verantwortung hat, kann er sie nicht für noch jemanden tragen. Danach war mein Druck, mich zu verletzen, wieder so groß, dass ich ihm nicht standhalten konnte. Das ergibt wahnsinnig viel Sinn, weil ich damit wieder einmal bewiesen habe, dass ich keine starke Frau bin. Er weiß es ja zum Glück nicht. Ich werde ihm sagen, dass ich jetzt alles verändere. Das wird mein letzter Klinikaufenthalt. Ich kann stark sein und werde dann wieder nach Hause ziehen und es ihm beweisen. Es geht seit drei Jahren mit uns und ich möchte gerne, dass die Geschichte endlich ein Happy End hat.

Ich fürchte, dass es mein krassester Aufenthalt wird. Es wird so einen Stress geben. Ich möchte einfach nur schreien. Stress und einen endgültigen Bruch mit dem Veda und der Klinik. So, dass es kein Zurück mehr gibt und ich gehen kann.

September 2012
Mit dem Essen funktioniert es gar nicht. Es sind jetzt noch zwei Wochen bis zur Klinik. Warum sollte ich mir da noch Mühe geben?

8.5 Klinik am Park
Wieder einmal schreibe ich aus der Klinik. Mir fällt es schwer anzukommen, weil ich mich hier nicht gut aufgehoben fühle. Zwischen den ganzen Magersüchtigen fühle ich mich noch fetter. Die Bestätigung, dass es bei mir alles nicht so schlimm ist, hole ich mir immer wieder, wenn ich versuche, auszutesten. Wenn ich beim Essen extra weniger auf meinen Teller tue und bei der Kontrolle der

Ernährungsfachkräften niemand was sagt, wenn ich nicht zur Mahlzeit komme und niemand mich vermisst – jedes Mal beweise ich es mir wieder selbst. Warum mache ich das? Es interessiert niemanden.

Mit den Mitpatientinnen werde ich nicht richtig warm, weil ich das Gefühl habe, es lohnt sich gar nicht, sich da reinzuhängen. Wieder neue Beziehungen, neue Leute kennenlernen, obwohl ich weiß, dass ich nicht lange hierbleiben werde.

Langsam sehe ich das alles nicht mehr ein. Warum bin immer ich diejenige, die in eine Klinik geht und Therapie macht? Lara ist daheim, kann arbeiten, ihr Leben selbstbestimmt leben und das mit ähnlichen Problemen wie ich. Das ist doch unfair.

Das Veda ist damit einverstanden, dass ich nach Mattingen in die Klinik gehe. Die haben allerdings jetzt ein dreiviertel Jahr Wartezeit. Frau Becker meinte, dass der Aufenthalt in Bad Ahlburg die Therapie in Mattingen nicht ausschließt. Seitdem gelingt es mir besser, mich hier zu öffnen und Leute kennenzulernen. Mit meiner Therapeutin komme ich gar nicht klar. Meiner Meinung nach ist sie einfach nur unsensibel und unfähig. Meine Basis *(die Gruppe, in der ich Therapie habe)* ist auch nicht besonders toll. Da gibt es viele Menschen, die mich hassen; das kann ich spüren.

Die Beziehung zu Ben belastet mich sehr. Letzte Woche habe ich ihm eine wirklich gute Mail geschrieben. Darin habe ich beschrieben, wie wichtig er mir ist und wie gut ich mich fühle, wenn ich mit ihm zusammen bin. Außerdem schrieb ich, dass ich an mir arbeite und ich hoffe, dass es gut bleiben kann zwischen uns - trotz der Vorfälle, die gewesen sind. Er antwortete, dass es besser ist, wenn wir keinen Kontakt haben, weil es mir wegen ihm so schlecht geht. Das habe ich niemals so geschrieben. Das wurde von ihm wirklich einmal komplett verdreht. Was soll ich denn jetzt machen, wenn ich ihn auch noch verloren habe?

Mein Körpergefühl ist richtig scheiße. Das Gewicht geht hoch, langsam aber sicher. Seit meiner Zeit in Drensburg habe ich schon fünf Kilo zugenommen.

Oktober 2012
Papa hat mich heute angerufen, er wollte mir zwei Dinge sagen. Erstens, dass er mir Geld überwiesen hat, damit ich meine Rechnungen vom Zahnarzt bezahlen kann und ich ihm die Rechnungen dann zuschicken soll. Wenn das Geld von der Krankenkasse zurückkommt, soll das wieder auf mein Konto überwiesen werden. Das ist so großzügig von ihm. Womit habe ich das verdient? Er sagte noch, dass es ihm wichtig ist, dass ich mir keine Gedanken darüber machen muss und dass ich mich vor allem nicht schlecht dabei fühle. Das war echt toll.
Als zweites sprach er den Elternworkshop an. Er hat gesagt, dass er nach dem, was Mama erzählt hat und was sie mit Lara gemacht hat, nicht wirklich viel von Frau Weiß hält. Allerdings möchte er, dass ich gesund werde. Wenn es mein innigster Wunsch ist, würde er den Workshop sofort mitmachen. Er würde gerne einfach Zeit mit mir verbringen, zum Beispiel bei einer Radtour, und da alles besprechen, was mit auf dem Herzen liegt. Ich soll mir durch den Kopf gehen lassen und wenn ich meine, dass ich Frau Weiß brauche, dann macht er auch **das** möglich. Ich war und bin noch immer sehr gerührt davon.

Wenn es einmal richtig kacke ist, kann es nur wieder bergauf gehen, oder? Ich habe die Bestätigung bekommen, dass der Klinikaufenthalt weitere sechs Wochen von der Krankenkasse übernommen wird. Das war nicht mein Wunsch. Vor allem nicht mit **der** Therapeutin und in **der** Basisgruppe. Meine Stimmung war sehr schlecht und ich hatte einen unheimlichen Druck. Es hatte niemand Zeit für ein Gespräch, außer meiner Therapeutin. Daher bin ich zu ihr gegangen. Wir redeten über die Verlängerung und da sagte sie: „Na, Sie müssen ja auch noch abnehmen und daher ist das ganz gut mit der Verlängerung." Mein Versuch, ihr zu sagen, dass es mir nicht um die Abnahme, sondern um die Symptomfreiheit und die Stabilität geht, hatte keinen Sinn. Sie sagte, dass meine Gewichtsabnahme das Behandlungsziel von **allen** hier ist. Meine Wut ist so angestiegen und ich sagte, dass es echt genauso ist wie immer. Wie schon damals: Alle wollen, dass die dicke Wanda dünn wird – das ist die Mission. Die Therapeutin, Frau Dr. Hilbert, wurde richtig fies. „Was wollen Sie? Sich selbst bemitleiden? Von allen anderen Mitleid? Sie Aaaarme??" Mein Hals war wie zugeschnürt. Ich lief raus und es fühlte sich alles wie in einem schlechten Film an, in dem ich nicht mehr die Hauptrolle und die Kontrolle habe. Ich habe mich selbst verletzt und musste damit ins Klinikum, weil es genäht werden musste. Es hat fast eine Stunde gedauert, bis sie mit dem Nähen fertig waren.

In meinem Einzelgespräch bei Frau Weiß, was darauf folgte, habe ich ihr von all dem berichtet, was ich in den letzten Wochen mit Frau Dr. Hilbert erlebt habe. Als wir über das Behandlungsziel sprachen, fragte sie mich, warum ich mich kleiner mache, als ich bin. Immerhin kenne ich mich hier besser aus und weiß besser Bescheid als die Therapeutin *(sie ist noch nicht so lange Therapeutin in der Klinik)*. Beim nächsten Mal, wenn so etwas ist, soll ich zu ihr kommen oder ihr eine Mail schreiben, wenn sie nicht da ist. Ich durfte die Basis wechseln und musste Frau Weiß in die Hand versprechen, dass das jetzt die letzte Selbstverletzung war. Das ist schon etwas krass. Ich hoffe, ich kann das einhalten.

November 2012
In der neuen Gruppe klappt es ganz gut. Hier fühle ich mich angenommen und die Therapeutin ist in Ordnung. Wir hatten jetzt gerade Gruppengespräch bei Frau Weiß und es war richtig super. Sie hat mich des Öfteren angesprochen und mir gesagt, wie toll sie es findet, dass ich kämpfe und keinen Mist mache. Es tut so gut, dass es mal eine Belohnung in Form von Aufmerksamkeit und Umarmungen gibt, wenn ich **keine** Symptomatik lebe. Das fühlt sich viel besser an als die Aufmerksamkeit nach Symptomatik. Das macht mich richtig glücklich.

Gerade ist wieder keine gute Zeit. Irgendwie kann das echt von einer auf die andere Minute kippen. Ein paar Tage vor dem Wiegen fängt es bei mir immer mit dem Erbrechen an. Die Angst vor der Gewichtszunahme ist so groß. Dazu kommt, dass ich auf der einen Seite so unheimlich müde, kaputt und niedergeschlagen bin und auf der anderen Seite solche extremen Aggressionen habe. Diese überwältigenden Gefühle machen mich verrückt.

Der Kontakt mit Lara ist ziemlich angespannt. Meine Angst, dass wir uns gegenseitig herunterziehen, ist riesig.
Bald werde ich entlassen, und ich sehe das wirklich mehr als skeptisch. Was bringt es mir, wenn ich noch immer kotze, wenn ich immer wieder die Gedanken an den Tod habe und meine Stimmungsschwankungen nicht in den Griff bekomme? Was soll ich denn dann im Veda? Kann ich das hinbekommen?

Dezember 2012
Nun ist es wirklich schon wieder so weit und ich werde entlassen. Stabilität sieht definitiv anders aus. Meine Angst, dass ich es im Veda nicht schaffe, ist groß, aber es gibt vielleicht eine Chance, ein sechswöchiges DBT-Programm *(Dialektisch-Behaviorale Therapie (auch dialektische Verhaltenstherapie) ist eine Psychotherapieform zur Behandlung von Patienten, die zur Selbstgefährdung oder Fremdgefährdung neigen, und kommt oft im Rahmen der Behandlung der Borderline-Persönlichkeitsstörung zum Einsatz)* in der Psychiatrie in Bösingen zu machen. Eventuell kann mich das mehr unterstützen. Das Veda hatte meinen Aufenthalt hier vorgeschrieben, aber er war null hilfreich.

Ich freue mich total, dass ich wieder anfangen konnte, bei Rossmann zu arbeiten. Die Arbeit gibt mir wenigstens ein wenig Struktur und die Chance auf Kontakt zu Menschen außerhalb des Vedas. Langsam habe ich den Eindruck, auch im Veda ein bisschen besser anzukommen als vor meinem Klinikaufenthalt. Mit einigen Mitbewohnerinnen ist es wirklich ganz nett.

141

Langsam schleichen sich die alten Gewohnheiten wieder ein. Das Essen klappt nicht besonders gut. Die bulimischen Rückfälle werden immer mehr und ich habe auch schon wieder häufiger das Bedürfnis, mich zu betrinken. All das kann ich nicht in der Therapie thematisieren, da ich sonst nicht mehr arbeiten darf. Schon wieder habe ich das Gefühl, in eine Abwärtsspirale von Symptomatik, schlechtem Gewissen, Lüge und Selbsthass zu gelangen. Wie kriege ich da nur wieder die Kurve?

Es geht hier alles so weiter wie bisher. Der alte Scheiß: essen, kotzen, lügen. Das ist das, was mein Leben im Moment ausmacht.
Aus mir wird nichts. Wenn ich zehn Jahre weiter blicke, bin ich immer noch hier in dieser Bude und verrotte.
Weiterhin ist und bleibt „Alkohol" ein Thema. Manchmal trinke ich mit Mitbewohnerinnen, meistens allerdings alleine. Woher soll ich wissen, ob nicht jemand von denen alles weitererzählt?

Januar 2013
Das Jahr habe ich mit der Wahrheit begonnen. Beim Termin mit Frau Scholz habe ich von meinen Rückfällen der letzten Wochen erzählt. Das Ende vom Lied ist, wie ich schon befürchtet hatte, dass ich nicht mehr bei Rossmann arbeiten darf. Das Veda findet mich nicht stabil genug, um einer Alltagsanforderung nachzugehen. Mittlerweile denke ich, dass sie damit Recht haben. Abgesehen davon ist jetzt klar, dass ich ab Ende Januar in die Psychiatrie zur DBT-Therapie gehe.
Da das Programm sechs Wochen dauert, wäre der Job dann ohnehin Geschichte. Meine KollegInnen waren nett und haben es sogar bedauert, als ich erzählt habe, dass ich aufhöre dort zu arbeiten. Bei der Chefin habe ich mit offenen Karten gespielt und ihr von der Therapie erzählt.
Momentan beschäftige ich mich damit, Dinge für die Klinik vorzubereiten und übernehme Einkäufe von meinen Mädels, die aufgrund ihres Gewichts nicht selbst einkaufen gehen dürfen. Damit habe ich das Gefühl, ein bisschen etwas Sinnvolles zu machen.

Lara geht es im Moment überhaupt nicht gut, ihr Alkoholkonsum wird immer mehr. Neben meinen eigenen Problemen ist mir das gerade alles zu viel, doch ich habe das Gefühl, da sein zu müssen: zum einen, weil Lara mich braucht und zum anderen, weil ich denke, dass Mama und Papa das von mir erwarten. Ich bin zu ihr gefahren und habe, als ich nicht in ihrer Nähe sein konnte, darauf geachtet, immer erreichbar für sie zu sein. Meine Angst war so groß, dass sie trinkt, weil sie mich nicht erreicht, um mit mir über das zu reden, was in ihrem Kopf vorgeht.

Ich habe große Angst, dass das mit Lara so endet wie mit Robin. Ganz klar ist für mich, dass ich nicht noch einmal den Fehler mache und sie vor die Wahl stelle: „Ich oder der Alkohol." Damit habe ich schon Robin verloren.

8.6 Psychiatrie Bösingen / DBT Programm
31.01.2013 – 15.03.2013
Seit ein paar Tagen bin ich in der Psychiatrie bei dem DBT-Programm. Das Ankommen fiel mir nicht schwer. Das Gute ist, dass meine Mitbewohnerin Petra auch das Programm macht. Dadurch ist mein Anspruch, das mit dem Essen besser hinzubekommen, größer als beim letzten Aufenthalt. Ich möchte nicht, dass sie mitbekommt, wie ich meine Störung lebe.

An meinem Geburtstag hat meine Familie mich mit einem Besuch überrascht, das hat mich so glücklich gemacht. Das sind wirklich die kleinen Dinge, die mir helfen, eine gesunde Richtung einzuschlagen.

Meine Therapeutin ist wirklich sehr gut, und die Gruppen, in denen wir Wissen zum Thema Borderline vermittelt bekommen, sind auch richtig informativ.

Es ging in den ersten Gruppen um die Entstehung von Persönlichkeitsstörungen. Zum Beispiel ist einer der Gründe für diese Störung, dass die eigenen Gefühle von der Außenwelt nicht validiert werden. Wenn meine Gefühle immer als „Quatsch, zu sensibel, Überempfindlichkeit" abgestempelt werden, lerne ich nicht, meine Gefühle anzunehmen. Wie soll ich dann einen Umgang mit diesen Gefühlen lernen?

In einer anderen Stunde haben wir Skills kennengelernt. Das sind alternative Fertigkeiten, um mit Gefühlen und zwischenmenschlichen Problematiken umzugehen. Vor allem sind es Maßnahmen zur Kontrolle der Spannungen, damit wir uns nicht mehr selbst verletzen oder andere destruktiven Verhaltensweisen ausleben. Als wir die Skills und das destruktive Verhalten gegeneinandergestellt und verglichen haben, habe ich ganz deutlich sehen können, dass es auf langfristige Sicht viel mehr Argumente für die alternativen Fertigkeiten gibt. Auch wenn es auf den ersten Blick gar nicht so wirkt. Ich hoffe sehr, dass ich es schaffe, sie in den schwierigen Situationen einzusetzen. Es gibt verschiedene Arten von Skills. Eine Möglichkeit ist, sich durch Kreuzworträtsel oder ähnliches abzulenken und andere, spezielle Dinge einzusetzen um sich von den negativen Gefühlen und Gedanken abzulenken. Ein Beispiel hierfür ist, eine Brausetablette / eine Chilischote in den Mund zu nehmen und zu beobachten, was dabei im Mund passiert. Im Grunde genommen kann jedes Verhalten, das in schwierigen Situationen angewendet wird, kurzfristig wirksam ist und langfristig nicht schadet, ein Skill sein.

Im Vordergrund steht gerade, zu schauen, was mir bei der Arbeit immer wieder im Weg steht. Warum ich es nicht schaffe, symptomfrei zu bleiben. Es ist so gut, dass ich die Zeit in der Klinik habe, um genau diese Dinge genauer zu durchleuchten.

Das große Problem ist immer wieder, dass ich mich selbst vergesse, wenn ich mich um andere Menschen kümmere. Dazu kommt der Druck, mit aller Gewalt alles richtig machen zu wollen. Wenn mir ein Fehler passiert, bin ich vollkommen aufgelöst und hasse mich dafür selbst. Dabei sind doch Fehler menschlich.

Auf Biegen und Brechen (im wahrsten Sinne des Wortes) versuche ich, alles gut machen und opfere mich für die Arbeit auf. Wenn ich gefragt werde, ob ich zusätzliche Dienste übernehmen kann, sage ich niemals nein. Was sollen denn die KollegInnen sonst von mir denken? Das kann so nicht klappen.

Wenn ich in dem Bereich wieder arbeiten möchte, muss ich lernen, nein zu sagen, meine Grenzen wahrzunehmen und mich um mich selbst zu kümmern.

Es belastet mich grade, dass ich zu viel esse. Mein Essdruck ist extrem. Zwischendurch esse ich immer Süßigkeiten, das darf einfach nicht sein, da ich mich sowieso schon fühle wie ein Mastschwein. Jeden Tag nehme ich mir vor, weniger zu essen und versage.

Wenn ich in der Klinik bin, habe ich absolut kein Verlangen nach Alkohol. Das kommt immer erst, wenn ich am Wochenende zur Belastungserprobung *(am Wochenende übernachtet man ein oder zwei Nächte in der eigenen Wohnung, um zu schauen, ob es in dieser Umgebung klappt, das Erlernte dort anzuwenden.)* ins Veda fahre. Wenn ich in meinem Zimmer sitze, in dem ich sonst immer getrunken habe. Dazu kommen die Abgrenzungsschwierigkeiten von den anderen Mädels, die Bevormundung von den Betreuerinnen und die Einsamkeit. In der Klinik fühle ich mich sicher und geborgen.

Dadurch, dass es da immer so schlimm ist, frage ich mich, ob es dort für mich weitergehen kann. Meine Therapeutin in der Psychiatrie, Frau Lange, meinte, die größte Schwierigkeit im Veda ist die Bevormundung. Kein Mitspracherecht zu haben – welcher erwachsene Mensch lässt das mit sich machen?

Meine Entscheidung ist klar. Es gibt viele Gründe, aus dem Veda auszuziehen. Die Bevormundungen, das Verbot, in meinem Job zu arbeiten und damit die Vorgabe, noch eine Ausbildung machen zu müssen, das kann ich nicht mehr aushalten.

Mit dem Sozialarbeiter bereite ich meinen Auszug vor. Der Plan ist, dass ich wieder in die Heimat ziehe. Dort habe ich meinen Chor, kann wieder anfangen zu arbeiten, alte Freundschaften aufleben lassen und essen und abnehmen, wie ich lustig bin. Wir schauen nach Therapeuten, Ärzten und einem guten Netzwerk, das mich dort unterstützen kann. Es ist toll, diese Entscheidung endlich getroffen zu haben, es fühlt sich richtig an.

Luisa *(Therapeutin aus der damaligen Selbsthilfegruppe)* hat mir geschrieben. Sie plant ein Aufklärungsvideo für Schulen zum Thema Essstörungen und hat mich gefragt, ob ich bereit wäre, dort mitzuwirken. Das ist total aufregend und im Grunde ist es wirklich für eine gute Sache. Allerdings bin ich sehr viel fetter als das letzte Mal, als ich Luisa gesehen habe; ich habe Angst vor ihren Blicken und Bemerkungen. Irgendwie ist es eine Lüge, von der Störung zu berichten, als wäre es Vergangenheit und noch mittendrin zu sein. Es überwiegt aber das Positive und meine Neugier, daher werde ich zum ersten Gespräch hinfahren.

Da ich es nicht schaffe, gezügelter zu essen, habe ich wieder angefangen, mich zu übergeben. Durch das Kotzen habe ich in der letzten Woche über ein Kilo abgenommen. Nun habe ich überlegt, ob es sinnvoll wäre, wenn ich im Veda schon anfange, abzunehmen; genau auf diese Weise?! Wenn ich immer zwei bis drei Tage vor dem Wiegen anfange, die Mahlzeiten wieder auszukotzen?

Nirgendwo fühle ich mich gerade gesehen. Das Veda meldet sich nicht. Die bekommen viel Geld für meine Betreuung und sie machen nichts dafür. So viel Geld für – nichts?
Langsam bin ich froh, dass der Klinikaufenthalt bald vorbei ist. Meine Therapeutin will, dass ich ständig Verhaltensanalysen *(Destruktive Verhaltensweisen werden schriftlich analysiert und andere Lösungsmöglichkeiten erarbeitet)* nach bulimischen Rückfällen schreibe. Das ergibt doch keinen Sinn, weil ich jeden Tag kotze und jeden Tag das Gleiche reinschreiben kann. Warum habe ich das gemacht? Weil ich fett bin – und Ende.
Gestern bin ich zu Luisa und Patrick, dem Kameramann für das Filmprojekt, gefahren und hatte das Vorgespräch für den Dreh, der in ein paar Wochen stattfindet. Das war so aufregend. Es war toll, Luisa wiederzusehen und Patrick war nett, verständnisvoll und interessiert. Der Film wird vorerst nur bei YouTube laufen und, wenn

alle Genehmigungen vorliegen, auch in Schulen.

Zurück im Veda / Mitte März 2013

Die schaffen es echt immer wieder, mir alles zu versauen. Am Samstag war ich mit meinen Mitbewohnerinnen Ulla, Peggy und Vicky im Spielparadies. Wir hatten unglaublich viel Spaß, da wir mal wieder Kinder sein durften. Auf dem Rückweg haben wir uns ein Eis von Macces geholt. Es war so eine Leichtigkeit da, dass ich mir nicht mal Gedanken über die Kalorien gemacht habe. Als ich wieder im Veda ankam, wartete meine Betreuerin, Frau Werner, schon auf mich. Sie verkündete mir, dass sie meine Verabredung mit Vanessa abgesagt hat, da ich meine Kaffeemahlzeit noch einnehmen muss. Sie sagt **meine** Verabredungen ab? Da bin ich echt ausgerastet! Ich will mich nicht mehr bevormunden lassen. Da sie mir nicht geglaubt hat, dass ich schon das Eis gegessen habe, musste ich meine komplette Kaffeemahlzeit essen. Damit war alles an Leichtigkeit und Freude wieder vergessen. Es ist doch klar, dass mir das Druck macht, wenn ich zu viel esse.

Am nächsten Tag hatte sie wieder Dienst und ich absolut keine Lust, ihr über den Weg zu laufen. Daher bin ich nach Drensburg zu meiner ehemaligen Arbeitskollegin gefahren. Das war endlich mal ein Außenkontakt, der mir so, so gutgetan hat. Frau Werner hat mir auf den AB gesprochen, dass ich spätestens um 14 Uhr wieder da sein **muss.** Ganz sicher nicht. Ich lasse mich nicht mehr so behandeln. Als ich abends wiederkam, ist es richtig eskaliert. Sie hat mich so sehr in die Ecke gedrängt, dass ich kurz davor war, sie zu schlagen. Mich hat das sehr erschrocken, weil ich echt nicht so bin.

Ich kann meinen Druck nicht gut aushalten. Oft fange ich schon nachmittags an zu trinken. Mein Gewicht geht immer mehr in die Höhe, wie soll ich das nüchtern bitte in diesem Körper ertragen? Dazu kommt, dass es sich gerade für nichts lohnt, nüchtern zu bleiben. Es steht nichts in meinem Kalender. Es kann doch nicht sein, dass ich den ganzen Tag immer nur trinke und kotze. Irgendwann kommt das sowieso raus. Und dann?

Mittlerweile schotte ich mich ab, lasse niemanden mehr an mich heran. Nach unten ins Wohnzimmer gehe ich kaum noch, da ich immer so eine Angst habe, dass jemand riecht, dass ich getrunken habe. Dann lieber hier alleine in meinem Zimmer und in Sicherheit. Gut ist, dass ich alle meine Medis bei mir habe. So kann ich mir wenigstens welche nehmen, um mich ein bisschen runter zu bringen, wenn ich die Anspannung nicht mehr aushalte.

Meine Eltern würden mich zu Hause aufnehmen, wenn das Veda damit einverstanden ist. Damit sind meine Pläne wieder vollkommen für die Tonne, niemals lassen die Betreuerinnen das zu.

Meine ambulante Skillsgruppe hat jetzt begonnen. Es ist ganz gut, dass ich in der Psychiatrie noch andere Ansprechpartner habe als hier im Veda. Die beiden Therapeutinnen, Frau Lehmann und Frau Huber, führen auch Einzelgespräche mit mir. Denen habe ich von meinem Alkoholkonsum in der letzten Zeit berichtet. Sie wollen, dass Frau Scholz einen Blick darauf hat. Daher wollten sie ihr sagen, dass es ein grundsätzliches Problem von mir sein könnte, ohne von den letzten Wochen zu erzählen. Wenn die so mit Infos von mir umgehen, gehe ich da gar nicht mehr hin.

April 2013
So, heute ist wieder ein neuer Tag und seit ich was getrunken habe, geht es mir viel besser. Das muss ich wirklich sagen, auch wenn das niemand hören will und vor allem hören darf.
Ich habe so eine Angst, dass die anderen denken, dass ich asi bin, dass mir nicht mehr zu helfen ist und dass ich der schlimmste Fall von allen bin. Was ist, wenn ich rausfliege, wenn sie bei einer Zimmerkontrolle etwas finden oder ich beim Kaufen vom Korn gesehen werde? So gerne würde ich mit Frau Scholz über meinen Alkoholkonsum sprechen, aber ich laufe immer Gefahr, dass ich dadurch das Veda ganz verliere. Ich würde gern gestehen, dass es nicht mehr so weiter geht und ich Dauerbetreuung brauche. Es muss, gerade abends und nachts, auf mich geachtet werden. Mittlerweile schließe ich mich nur noch in meinem Zimmer ein und lasse

niemanden mehr an mich ran. Diese schlimme Leere in mir ist kaum auszuhalten. Ich mache nichts, ich sitze hier nur rum und bekomme nichts geschissen, ich bin am Ende. Wenn ich in der Therapie nichts über den Alkohol sage, ergibt sie doch absolut keinen Sinn mehr.

Mai 2013
Endlich habe ich das Okay vom Veda, ehrenamtlich im Wohnheim zu arbeiten. In den letzten Wochen habe ich gemerkt, dass ich unbedingt eine Alltagsanforderung brauche. Da es ein ehrenamtlicher Job ist, habe ich dort keine Verantwortung und nichts mit den Medikamenten zu tun. Das war ja immer ein Argument von Frau Fischer, warum ich in dem Bereich nicht mehr arbeiten darf. Die Arbeit macht mir wirklich Spaß.
Es gab eine ziemlich belastende Situation. Eine Bewohnerin hat Tabletten gesammelt und sich das Leben genommen. Das hat mich sehr geschockt, vor allem, weil mir eine Freundin von ihr das Abschiedsvideo gezeigt hat. In dem Video war sie schon total weggeschossen, es war echt richtig schlimm, sich das anzusehen. Ich bin total stolz auf mich, dass ich auf den Suizid mit Kommunikation reagiert habe und nicht mit Symptomatik. Es hat mir sehr geholfen, sowohl im Veda als auch mit den KollegInnen darüber zu sprechen. Der Chef hat mir eine Stelle angeboten: 20 Stunden wöchentlich. Diese Chance bekomme ich nicht so schnell wieder. Wie kann ich das am besten bei Frau Fischer ansprechen? Es wäre so perfekt: kein langer Arbeitsweg und weniger Stunden als in Drensburg. Das ist doch eine große Chance. Was mache ich, wenn sie es ablehnt? Ziehe ich dann aus und versuche es allein?

Die Mittwochsrunde war wieder mal super. Meine Argumente **für** die Arbeitsstelle waren so gut und es wurde von Frau Fischer alles abgeschmettert. Die Betreuerinnen waren alle auf meiner Seite und haben gesagt, dass es mir aktuell gut geht und ich viel offener und freundlicher wirke, seit ich dort ehrenamtlich arbeite. Frau Fischer will mir jetzt auch noch den Kontakt zu meiner Familie verbieten.

Am Arsch! Verbieten die mir den Kontakt! Ich habe so eine Sehnsucht heimzufahren. Meine Familie steht bei mir an erster Stelle. Niemand kann uns auseinanderbringen. **Niemand!**

Nach der Runde wollte ich nichts mehr spüren. Es war mir alles egal. Am nächsten Tag war Himmelfahrt. Wir haben mit ein paar Leuten eine Tour gemacht, Flunkyball gespielt, gefeiert und getanzt. Die Sonne hat so doll geknallt, der Alkohol war zu lecker und vor allem meine Sorgen zu groß. Am Ende des Tages war ich so betrunken, dass ich ins Krankenhaus gebracht wurde. Dort bin ich zu mir gekommen und wusste nicht so recht, was passiert war. Da lagen Unterlagen von den Schwestern mit meinen Daten und Werten. Ein Promillewert von 2,7. Die Akten müssen verschwinden, eindeutig. Daher habe ich sie an mich genommen. Ich erinnere mich daran, wie unfreundlich das Personal zu mir war. Sie wollten die Polizei rufen, wenn ich das Zimmer verlasse. Dabei wollte ich nur rauchen. Nach der Ausnüchterung durfte ich das Krankenhaus verlassen und musste in die Höhle des Löwen.
Mir ging es sehr schlecht. Körperlich, wie das so ist nach dem Trinken, doch noch viel mehr psychisch. Meine Schuldgefühle waren groß. Und meine Fragen: Was war passiert? Wer hat mich ins Krankenhaus gebracht? Sind die anderen Mädels, die dabei waren, sauer auf mich? Habe ich irgendwas Schlimmes gemacht? Was kommt jetzt als Konsequenz auf mich zu?
Aufgrund meines psychischen Befindens durfte ich nicht in meine Wohnung. Da ich es nicht im Wohnzimmer aushalten konnte, habe ich mich in dem Nebenraum auf das Sofa gelegt. Auf einmal sprang die Haustür auf. Ich hörte schon die Schritte von Frau Fischer und wusste, dass jetzt nichts Gutes kommt. Sie eilte ins volle Wohnzimmer und hat laut über mich gesprochen: „Da lässt die sich so volllaufen, dass sie sich einpisst und ins Krankenhaus kommt, das geht so nicht weiter. Wo ist sie?!" Okay, diese Information war mir neu und ganz sicherlich nicht notwendig für die anderen Mädels und Betreuerinnen, die da saßen. Ich habe mich in Grund und Boden geschämt.

Das sollte allerdings nicht alles gewesen sein. Frau Fischer rief dann meinen Chef an, kündigte meinen Ehrenamtsvertrag und machte ihm klar, dass ich nicht in diesem Bereich arbeiten kann und werde. Um auch nichts auszulassen, hat sie ihm meinen Promillewert vom Vorabend genannt.

Nun lebe ich bereits seit dreieinhalb Jahren in dieser betreuten Wohneinrichtung. Nichts kann ich mehr selbst entscheiden – und das mit 24 Jahren und einer abgeschlossenen Ausbildung. Hier entscheiden nun einmal die Therapeuten und die Einrichtungsleitung. Argumente sind nicht erwünscht und **wenn** sie kommen, werden sie zunichte gemacht. Für jedes Verhalten gibt es Sanktionen: nicht zur Arbeit, nicht nach Hause, Dauerbetreuung. Sie spielen mit der Macht, die sie haben: „Wenn wir etwas sagen, wird es so gemacht. Keine Diskussion!" Wenn man ein leichtes Leben haben will, sagt man Ja und Amen. Kämpft man jedoch für das, was einem wirklich wichtig ist, wird es einem verbaut. Und das auch mal mit der Vorgehensweise, dass die Schweigepflicht gebrochen wird. Das ergibt hier doch alles keinen Sinn mehr.

8.7 Psychiatrie, alias „Hotel zur lockeren Schraube"
17.05.2013 – 19.06.2013

So schnell ist man wieder in der Psychiatrie. Im Veda ist es total eskaliert, ich wollte einfach nicht mehr leben.

Am allerliebsten würde ich Frau Fischer anzeigen. Sie kann nicht immer mit allem durchkommen. Ich hasse sie so sehr, das geht gar nicht mehr. Nun ist die Beziehung komplett zerbrochen. Mama und Papa haben ihr eine Mail geschrieben, dass sie mit dem Bruch der Schweigepflicht gegen das Gesetz verstoßen hat. Ich kann mir absolut nicht mehr vorstellen, weiterhin bei denen zu wohnen.

Was ist, wenn sie dem Chef des Wohnheims, Herrn Meyer, nicht nur den Promillewert erzählt hat, sondern zusätzlich, dass ich mich eingepinkelt habe? Das traue ich Frau Fischer zu, sie geht über Leichen. Wie kann mich ein Mensch so behandeln?

Als ich mit Herrn Meyer telefoniert habe, hat er gesagt, auch er ist der Meinung, dass ich nicht so weit bin, in dem Beruf zu arbeiten. Er hat Frau Fischer in Schutz genommen. Er geht davon aus, dass ich das Okay gegeben habe, dass die beiden über mich sprechen. Das habe ich niemals. Ihm habe ich gesagt, er kann gern mit Frau Fischer sprechen und ihr sagen, dass ich eine gute Arbeit mache, als es um die Festanstellung ging. Niemals habe ich das Okay gegeben, dass Frau Fischer vertrauliche Informationen weitergibt, die meinen Ruf ruinieren. Es ist ja nicht nur so, dass ich dort nicht mehr nach einem Job fragen brauche. Bösingen ist klein und die sozialen Einrichtungen untereinander vernetzt. Ich brauche mich nirgends mehr bewerben. Das war es jetzt für mich.

Die anderen PatientInnen sind in Ordnung. Das mit dem Essen klappt gut, ich esse einfach nichts. Wunderbar, dass mir das so gut gelingt.
Was ich mich langsam frage, ist, ob ich süchtig bin wie Lara? Ist sie süchtig oder nur ein bisschen abhängig? Süchtig und abhängig sind für mich zwei verschiedene Paar Schuhe. Sucht ist, wenn man, egal was ansteht, trinken **muss** und Abhängigkeit vom Alkohol ist eher, wenn was Bestimmtes ansteht, was einem zum Beispiel Angst oder Druck macht.
Immer wieder kommt es im Veda zu den Lügen. Was soll das denn alles noch? Gefakte Essprotokolle, Selbstverletzungen, ohne ein Wort darüber zu verlieren, und Alkohol ohne und mit Ende. Nun stehe ich bei allen noch mehr als Alkoholikerin da. Alle wollen, dass ich zur Suchtberatung gehe. Bin ich wirklich alkoholsüchtig? Dann würde ich es jetzt nicht **ohne** aushalten, oder? Das Veda bringt mich doch immer wieder dazu, zu trinken.
Gerade habe ich einfach keine Kraft mehr. Das Nicht-Essen in Kombination mit der Medikamenteneinnahme auf nüchternem Magen schlaucht ganz schön.

Papa und Inga kommen am Samstag, darauf freue ich mich sehr. Papa sagte, dass ihm ein Besuch hier in der Psychiatrie lieber ist als im Veda -verständlich nach dem, was mit Frau Fischer gewesen ist. Es ist schön, dass ich mich an Papas fester Schulter anlehnen kann, wenn er kommt. Die Freude darauf ist so groß, das kann ich gar nicht beschreiben.

Ich bin erst seit anderthalb Wochen hier und habe schon fünf Kilo abgenommen. Richtig gut.

Mir ist jetzt einmal wieder klar geworden, dass ich nach Hause ziehen möchte. Dort gibt es keine Konkurrenz für mich. Da muss ich nicht schreien, um Aufmerksamkeit zu bekommen. Mit dem Sozialarbeiter geht es mal wieder in diese Richtung. Jetzt haben wir eine Therapeutin gefunden und einen Psychiater in der Nähe. Ich hoffe, dass es dieses Mal klappt. Mama wird doch jetzt auch sehen, dass Frau Fischer eine Zumutung ist.

Die Telefonate mit den Betreuerinnen werfen mich nur nach hinten. Es geht mir so dermaßen auf die Nerven, dass mir immer wieder gesagt wird, wie gestört ich bin. Die sind echt davon überzeugt, dass mir nur das Veda helfen kann. Das ist nicht der Fall. Natürlich habe ich meine Störung, aber es ist nicht **nur** Störung da, in mir steckt auch ein Mensch mit Bedürfnissen. Die Psychiatrie hat ein einwöchiges Kontaktverbot zum Veda ausgesprochen, weil es mir immer sehr schlecht geht, wenn ich mit denen gesprochen habe.

Allerdings ist mein Verhältnis zum Klinikpersonal nicht unbedingt besser. Sie geben mir immer wieder das Gefühl, dass sie mich hassen, keine Zeit für mich haben und dass alle anderen Patienten wichtiger sind als ich. Ständig wollen sie mich zum Essen zwingen, womit ich aber nicht einfach von einem auf den anderen Tag wieder anfangen kann.

Gestern bin ich umgekippt, wahrscheinlich sind sie seitdem noch mehr unter Druck, mich zum Essen zu bringen. Mir war von jetzt auf gleich schwarz vor Augen. Meine MitpatientInnen waren mit mir auf dem Hof rauchen. Es war nichts Dramatisches – einfach nur die Medikamente auf nüchternem Magen.

Frau Fischer kam zum Gespräch mit meiner Therapeutin in die

Klinik. Sie hat sich entschuldigt und mir gesagt, wie wichtig ich ihr bin. Ihr Wunsch ist es, dass ich im Veda bleibe und sie bereut es wirklich, dass sie die Informationen weitergegeben hat – gerade, weil es mir so schwerfällt, Beziehungen aufzubauen und zu vertrauen. Das war ganz nett. Doch dann sagte sie, dass sie nicht mit mir tauschen möchte, da ich so schlimm gestört bin und meine Stimmungseinbrüche schrecklich sein müssen. Sie meinte, dass wir nur noch ein paar Jahre zusammen brauchen. Ein paar Jahre? Ganz sicher nicht. Kann ich diese Tage, Stunden und Minuten, in denen ich wegen ihr so fertig und aufgebracht war, jemals vergessen?

Meine Angst vor dem Veda ist schon wieder riesig. Es macht immer den Eindruck, dass man aus dem Veda 2 nicht mehr rauskommt. So viele Mädels haben keine Alltagsanforderung. Was ist, wenn ich wieder nicht weiß, was ich machen soll, womit ich meinen Tag fülle und dann wieder beginne, mich abzufüllen?

In einer Einrichtung für Eingliederungshilfe sollten sie eigentlich gucken, dass man wieder in den Alltag eingegliedert wird. Sie können doch nicht von vornherein alles ablehnen, was man versuchen möchte. Das ist ja nicht nur bei mir so, sondern auch bei vielen anderen Mädels. Wir brauchen eine Chance. Und ich habe wirklich in der ersten Zeit im Wohnheim bewiesen, dass ich es schaffe, auch mit der großen Belastung durch den Suizid der Bewohnerin. Nach der Runde hatte ich einfach keine Hoffnung mehr, habe diesen bescheuerten Fehler an Himmelfahrt und damit alles noch schlimmer gemacht.

Was das Gute hier in der Psychiatrie ist? Die meisten Patienten haben Normalgewicht, teilweise auch Übergewicht. Der Körper spielt bei ihnen nicht so eine große Rolle, er ist nicht der Mittelpunkt des Lebens. Es geht um Existenzängste, um Sucht, um Suchtverschiebung, Zwänge, allgemein um Ängste, Psychosen.

Das, was ich für mich mitnehmen möchte, ist, dass ich eine starke Frau bin. Vielleicht mit ein bisschen mehr Gewicht als die Magersüchtigen. Doch wenn ich mir die Menschen hier mit Übergewicht anschaue, kann ich nur sagen, dass ich sie so sehr ins

Herz geschlossen habe und es absolut nicht um dieses Gewicht geht, sondern darum, was sie für Persönlichkeiten haben.

Immer wenn ich an einem Spiegel vorbeigehe, sage ich mir: „So schlimm ist das gar nicht!" Ich hoffe, dass mir das im Veda auch gelingt. Dadurch fühle ich mir schon ein wenig besser.

Nach dem Aufenthalt kann ich wieder in meine ambulante Skillsgruppe. Ich hatte so eine Angst, dass die Psychologinnen mich dort nicht mehr haben wollen. Das hat mich total wahnsinnig gemacht. Nun war ich dort und sie freuen sich, wenn ich wiederkomme.

Zurück im Veda
Ziemlich im Anschluss an die Psychiatrie bin ich nach Hause gefahren, da mein Papa Geburtstag gefeiert hat. Leider habe ich mir mal wieder bewiesen, dass ich nicht mit Alkohol umgehen kann und habe es übertrieben. Das Beschissene ist, dass meine Eltern und ich nächste Woche einen gemeinsamen Termin bei Frau Scholz haben. Was ist, wenn sie ihr erzählen, dass ich so abgeschossen war? Das würde schon wieder eine Katastrophe im Veda auslösen.

Den Aufenthalt daheim habe ich auch genutzt, um den neuen Psychiater kennenzulernen, der sich um mich kümmern soll, wenn ich wieder dort wohne. Er hat wirklich einen netten Eindruck gemacht. Zu meinen Tabletten sagte er, dass das Trimipramin mit der Zunahme zusammenhängen kann. Seine Bitte ist, dass ich den Alkohol komplett weglasse. Die Gefahr ist zu groß, dass es dann zu Selbstschädigungen kommt. Das Medikament Citalopram wirkt generell stimmungsaufhellend, doch wenn ich dann Alkohol trinke, bewirkt es genau das Gegenteil.

In der Mittwochsrunde war es heute wirklich heftig. Es hat jemand einen Brief an die Heimaufsicht geschrieben, in dem so viele krasse Dinge standen. Man wird hier nicht gesehen, wenn man keine Symptomatik lebt, es gibt keine Alltagsanforderungen etc. Die Heimaufsicht wird das jetzt prüfen und Frau Fischer will das zu einem späteren Zeitpunkt noch einmal mit uns thematisieren. Sie hat so geweint, als sie davon erzählte. Da tat sie mir schon fast ein wenig leid.

Mit Frau Scholz habe ich das Gespräch mit Mama und Papa vorbereitet. Das war schon heftig, da sie mir viele Fragen gestellt hat, wie es laufen kann. Was ist zum Beispiel, wenn ich eine Selbstverletzung habe, die genäht werden muss. Soll Papa mich dann ins Krankenhaus fahren? Und wenn ich so viele Rückfälle habe, dass ich meinen Kaliumwert messen lassen muss? Kann ich mit denen darüber reden? Wie kann das mit den Tabletten funktionieren, damit ich sie nicht überdosiere? Das alles waren schon heftige Überlegungen, da ich meine Eltern nicht überfordern will. Ich kann ihnen all das nicht zumuten. Es ist gut, wenn der Arzt durchrechnet, wie lange die Medikamente reichen und ich erst dann ein neues Rezept bekomme. Zum Nähen würde ich mit einem Taxi fahren und den Kaliumwert beim Hausarzt überprüfen lassen. So, dass Mama und Papa mit alledem nichts zu tun haben. Wir haben abgesprochen, wann es bedeutet, dass es zu Hause nicht funktioniert. Wenn es zwei Rückfälle und zwei Selbstverletzungen im Monat gibt, die versorgt werden müssen, brauche ich einen anderen Plan.

Heute war der Brief an die Heimaufsicht noch einmal Thema. Wir haben alle diesen Brief vorher bekommen und sollten sagen, was unsere Meinung dazu ist. Spannend war, dass viele Bewohnerinnen dem zugestimmt haben. Natürlich, als keine Betreuerin dabei war. Es waren wirklich einige Punkte, die auch ich unterschreiben würde. Nachdem Frau Fischer dann ihren Vortrag gehalten hat, der ungefähr so klang: „Wenn noch einmal jemand an die Heimaufsicht schreibt, kann es sein, dass das Veda geschlossen wird. Dann sitzt ihr alle auf der Straße und das könnt ihr nicht. Ohne uns könnt ihr das nicht schaffen, ihr braucht die Betreuung. Verhungern werdet ihr ...", hat niemand mehr etwas gesagt. Alle hatten Angst, niemals wäre jemand auf die Idee gekommen, noch etwas zu sagen. Das darf man hier nicht. Die eigene Meinung ist nicht erwünscht.

Mein Körpergefühl ist sehr schlecht. Seit der Psychiatrie habe ich permanent Hunger und gleichzeitig einen Zwang, Fahrrad zu fahren. Jeden Tag 20 Kilometer. Wenn ich das an einem Tag nicht schaffe, muss ich es an dem nächsten nachholen. Das setzt mich unter Druck.

Das Gespräch mit Mama, Papa und Frau Scholz war ganz gut. Zum Glück hatte ich Papa vorher noch eine Mail geschrieben mit der Bitte, dass sie nichts zu dem Geburtstag sagen. Nachdem all die Themen auf den Tisch gekommen sind, die ich vorher mit Frau Scholz besprochen hatte, weiß ich echt nicht, ob die beiden noch so begeistert davon sind, dass ich nach Hause komme. Ich warte nun erstmal ab und lasse das Gespräch ein wenig sacken.

In der letzten Woche war wieder die Dänemark-Reise vom Veda. Durch die Reise habe ich es geschafft, einen besseren Kontakt zu den Mädels aufzubauen. Wir hatten wirklich viel Spaß.
Wir waren in einer Achterbahn und meine Mitbewohnerin Vroni hat Bilder gemacht. Als ich sie mir angesehen habe, fragte ich sie, ob meine Arme in Wirklichkeit auch so fett aussehen. Ich konnte mir das echt kaum ansehen, so schlimm war das. Vroni antwortete, dass sie absolut nicht findet, dass ich schlimm aussehe und dass sie mich genau so mag, wie ich bin. Anschließend nahm sie mich in den Arm. Das hat meine Frage nicht explizit beantwortet, aber es war toll, was sie gesagt hat. Bei ihr habe ich den Eindruck, dass sie das wirklich so meint. Das schätze ich wirklich sehr.
Die Auszeit von Bösingen hat mir wieder mal sehr gutgetan, wir haben viele schöne Ausflüge gemacht. Mein Wunsch ist, dass ich die Kontakte, die ich hier aufgebaut habe, weiterhin pflegen kann.

Zurück in Bösingen kommt eine traurige Nachricht. Frau Scholz verlässt das Veda. Dass gerade sie geht, ist echt am schlimmsten für mich. Sie kennt mich mittlerweile so gut wie niemand anderes. Es fasziniert mich, wenn sie über mich spricht, da sie mich gut kennt und mich vor allem versteht.
Erst habe ich gedacht, dass es mir leichter fallen wird, das Veda zu

verlassen, wenn Frau Scholz schon weg ist. Jetzt kann ich das gerade nicht mehr so positiv sehen. Mir ist es wichtig, dass wir im Guten auseinander gehen und sie mich in guter Erinnerung behält. Dafür strenge ich mich jetzt noch einmal richtig an.

Scheinbar bin ich mittlerweile doch abgestumpfter, was Beziehungen angeht, als ich dachte. Der Abschied von Frau Scholz hat mich kaum berührt. Wahrscheinlich haben mich schon zu viele Menschen verlassen. Meine Symptomatik habe ich gerade gar nicht im Griff. Das Radfahren macht mir Druck. Mein Gewicht ist bei 86,7 Kg und ich fühle mich unbeschreiblich fett. Das ganze Radfahren bringt nichts, ich mache mich doch lächerlich damit. Da rollt sie wieder.... Der Alkohol ist auch schon wieder mein Begleiter. Letztens war ich wirklich schon bei der Skillsgruppe betrunken. Ich kann von Glück reden, dass das niemandem aufgefallen ist. Damit könnte ich alles kaputt machen. Momentan habe ich auch Einzelgespräche bei Frau Huber, da ich eine Person außerhalb der Einrichtung brauche. All das mache ich mir früher oder später mit dem Alkohol kaputt.

August 2013
Gerade bin ich wieder mal mit Mama, Papa und Lara auf Borum. Es ist und bleibt eine meiner Lieblingsinseln. Die Unternehmungen machen Spaß und wir haben ein tolles Wetter. Was mich fertig macht, ist mein fetter Körper. Wenn ich Hunger habe, traue ich mich nicht, dies zu äußern, weil ich dann wieder das dicke Kind bin. Die Schwierigkeit ist auch, dass Lara immer noch ihre Atkins-Diät macht und ich den Eindruck habe, dass sie kaum Kalorien zu sich nimmt. Auf den Bildern kann ich mich kaum ansehen. Mir war bewusst, dass ich fett bin – aber **das** übersteigt echt meine Erwartungen. Wie soll das alles nur weitergehen mit diesem Körper? Bald schließe ich mich nur noch ein, dann braucht mich niemand mehr anzugucken.
Sehr cool war, dass ich mich heute getraut habe, mit der Seilbahn zu fahren. Da springt man von einem Felsen, fährt mit der Seilbahn

runter und landet dann in einem See. Das war unendlich genial.
Wir sind viel Rad gefahren, waren wandern und haben vier nette
Abende bei Igors Konzerten verbracht. Insgesamt eine schöne Zeit,
wenn die Vergleiche mit Lara und mein schlechtes Körpergefühl
nicht wären.

Gestern hatte ich meinen ersten Termin mit Frau Klein als feste
Therapeutin. Der war wirklich gut, da wir geschaut haben, wie ich
jetzt weitermache. Nun warte ich auf den Platz in Mattingen in der
Klinik und entscheide von dort aus, wohin ich möchte.

September 2013
Ich bin einfach nur fassungslos von der Mittwochsrunde. Zuerst ging
es darum, dass ich mir so sehr wünsche, arbeiten zu gehen. Eine
Alltagsanforderung würde mich aus diesem immer gleichen
Gedankenkarussell herausbringen. Essen, kotzen, nicht essen, mein
beschissenes Körpergefühl. Es gibt nichts anderes mehr. Frau Weiß
sagt, dass ich das nicht kann und ich mich damit abfinden soll. Wenn
überhaupt, kann ich in zehn Jahren daran denken. Ich habe so
geweint. Vroni meinte, dass ich weine, weil ich jetzt begreife, dass
ich mich von meinem Job verabschieden muss. Das will ich nicht,
ich werde dafür kämpfen. Auch wenn das bedeutet, dass ich hier weg
muss.
Im Anschluss daran hat Frau Fischer eine feierliche Ankündigung
gemacht. Der Förderverein vom Veda übernimmt die Kosten für eine
Woche Therapie in der Adipositasgruppe in der Klinik am Park für
mich. Mir war nicht klar, ob ich jetzt lachen, mich bedanken oder
heulen soll. Doch, es war tatsächlich ernst gemeint. Ich kann es nicht
glauben, dass es so weit gekommen ist, dass sie mich in diese
Gruppe schicken. Morgen geht es los – es gibt keine Wahl, ich muss
da hin.

8.8 Eine Woche Urlaub in der Dickengruppe / Klinik am Park

Immerhin ist es eine Chance für mich, aus dem Veda zu flüchten. Die MitpatientInnen in meiner Gruppe sind wirklich alle nett, allerdings verwirrt mich alles andere. In der Mittagsgruppe wird uns nur gesagt, dass wir Dicken nie alles von einer normalen Portion aufessen dürfen, dass wir uns bewegen müssen und einen Notfallplan an der Hand brauchen, wenn wir fressen wollen. Die anderen PatientInnen nehmen das ziemlich ernst und essen beim Mittagessen nicht alles auf oder kommen gar nicht erst zu den Mahlzeiten. Mein Essensplan gibt aber eine ganze Portion vor, und die Ernährungsfachkräfte wollen, dass ich diesen einhalte. Wie verfressen sieht das denn bitte aus? Fast jedes Mal sitze ich allein am Tisch oder bin die Einzige, die alles aufisst. Das macht mir totalen Druck, weil ich mich so verfressen fühle. Mittlerweile weiß ich gar nicht mehr, was mein Körper wirklich braucht.

Auf keinen Fall möchte ich irgendwann ausziehen und Essstörung leben müssen, um abzunehmen. Es sind noch drei Monate bis zum Ende des Jahres. Bis dahin werde ich gucken, wie sich das Gewicht entwickelt. Wenn es weniger geworden ist, werde ich ausziehen, weil ich dann weiß, wie mein Körper auf die Umstellung reagiert.

Diese Esspsychotherapiegruppen gehen mir sehr auf die Nerven. Dort wurde heute jeder gefragt, wie es ihm geht, was das Essen macht und wie viele Essanfälle er hatte. Die Ernährungsberaterin hat dreimal nachgefragt, ob ich wirklich nur meinen Plan und nichts darüber hinaus esse. Vorher war mein Problem eher, dass ich es nicht geschafft habe, meinen Plan zu essen und jetzt? Nun gehöre ich zu den Dicken, die selbstverständlich Essanfälle haben und es nicht schaffen, die Fresssucht zu überwinden. Keiner weiß, was er mit mir machen soll. Mittlerweile fühle ich mich hier noch fetter als im Veda. Meine Ernährungsberaterin meinte, Frau Weiß hat angeordnet, dass ich in dieser Gruppe bin und ich muss mich an sie wenden, wenn es damit Probleme gibt. Das mache ich sicherlich nicht. Was soll ich denn sagen? „Ich bin nicht adipös?" Ich kenne sie jetzt seit vier Jahren und weiß, wie sie auf so etwas reagiert. Sie wird mich auslachen.

Mein Einzelgespräch mit Herrn Weiß *(Mann von Frau Weiß, Oberarzt und zuständig für den Adipositasbereich)* war im Großen und Ganzen ganz gut. Wir haben über die letzten Monate gesprochen und natürlich über mein Gewicht. Er hat gesagt, dass ich dicker aussehe als mein BMI ist, das hat mich wirklich geschockt. Vielleicht lag das an meinem Outfit? Macht der Pulli einfach dick? Ist das möglich? Dann darf ich den Pulli nicht mehr anziehen. Er hat mir ans Herz gelegt, einen Antrag für einen Klinikaufenthalt im Adipositasbereich zu stellen. Es machte wirklich den Eindruck, dass er sich genauer damit befassen möchte und mich unterstützen will. Daher werde ich einen Antrag bei der Krankenkasse stellen.

Für die Zeit nach der Klinik habe ich mir ein paar Regeln zusammengestellt, damit ich nicht wieder in die Spirale der Essanfälle komme. Neben einer genauen Berechnung meiner Lebensmittel trinke ich jetzt keinen Alkohol und keine Lightgetränke mehr. Meine Hoffnung ist groß, dass sich mein Körper von den schwierigen Jahren erholt und das Gewicht wieder runtergeht.

Zurück im Veda
Ich bin zurück und es funktioniert nichts. Gar nichts. Meine Wut ist so groß, dass ich in die Adipositasgruppe gesteckt wurde, dass ich hier nicht mehr mitarbeiten kann. Immer wieder gehen mit die Worte durch den Kopf: „Ihr Dicken dürft nicht alles aufessen, ihr müsst aufpassen, euch bewegen ...". Es fing bereits am Tag der Entlassung an – mit dem Betreten des Vedas. Alle guten Strategien, die ich geplant hatte, waren über Bord geworfen war. Der erste Gang war zu Rossmann, um eine Waage und in die Apotheke, um Abführmittel zu kaufen. Ich melde mich von den Mahlzeiten ab, esse meinen Plan nicht und auch nicht nach. Dabei habe ich immer im Kopf: „Hey, ich bin adipös, dann nutze ich diesen Status aus."
Eine Mitbewohnerin ist heute nach dem Wiegen ausgetickt, weil sie

ein Kilo zugenommen hatte und was sagt sie? Ernsthaft? „Wenn man ein Kilo über dem untersten Normalgewicht ist, ist das nicht so schlimm mit einer Zunahme von einem Kilo. Wenn man allerdings sechs Kilo drüber ist, wie ich **dann** ist das schlimm." Okay, was genau soll ich davon halten, wo ich doch fast 30 Kilo drüber bin? Dann ist es richtig, richtig, richtig schlimm und – adipös? Ich komme von diesem Wort nicht mehr los.

In meinem Kopf kreisen die Gedanken. Will ich in Bösingen bleiben, nach Hause, wieder nach Drensburg? Mein Gewicht geht gar nicht mehr, ich halte das nicht mehr aus. Wie oft habe ich das hier gesagt? Niemand hilft mir, niemand. Keine Reaktion. Nach Hause zu ziehen scheidet aus, weil ich da keine Essstörung leben kann. Ist es positiv, dass ich ausziehen will, um Essstörung zu leben?

Nun hatte ich nach vier Monaten das erste Mal wieder einen bulimischen Rückfall. Niemals werde ich es schaffen, niemals.

Oktober 2013
Für heute Abend steht das Spaßprogramm an, da ich mich betrinken werde. Ohne Rücksicht auf Verluste und ohne Angst, erwischt zu werden. Wenn ich rausfliege, fliege ich raus, und dann ist das gut so. Frau Fischer wartet auf den Antrag für die Adipositastherapie. Die haben keine Ahnung und wollen mir immer nur **ihren** Weg vorgeben. Niemand hört zu, was ich möchte und brauche. Das kann ich nicht länger ertragen.

Im Anschluss an das Saufen habe ich auch gleich gekotzt, weil ich diesen Druck nicht ausgehalten habe. Ich möchte hier gerade nicht ehrlich sein. Die wollen, dass ich abnehme, also muss ich schauen, wie ich das hinbekomme, und wenn **das** der Weg ist.

Mir geht es gerade gar nicht gut mit der ständigen Lügerei. Frau Weiß hat gestern direkt gefragt, wie das mit Symptomatik aussieht und ich habe es verschwiegen.

Wenn mich heute meine Ernährungsberaterin aufgrund meiner Gewichtsabnahme fragt, ob ich kotze, werde ich das verneinen. Ich werde ihr sagen, dass ich nicht alles esse und das auch so beibehalten möchte. Wenn das mit dem Veda nicht vereinbar ist, dann muss ich eben gehen, was ich ja sowieso will.

Wenn die Betreuerinnen eine Wohnungskontrolle machen, werden sie die Tasche mit den Alkoholflaschen, den Abführmitteln und den Tabletten finden. Was erwarten die denn hier alle von mir? Meine Mitbewohnerin ist nicht da, ich bin alleine in der WG und niemand macht sich darüber Gedanken, ob ich alleine klarkomme. Das ist doch die beste Einladung dazu, nur zu essen, zu kotzen und Alkohol zu trinken. Die Heimlichkeit macht mir am meisten zu schaffen. Nicht darüber reden zu können und das Gefühl zu haben, dass es dadurch gar keine Beziehung mehr zu irgendjemandem gibt. Ständig die Angst, dass alles rauskommt. Ich werde verrückt, ganz sicher.
Mein Körper kann das auch alles nicht mehr aushalten. Herzrasen, Müdigkeit, vollkommene Erschöpfung. Das kann doch nicht gesund sein.

November 2013
Es geht nicht mehr anders, ich will in die Psychiatrie. Frau Huber hat heute zu mir gesagt, dass sie mich nicht mehr weiter betreuen kann, weil ich zu zerstörerisch bin. Das gebe ich ja auch zu, doch ganz ohne Frau Huber geht es nicht. Was soll ich nur machen? Soll ich es wirklich darauf anlegen, dass ich in die Psychiatrie komme? Sollte ich mit Frau Becker meine Symptomatik offen besprechen? Dazu sage ich ihr, dass ich es nicht mehr kann, es mir psychisch und körperlich so schlecht geht, dass es das Beste ist, wenn ich in die Psychiatrie gehe und wir nach dem Aufenthalt schauen, wie es weiter gehen kann?

8.9 Psychiatrie

05.11. - 13.11.2013

Es folgen originale Tagebucheinträge. In dieser einen Woche habe ich einen Block vollgeschrieben und es wiederholten sich immer wieder die gleichen Themen und Gedankengänge. Ein paar Ausschnitte daraus möchte ich mit euch teilen, um zu zeigen, was Medikamente mit den Gedanken machen können. An den kompletten Aufenthalt habe ich keine Erinnerung mehr.

Ich muss den anderen leicht zugedröhnt vorkommen. Hier gibt es jede Menge Tavor für mich.

Ich lege mich noch etwas hin, glaube ich! Seit ich hier bin, bin ich voll neben der Spur. Ich weiß immer gar nicht, wie lange ich schon hier bin, was eigentlich alles passiert, wann was passiert. Ich weiß nicht, ob Mittagszeit ist oder Abend, ob ich den Verband schon gewechselt bekommen habe oder das ein Tag vorher war. Ich bin vollkommen verwirrt.

Das ergibt alles gerade keinen Sinn mehr, nirgendwo bleibe ich mal - sieben Tage Psychiatrie, zwei Tage Veda, Psychiatrie Mattingen. Ich kann und ich will nicht mehr. Ich will mich gern einfach umbringen. Damit wäre allen geholfen. Ich muss zu dem Pflegepersonal gehen und denen meine akute Suizidalität bekannt geben. Vorher den Arm blau schlagen? Mir geht es gerade gar nicht gut! Ich habe ganz schlimme Gedanken gerade und nicht genug Kraft, um meinen Arm blau zu schlagen. Ich habe noch nichts gegessen und ich will am liebsten verhungern, damit alle sehen, dass ich das aushalten kann. Ich hasse mein Leben. Ich bin so schrecklich einsam. Ich will, dass mir jemand hilft, hier rauszukommen. Raus aus dem Leben. Ich weine und weine und es kommt niemand. Das ist ein Gefühl, das ich kenne und es schmerzt so sehr. Alle lassen mich allein, niemand ist für mich da, jetzt in der Situation, in der ich nicht mehr leben möchte. Gerade will ich es wirklich nicht mehr, ich bin zu schwach - zu schwach, um nach vorne zu gehen, zu schwach um jemanden anzurufen. Ich kann gerade nicht mehr, ich will nicht mehr leben und das macht mir gerade schreckliche Angst. Ich habe Angst vor mir selber. Das kann ich doch Mama und Papa nicht sagen! Ich weiß nicht mehr weiter, was soll ich nur machen? So schlimm hatte ich das lange nicht mehr und wenn die mich fixieren müssen. Ich will doch nur, dass mir jetzt jemand hilft! Sie sollen mir irgendwas geben, irgendwas, was hilft! Aber es kommt niemand zu mir. Ich muss raus, aber das kann ich nicht. Ich kann da nicht raus gehen! Bitte, bitte kommt irgendjemand zu mir, bitte! Es kommt einfach keiner. Ich kann mich nicht bewegen, ich kann gar nichts mehr! Das Schlimmste ist jetzt gerade, dass es gar keine Chance gibt, mich umzubringen. Warum werde ich nicht erlöst? Jeder verlangt, dass ich kämpfe, aber ich will nicht mehr, ich will nicht mehr kämpfen, kämpfen, kämpfen. Wenn ich könnte, ich würde mein Zimmer anzünden und selbst darin verbrennen. Ich würde mich mit dem Bett überrollen, sodass ich keine Luft mehr bekomme... Jeder Scheißtag ist ein Kampf, und wofür mach ich das alles?

So kann ich im Veda nicht weiter betreut werden - das ist das Einzige, was mir vom Termin mit Frau Klein hängen geblieben ist. Sie müssen mich auch nicht weiter betreuen, das können sie ganz gerne mal lassen. Wenn ich alleine in einer Wohnung wäre, so wie gestern Abend: Ich hätte Medis genommen, aber 100%ig!

Ob das so gut ist, die Medis immer auch nüchternem Magen zu bekommen? Ich weiß es gerade nicht so genau. Ich weiß, ich bin ein bisschen tüddelig im Kopf wegen des Nichtessens und darauf die Medis, kommt gut. Ich sollte ein Buch schreiben, da muss die Frau mit den elektromagnetischen Schwingungen rein.

Die Tage vergehen total schnell und ich habe keinen Hunger; gestern mal kurz, aber seitdem gar nicht mehr! Gleich muss ich wieder Kalinor nehmen: unlecker aber gut fürs Herz.

Frau Fischer, die so tut, als hätten wir **so** eine gute Beziehung, die mich abschiebt in den Adipositasbereich. Ich werde nicht darin unterstützt, dass es besser wird, es wird alles immer schlimmer und schlimmer. Ich will dieses Leben im Veda nicht mehr führen! Das geht einfach nicht mehr. Ich will nicht immer die Kranke sein, die nicht arbeiten gehen kann, die nichts auf die Reihe bekommt, die vor sich hinlebt, kotzt, sich selbst verletzt und Alkohol trinkt. Die möchte ich nicht mehr sein!

Frau Stein hat gesagt, dass sie so fest an mich glaubt, das ist so schön zu hören! Das ist toll, weil das noch nie jemand zu mir gesagt hat. Im Veda glaubt doch niemand mehr an mich. Wenn ich dahin zurückkomme, werden wieder alle gucken, weil ich ja diejenige mit den Rückfällen bin und die bestimmt auch Alkohol getrunken hat. Ich bin sowieso der Asi im Veda. Ein Glück kann der Scheißverein mich nicht weiter betreuen.

Ich habe geträumt, dass ich mich umgebracht habe und es fiel so eine unendlich große Last von mir ab, das war faszinierend. Es war alles weg: das Veda und die Klinik in Mattingen. Jetzt ist die Angst vor Mattingen wieder da: dass ich das da alles nicht verstehe, weil ich zu dumm dafür bin, dass es viel schlimmere Fälle gibt als mich. Angst, nicht ernst genommen zu werden und dass die anderen Patientinnen mich hassen. Ich wollte immer dahin und jetzt bekomme ich so eine Angst.

Ich wollte einfach nicht mehr, ich wollte einfach nicht mehr leben und niemand hat mich erlöst. Herr Rielke, der Pfleger, war für mich da. Ich konnte alles rauslassen, ich habe so geheult und er hat mit mir mein Bett frisch bezogen, da dort die ganze Verzweiflung drinsteckt. Es tat gut, dass er da war und die Situation nicht dramatisiert hat.

Ich bin schon so lange hier, ich weiß gar nicht, wie lange und ich bin so bedröhnt, das ist krass. Ich glaube, irgendwas stimmt nicht mit mir. Ich habe bestimmt irgendetwas ganz Schlimmes. Vielleicht ist das auch der letzte Rest vorm Sterben, fühlt sich das immer so an? Holla die Waldfee, es geht mir ehrlich gar nicht gut, ich glaube es geht mit mir zu Ende. Ich brauche neues Wasser, aber ich weiß nicht, ob ich in der Küche ankomme. Mist, ich bekomme ein bisschen Angst um mich. Wenn ich das hier sage, muss ich anfangen zu essen und das geht nicht ohne kotzen. Und wenn ich kotze, mache ich das mit meinem Kaliumspiegel wieder kaputt, so geht das alles nicht weiter.

Musste ein paar Mal kotzen, meine Beine zittern. Ich weiß, woran das liegt. Seit drei Tagen nichts gegessen und immer nur Medikamente und Kaffee. Ich habe das Gefühl, ich bringe mich gerade damit um. Wenn die mir nachher die Medis bringen, liege ich hier bestimmt auf dem Boden. Das sind noch zwei Stunden – wie soll ich das aushalten? Mir geht's nicht gut, was soll ich nur machen? Mama und Papa anrufen? Aber die will ich jetzt auch nicht beunruhigen. Was ist, wenn ich über Nacht sterbe? Ich weiß die Hälfte vom Tag nicht mehr. Das ist gruselig. Der Pfleger war da, um mich zum Essen zu holen. Und ich hatte keine Kraft, um nach Hilfe zu fragen. Dem nächsten, der mir Brot bringt, habe ich gesagt, dass mir schwindelig ist. Blutdruck gemessen und weg. Die hassen mich hier alle. Alle Pfleger sind gegen mich. Was habe ich denen denn bitte getan?

Immer wenn die Klingel klingelt, denke ich, es ist vielleicht Besuch für mich. Es wäre toll, wenn nochmal jemand kommt vor der Nacht, um mich aufzumuntern, aber wer will denn bitte so eine gestörte Person noch besuchen? Niemand! Das Veda meldet sich nicht, Vroni nicht, niemand. Mama und Papa tun mir leid, sie haben eine gesunde Tochter verdient und nicht eine, die von Psychiatrie zu Psychiatrie hüpft. Ich bin ein so schrecklicher, schlechter, gestörter Mensch. Ich rede nicht gerade gut von mir, aber was soll ich da auch schon sagen?

Ich will gar nicht mehr nach Mattingen. Hier bleiben, bei Frau Stein sein, das ist mein einziger Wunsch. Mehr will ich nicht. Und nicht essen. Die Frage ist, wie lange das wohl mein Körper mitmacht? Frau Stein ist wirklich immer da. Sie guckt morgens, ob ich noch lebe, bringt mir mittags meine Kalinor und macht meine Verbände neu. Sie ist immer da für mich – wie niemand anderes.

Papa meinte, wir kriegen das in Mattingen wieder hin. Ich hoffe das so sehr. Ich bin vorhin auf der Toilette fast umgekippt; zu viel Anstrengung. Weiß gar nicht, wie ich die Fahrt nach in die Klinik schaffen soll. Es geht hier gerade mal liegen, sitzen, schreiben und telefonieren. Wenn ich was schreibe, habe ich das kurze Zeit später wieder vergessen, das ist abgefahren. Ich hoffe, dass ich Tavor mit in die Klinik bekomme, ich brauche mehr davon. Bin ich schon abhängig davon? So schnell?

Eigentlich will ich das alles nicht mehr. Ich will nur einschlafen. Das wäre mein Wunsch an Gott, aber ich hatte schon so viele Wünsche und nichts davon ist in Erfüllung gegangen. Niemand hilft mir dabei. Ich kann danach doch niemanden fragen. Das macht man nicht. Wenn ich über meine Gedanken rede, stecken die mich in Mattingen vielleicht eher auf die Geschlossene, oder? Ich kann mir nicht vorstellen, auf Gleise zu springen, obwohl das sicherlich nur einmal kurz wehtut und dann ist es vorbei. Bei Tabletten muss man immer gucken, dass man genug nimmt, nachher hat man nur psychische und körperliche Schäden dadurch, und Aufhängen ist auch nicht so toll. Das sind also drei Möglichkeiten, die alle nicht toll sind. Ich hätte heute Nacht gut die Tabletten stehlen können. Aber ich habe die Tavor erst gefunden, als die Frau fast zurück war. Dann wäre ich womöglich doch noch fixiert oder rausgeschmissen worden und das wollte ich beides nicht riskieren.

Ich hoffe sehr, dass sie mir für die nächsten Tage die Tavor mitgeben. Was ist, wenn ich das in Mattingen nicht mehr bekomme? Ich will nichts mehr spüren. Will nur Medis, Medis, Medis oder Alkohol. Ich bin da nicht wählerisch.

Ich habe so eine Angst, dass Frau Fischer vor der Tür steht, aber bei ihr bin ich ja eh aus dem Auge, aus dem Sinn. Bei jedem Klingeln habe ich Angst, dass sie kommt und mich anschreit. Ich muss raus

aus dem Irrenhaus, das hält man doch nicht.

Vielleicht braucht es eine endgültige Entscheidung von meiner Seite. Ich muss mich von den Suizidgedanken und den Selbstverletzungen abwenden und etwas Besseres zulassen; besser zu mir selbst sein, meinen Körper mit Nahrung versorgen, weil er es wert ist und nicht Schuld ist an meinem Leid. Er kann nichts dafür, und vielleicht sollte ich gleich heute Abend oder morgen früh damit anfangen. Na gut, am Donnerstag!

Ich habe Angst vor der neuen Klinik. Aber das kann doch nicht richtig kacke da sein, wenn man eineinhalb Jahre auf einen Platz wartet. Dann müssen sich die Menschen dort doch wohlfühlen.

Mama und Papa fahren mich nach in die Klinik, ich bin so unendlich dankbar dafür. Was wäre ich nur ohne die beiden?

Es werden andere Therapeuten in mein Leben kommen, die mit mir auf meiner Seite kämpfen. Ich muss nur die Zeit aushalten zwischen der Psychiatrie und dem Aufenthalt in Mattingen und dann zwischen Mattingen und meinem Auszug. Ich kann das, das weiß ich. Alles wird irgendwann gut, auch wenn es gerade unendlich schmerzt.

9. Klinikaufenthalt in Mattingen DBT- Programm und Auschecken aus dem Veda

14.11.2013 - 05.02. 2014

Meine Eltern haben mich heute aus Bösingen abgeholt und nach Mattingen gebracht. Der Abschied aus dem Veda war kurz und gefühlskalt. Meine Emotionen sind total abgeschaltet, wahrscheinlich durch die Medikamente. Die Station wirkt sehr freundlich auf mich, ich wurde nett begrüßt und sitze nun in meinem Zimmer. Eben habe ich angefangen, meinen Koffer auszupacken. Da ich selbst keinen großen Koffer habe, habe ich mir einen von meiner Mitbewohnerin Petra aus dem Veda ausgeliehen. Mir fiel auf, dass sie in dem Koffer alle möglichen Medikamente versteckt hat, die sie vermutlich selbst weggelassen hat. Es sind bestimmt 50 Promethazin und ein anderes Medikament, Venlaflaxin, das kenne ich noch gar nicht. Ich bin unsicher, ob ich die Tabletten abgeben soll. Wenn mir die Ärzte mein Tavor aus meinem Medikamentenplan streichen, könnten die Pillen allerdings noch hilfreich sein. Meine Angst ist nur, dass sie die Tabletten bei einer Zimmerkontrolle entdecken und ich deswegen ein großes Problem bekomme.

Jetzt habe ich die ersten Tage schon hinter mir und weiß schon ein wenig, wie es hier abläuft. Es ist alles eine Umstellung, doch ich denke, dass ich hier etwas erreichen kann.

Die Essenssituation ist eine ganz andere, da der Fokus auf das achtsame Essen gelegt wird. Dies bedeutet, dass wir während der Essenszeiten nicht miteinander reden dürfen. Wir sollen uns auf den Geschmack, das Aussehen, den Geruch des Essens konzentrieren. Dadurch ist es einfacher zu spüren, wenn man satt ist. Es wird nicht mit einem Essensplan gearbeitet. Wir sollen lernen, auf unseren Körper zu hören. Das ist für mich eine sehr große Herausforderung, da ich dieses Gefühl, satt zu sein, einfach nicht kenne. Bei mir lief alles immer entweder mit Regeln und Verboten oder nach einem Plan. Das ist eine Herausforderung aber vielleicht auch endlich ein Weg, der funktioniert. Ich führe Essensprotokoll, in dem ich neben dem, was ich gegessen habe, auch meine Gefühle vor und nach dem

Essen dokumentiere. Dieses Protokoll wird dann bei den Terminen mit meiner Bezugspflegerin besprochen.

Den ersten Termin mit ihr hatte ich schon. Sie heißt Julia und macht einen wirklich netten Eindruck. Wir haben das Protokoll der ersten Tage angesehen und sie versucht, mir einschätzen zu helfen, was normale Portionen sind. Das finde ich sehr hilfreich. Des Weiteren haben wir über mein aktuelles Befinden gesprochen. Die Termine mit ihr finden einmal die Woche statt.

Neben den Terminen mit ihr habe ich auch Einzeltherapie bei Herrn Lorenz. Er ist wirklich sehr nett und macht einen kompetenten Eindruck.

Vier Mal in der Woche findet eine Gruppensitzung statt, in der uns die Grundlagen der DBT-Therapie beigebracht werden. Da geht es um Skills, verschiedene Möglichkeiten der Gefühlsregulation und um Beziehungsgestaltung. Ich finde die Gruppe total informativ, auch wenn es mir manchmal schwerfällt, zu folgen. Es kommt mir so vor, als wenn das an den Tabletten liegt.

Nächste Woche habe ich dann auch das erste Mal Achtsamkeitsgruppe. Im Grunde geben mir die ganzen Therapien das Gefühl, hier richtig zu sein. Allerdings bin ich auch hier unsicher. Was denken die Mitpatientinnen von mir? Darf ich einfach zum Pflegepersonal gehen, wenn ich Unterstützung brauche? Mit wem darf ich über was sprechen? Dazu gibt es nämlich genaue Regeln. Es darf nicht über Symptomatik gesprochen werden, um die anderen nicht zu triggern. Das finde ich wirklich gut. Oft ist die Abgrenzung ja mein Problem. Nur weiß ich nicht, ob ich generell über Probleme sprechen darf oder ob es schon zu viel ist zu sagen, wenn ich Druck habe? Mein Perfektionismus ist wieder so stark – am allerliebsten möchte ich alles von Anfang an richtig machen.

Es war heute Visite. Der Oberarzt hat mir nicht nur das Tavor gestrichen, sondern auch noch das Seroquel rausgenommen. Als wenn ich das aus Spaß bekommen habe. Ich kann das nicht nachvollziehen. Seit der Visite zittere ich am ganzen Körper, weil es mir so schlecht damit geht. Der Gedanke daran, den Druck ohne

Tavor und Seroquel aushalten zu müssen, fühlt sich unmöglich an. Ein richtiges Problem habe ich, wenn auch noch Petras Tabletten aufgebraucht sind.

Es fühlt sich so an, als wenn niemand meine Not sieht, daher steigt mein Druck, mich selbst zu verletzen oder Alkohol zu trinken.

Nun bin ich seit zwei Wochen hier und habe noch keinen Kontakt zum Pflegepersonal aufbauen können. Das Vertrauen fehlt mir, um Hilfe zu holen. Sie kennen mich überhaupt nicht und nehmen mich nicht wahr. Muss ich mich wirklich selbst verletzen, damit sie mich sehen? Das kann doch nicht der Weg sein? Seit ich hier bin, habe ich noch keine Symptomatik gelebt, da kann ich richtig stolz auf mich sein.

Mit einigen Leuten hatte ich schon richtig nette Kontakte. Gestern, als ich so einen Druck hatte, habe ich mich für den neuen Weg entschieden. Keine Selbstverletzung und Isolation, ich habe entgegengesetzt gehandelt und war gut zu mir. Ich habe mir einen Tee gemacht, bin in den Gruppenraum gegangen und habe viel mit den anderen gelacht. Es war richtig gut, unter Leute zu gehen und nicht mit meinen Gedanken allein zu bleiben und mich da reinzusteigern.

Gerade hatte ich das erste Telefonat mit dem Veda. Frau Becker war total kalt und hat gesagt, dass ein Klärungsgespräch mit Herrn Weiß und Frau Scholz stattfinden soll, wenn ich wieder da bin. Am Arsch. Ich werde ganz sicherlich nicht mit Herrn Weiß sprechen. Wozu denn? Damit er mir wieder sagt, wie fett ich bin? Nein, das kann ich echt nicht gebrauchen. Frau Becker hat mir die Aufgabe gegeben, mir zu überlegen, was ich beruflich machen möchte. Was soll ich mir da bitte überlegen? Ich weiß genau, was ich machen möchte und wenn ich das dort nicht darf, muss ich ausziehen. Mein Druck ist nach dem Telefonat total angestiegen. Meine Symptomfreiheit hat sie angezweifelt, war doch klar. Wie bitte soll Wanda das auch hinbekommen? Die wird nie gesund! Ich muss raus aus dem Veda. Das geht da nicht mehr, eindeutig nicht.

Nach zweieinhalb Wochen gab es bei mir die erste Selbstverletzung und ich fühle mich so schlecht. Die erste Zeit habe ich mich so sehr angestrengt: die Mahlzeiten aufgegessen, keine Selbstverletzung, kein Alkohol. Doch dann kamen einige Punkte, die mich unter Druck gesetzt haben. Eine Mitpatientin hat mir ziemlich detailliert von ihrer Symptomatik erzählt und beim Essen hat eine andere Patientin, Rosi, so dissoziiert, dass sie angefangen hat zu krampfen. Es war so eine Unruhe, so eine Anspannung im Raum. Einige haben geschrien, andere sind rausgelaufen und ich war wie erstarrt und mein Druck stieg immer mehr an. Da das ganze Personal damit beschäftigt war, Rosi zu versorgen und sich um die anderen Patientinnen zu kümmern, wollte ich mich nicht auch noch zumuten. Nach meiner Selbstverletzung hatte ich große Angst, das den PflegerInnen zu sagen. Was denken die jetzt von mir? Geben sie mich auf? Mein Eindruck ist, dass Schwester Julia jetzt richtig sauer auf mich ist. Da ich die Selbstverletzung erst am nächsten Tag bekannt gegeben habe, wies sie mich darauf hin, dass es die Stationsregel ist, es sofort zu sagen. Sie war so kalt und abweisend. Die Beziehung ist nun auch wieder im Arsch. Eigentlich kann ich direkt abreisen. Was ergibt das alles für einen Sinn?

Nach der Selbstverletzung musste ich eine Verhaltensanalyse schreiben - anderthalb Stunden „Time-Out". Das bedeutet, dass ich alleine für mich bin und die Analyse ausfülle. Bevor dies geschehen ist, sprechen weder TherapeutInnen noch PflegerInnen mit mir über die Auslöser. Das Vorgehen ist echt gut, da wir dadurch nicht Extra-Aufmerksamkeit bekommen, wenn wir Symptomatik gelebt haben. Die Verhaltensanalyse habe ich hinterher mit Herrn Lorenz im Einzelgespräch in Ruhe besprochen, was ganz gut war. Wir haben außerdem viel über das Veda und die Vorkommnisse der letzten Monate gesprochen. Er war teilweise, glaube ich, wirklich schockiert über das, was passiert ist. Ich habe keine Ahnung, wie es mit mir nach der Klinik weitergehen kann. Ich kann ich mir nicht vorstellen, in eine neue Einrichtung zu ziehen. Ich würde mir so sehr wünschen, einen Weg zu finden, alleine klarzukommen. Ohne Unterstützung.

Dezember 2013
Durch meine Selbstverletzung ist eindeutig die Hemmschwelle weg. Das kann doch nicht wahr sein, dass es hier nun auch so ist. Meine Zimmernachbarin ist auf die geschlossene Station gekommen, dadurch war ich alleine auf meinem Zimmer. Die Situation habe ich ausgenutzt und Sekt getrunken. Davon hatte ich nichts außer einem schlechten Gewissen, weil ich das Gefühl habe, nicht mehr im Therapieprozess und im Kontakt zu sein. Meine Hoffnung in den Sekt war groß, aber ich fühle mich eher schlechter als besser. Das bringt doch alles nichts. Zum Glück musste ich nicht pusten.

Das heutige Gespräch mit Herrn Lorenz war richtig gut und mein Druck ist deutlich weniger geworden. Er glaubt an mich, findet, dass ich meine Sache gut mache, und unterstützt, dass ich wieder arbeiten will. Des Öfteren hat er mich heute gefragt, ob die Gedanken, die ich habe, hilfreich sind. Da merkte ich immer wieder, dass sie es nicht sind und mich kein Stück weiterbringen; außer in eine Schleife, die mich nach unten zieht. Wichtig ist, diese Gedanken zu erkennen und dann zu stoppen. Mit Herrn Lorenz kann ich weiterkommen, das spüre ich. Er validiert mich und er zeigt mir auf, was ich hinbekomme. Sein Wunsch ist, dass ich mich noch mehr traue, mir in brenzligen Situationen die Hilfe beim Pflegepersonal zu holen. Er hat gesagt, dass Schwester Julia lobend von mir gesprochen hat und dass alle sehen, wie sehr ich gegen die alten Verhaltensweisen ankämpfe. Das Gespräch war so gut. Was würde er nur von mir denken, wenn er wüsste, dass ich Alkohol getrunken habe?

Schon wieder bin ich in einer Alkoholschleife. Warum kann ich das nicht lassen? Es gelingt mir nicht, damit aufzuhören. Und dann wieder die Fragen: Wo entsorge ich die Flaschen? Bekommt das jemand mit? Muss ich pusten? Was passiert dann mit mir? Muss ich gehen? Auf der einen Seite macht der Alkohol ein gutes Gefühl: betrunken sein, nichts mehr spüren, die Leichtigkeit. Auf der anderen Seite sind die Ängste.
Schwester Julia hat gesagt, dass ich mir ihr sprechen soll, wenn ich

mich verletzt oder Alkohol getrunken habe. Wissen die Bescheid? Es macht echt den Eindruck, da sie mich gestern pusten lassen haben und da Julia das heute so explizit gesagt hat. Haben meine Mitpatientinnen Ina oder Jacky das vielleicht doch gemerkt und gesagt?

Der Oberarzt hat mich zum Glück bei der Visite nicht auf den Alkohol angesprochen. Sie werden mich wahrscheinlich nun aber genauer beobachten, ich sollte vorsichtiger sein.

Meine Selbstverletzung war heute so tief, dass sie genäht werden musste. Mich hat schockiert, dass ich keinen Schmerz gespürt habe, gar nicht. Der Druck war so extrem, dass ich überhaupt nichts mehr wahrgenommen habe. Schwester Sarah hat mich direkt mit dem Fahrdienst ins Klinikum geschickt. Die waren dort nicht gerade freundlich, aber was erwarte ich? Dass sie Lust haben, ständig die Scheiße auszubaden, die sich die Patientinnen selber einbrocken? Um mich selbst zu bestrafen, wollte ich hinsehen, wie die Schnitte genäht werden. Leider bin ich dabei dann auch noch ohnmächtig geworden und habe mich damit zusätzlich auch noch blamiert.

Mein Druck zu trinken steigt und ich gebe dem, doof wie ich bin, immer mehr nach. Als ich Heike, einer Mitpatientin, davon erzählte, dass ich so Lust hatte, zu trinken, hat sie mich darum gebeten, ihr Bescheid zu geben und dass sie dabei wäre. Klasse oder? Das ist der Anfang vom Ende und das weiß ich schon jetzt. Letzte Woche gab es einen Abend, an den ich mich nicht mehr erinnern kann, weil ich so betrunken war. Hallo? Und das hier in der Klinik. Das Schlimmste habe ich allerdings gestern gebracht. Dafür hasse und verurteile ich mich. In meinem Schrank war noch eine „Sicherheitsflasche" Wein *(ich fühle mich sicher, wenn etwas da ist, womit ich meinen Druck reduzieren kann, sei es Alkohol, Essen oder Rasierklingen).* Dann bekam ich irgendwie Panik, dass eine Zimmerkontrolle gemacht wird, da die Stimmung auf der Station so angespannt war. Daher bin ich mit der Flasche rausgegangen und wollte sie vernichten. Ich dachte, bevor ich den guten Wein komplett wegschmeiße, trinke ich ein paar Schlucke davon. Leider konnte ich nicht aufhören und habe die komplette Flasche getrunken, morgens um zehn Uhr. Was für eine beschissene Idee. Vor allem, da Herr Lorenz mir extra an diesem Tag noch einen Einzeltermin gegeben hat. An das Einzelgespräch und den ganzen Tag kann ich mich kaum erinnern und wieder mal hatte ich ein wahnsinniges Glück, dass es niemandem aufgefallen ist.

Nach der Aktion habe ich mich so geärgert, dass ich darauf erstmal einen trinken musste. Heike und ich waren auf dem Weihnachtsmarkt und haben hinterher noch was beim Lidl gekauft. Wir waren beide so dermaßen betrunken. Mir ging es mehrere Tage danach nicht gut, weil ich den Eindruck hatte, dass meine Zimmernachbarin das gemerkt und es gemeldet hat. An dem Verhalten des Personal meinte ich zu merken, dass alle sauer auf mich sind. Wie soll es auch anders sein, ehrlich? Sie haben jeden Grund dazu. Weil ich es verkacke, immer wieder.
Scheinbar hat sie doch nichts gemeldet. In der Visite wurde nichts gesagt. Wie lange geht dieses Versteckspiel noch gut?

Januar + Februar 2014
Das Jahr ist schon jetzt zum Scheitern verurteilt. Warum schaffe ich das eigentlich schon immer an Silvester? Dabei war meine Vorfreude so groß, da ich mit Ida feiern durfte.
Um mich einzustimmen hatte ich geplant, auf der Fahrt ein bisschen Sekt vorzutrinken. Wieder einmal habe ich es nicht geschafft aufzuhören. Als ich bei Ida ankam, war ich daher schon sehr betrunken. Leider habe ich in dem Zustand alle möglichen Leute angerufen, unter anderem auch in der Klinik bei der Nachtschwester. Ida und ich haben versucht, das Beste aus dem Abend zu machen, doch ich habe mich wahnsinnig geschämt und spürte ihre Enttäuschung so sehr. Am nächsten Tag bin ich mit einem unheimlichen Druck wieder in die Klinik gefahren. Erst dort erfuhr ich, dass sie durch meinen Anruf von der Geschichte wussten.

Deswegen habe ich nun eine Woche Ausgangssperre. Wie soll ich mir das nur wieder verzeihen? Ich habe das Gefühl, dass immer und immer mehr auf die Liste der Dinge kommt, die ich an mir hasse und für die ich mich verurteile. Wie soll ich da lernen, irgendwann gut zu mir zu sein? Ida ist als Freundin weg, meine Familie ist sauer, in der Klinik hassen mich alle. Niemand interessiert sich für mich und allen ist es egal, wie es mir mit der Ausgangssperre geht. Der Oberarzt fragte mich in der Visite, ob ich ein Alkoholproblem habe. Die Geschichte von Silvester löst einen unheimlichen Druck in mir aus, den ich betäuben möchte. Was bringt es mir zu trinken, wenn ich mich so ärgere, dass ich getrunken habe? Das ergibt keinen Sinn, absolut nicht. Und doch ist dieser Druck da.

In der Therapie von Herrn Lorenz komme ich wirklich weiter. Wir haben festgelegt, dass es nicht gut ist, im Veda zu bleiben und dass ich hier ein Gespräch mit Frau Fischer führen werde. Mein Gefühl ist, dass ich an ganz wesentliche Punkte komme. Wir sprechen viel über das innere Kind in mir; über die kleine Wanda und das, was sie braucht. Ich schreibe regelmäßig Gefühlsprotokolle, wenn die Gefühle zu stark werden, und esse ziemlich regelmäßig, ohne zu erbrechen. Mit drei Mitpatientinnen verstehe ich mich richtig gut. Wir sind viel gemeinsam in der Stadt, sitzen am Abend zusammen und können uns toll unterhalten.
Das, was mir nach wie vor Sorgen macht, ist mein Trinkverhalten. Langsam frage ich mich, ob ich da wirklich Unterstützung brauche. In den letzten zwei Wochen war es so, dass ich jeden Abend drei Flaschen Piccolo getrunken habe. Das bedeutet jeden Tag Angst, erwischt zu werden, und das beginnt schon beim Einkaufen. Ich laufe durch den ganzen Laden, schaue, ob jemand da ist, der mich kennt und wenn das nicht der Fall ist, schnappe ich mir schnell meine Flaschen und gehe an die Kasse. Sobald sie an der Kasse eingebont sind, stecke ich sie in meine Tasche und bezahle hinterher: schnell verschwinden lassen, falls jemand reinkommt, den ich kenne. Es folgt ein Gefühl der Sicherheit, da ich den Alkohol bei mir habe, nun muss ich nur noch unbemerkt in die Klinik kommen. Ich habe große

Angst, dass mich jemand fragt, wo ich war. Bei Schwester Julia kann das zum Beispiel schnell passieren. Also verschwinde ich schnell in mein Zimmer, lege die Piccoloflaschen in mein Versteck, meine Kulturtasche, und bin erleichtert, weil alles gut geklappt hat.

Gestern kam wirklich Schwester Julia kurz darauf und fragte mich, ob ich etwas abzugeben habe. Dann ging das Karussell in meinem Kopf wieder los. „Hat mich doch jemand gesehen? Haben die Flaschen geklappert, als ich reingekommen bin?" Innerlich war ich so aufgewühlt, habe aber sehr ruhig geantwortet. Wahnsinn, wie ich das immer schaffe. Sie meinte, dass sie sich nur wundert, weil ich jeden Abend rausgehe und sie sich fragt, wo ich immer hingehe. Es ist echt katastrophal, dass ich mich immer wieder in solche Situationen bringe.

Es ist krass. Ich spüre so eine unheimliche Erleichterung und Freude. Heute war Frau Fischer hier, doch sie ist nicht der Grund für mein Hoch. Wir hatten ein gemeinsames Gespräch mit Schwester Julia. Frau Fischer hat mit mir gesprochen wie immer; die alten Geschichten. Ich sei ja so gestört und dass wir noch fünf Jahre gemeinsam brauchen. Laut ihrer Aussage braucht man zehn Jahre, um die Borderlinestörung zu „besiegen" und wenn ich jetzt die Einrichtung wechsele, fange ich wieder bei null an. Dann ging es natürlich noch um meine Arbeit und dass ich sie niemals ausüben kann.

Irgendwann hat Schwester Julia Frau Fischer gebeten, den Raum zu verlassen. Selbst das hat mich schon total beeindruckt und gleichzeitig gefreut. Das würde sich in Bösingen niemals jemand trauen, die Angst vor ihrer Reaktion wäre viel zu groß. Doch dann kam das Beste. Schwester Julia war schockiert darüber, wie Frau Fischer mit mir redet. Man konnte ihr richtig anmerken, wie erschrocken sie darüber war. Sie sagte dann, dass sie zu hundert Prozent davon überzeugt ist, dass ich es schaffe, ein eigenständiges Leben aufzubauen, und dass ich das Veda dafür nicht brauche. Und dann kam das Heftigste: Sie hat gesagt, dass sie selbst eine Bulimie hatte, jetzt diesen Beruf ausübt und daran glaubt, dass auch ich das schaffe. Mir hat das so viel Hoffnung gegeben. Jetzt werde ich kämpfen, aber so richtig.

Anschließend habe ich direkt einen Termin bei der Sozialarbeiterin gemacht, um mit ihr zu schauen, wie es für mich weitergehen kann.

Der Kontakt zu der Sozialarbeiterin ist total hilfreich. Da ich gern wieder Richtung Heimat möchte, aber nicht direkt nach Hause, haben wir geschaut, was in der Nähe möglich ist. In Hammen gibt es ambulant betreute Wohngemeinschaften. Den ersten Kontakt haben wir bereits aufgenommen. Da es dort keine Spezialisierung auf meine Problematiken gibt, schaue ich nun, was ich zusätzlich als Unterstützung benötige. Es tut so gut, endlich **wirklich** an meinem Auszug zu arbeiten.

Nun ist schon bald meine Entlassung. Sehr froh bin ich darüber, dass ich jetzt endlich plane, aus dem Veda rauszukommen. Das fühlt sich gut an. Trotz meiner Symptomatik, die ich hier gelebt habe, und den Ablenkungsstrategien durch den Alkohol habe ich wirklich sehr viel gelernt.

Was mir besonders geholfen hat:

Die Einzelgespräche mit Herrn Lorenz und Schwester Julia, die mir wirklich Mut und Hoffnung auf eine bessere Zukunft gemacht haben. Sie haben mir das Gefühl gegeben, dass ich in meinem Leben noch was erreichen kann. Das ist sehr wertvoll.

Das erste Mal seit fünf Jahren ernähre ich mich nicht nach einem vorgegebenen Essensplan, sondern versuche immer mehr, auf mein Gefühl und meinen Körper zu hören. Ich habe aufgehört, Kalorien zu zählen. Das Essenstagebuch zeigt mir auf, ob ich aufgrund von Emotionen esse oder essen möchte oder der Körper Nahrung braucht. In der letzten Zeit hatte ich keine bulimischen Rückfälle mehr und mein Gewicht ist stabil geblieben.

In der Gruppe haben wir viel über Emotionen gelernt. Was gibt es für Emotionen? Wie machen sie sich körperlich bemerkbar? Das Schreiben von Gefühlsprotokollen hat mich sehr unterstützt. In diesen Protokollen geht es darum, zu erkennen, welche Gefühle gerade da sind, wie sie sich körperlich bemerkbar machen und was auf der kognitiven Ebene passiert. Im Anschluss schreibt man seine Handlungstendenzen in der Situation und ihre Vor- und Nachteile auf. Am Schluss hält man fest, was man sich als Handlung wünscht, wenn das Gefühl beim nächsten Mal aufkommt. Dadurch lerne ich immer mehr, meine Gefühle wahrzunehmen und sie auseinanderzuhalten. Vor dem Aufenthalt war es sehr schwer, das für mich zu benennen. Es war immer einfach nur Druck da.

Richtig hilfreich waren für mich die Verhaltensanalysen, die wir nach einer Selbstverletzung schreiben mussten. Dafür bekamen wir anderthalb Stunden Zeit und haben folgende Fragen beantwortet: Was passierte alles vor der Selbstverletzung, was den Druck so stark hat ansteigen lassen? Welche Gefühle haben diese Situationen ausgelöst, welche Grundannahmen wurden damit bestätigt? Wie ging es mir körperlich? War ich vielleicht anfälliger aufgrund von schlechtem Schlaf etc.? Anschließend beschreibt man genau, wie man sich selbst verletzt hat, wie man sich dabei fühlte. Am Schluss schreibt man jeweils die langfristigen und kurzfristigen Konsequenzen der Selbstschädigung auf. Es war gut, mich selbst zu reflektieren, da ich die Chance bekommen habe, mich und meine destruktiven Verhaltensweisen immer besser kennenzulernen.

Als eine weitere wichtige Sache in der Therapie habe ich die Diary-Card empfunden. Dort hält man täglich fest, wie stark der Druck war, sich selbst zu verletzen, sich zu übergeben oder Alkohol zu trinken und ob man dem Druck nachgegeben hat. Außerdem dokumentiert man, wie man geschlafen hat, ob man kurz vor der Menstruation steht *(in diesen Zeiten neigt man dazu, emotionaler zu sein)* oder Skills benutzt hat. Jeden Tag schreibt man auch eine positive Erfahrung auf.
Eine sehr wichtige Sache, die ich erlernt habe ist das **richtige** Anwenden von Skills. Schon in Bösingen habe ich einige Skills kennengelernt, sie jedoch nicht richtig „benutzt". Es ist wichtig, dass

man für sich die richtigen Skills findet. Das Allerwichtigste bei der Durchführung von Skills ist die Achtsamkeit. Wenn man sich zum Beispiel für den Skill „Chilischote" entscheidet, legt man sie auf die Zunge und beschreibt dann ganz genau: Wie fühlt sich die Chilischote auf meiner Zunge an? Was schmecke ich? Was passiert in meinem Mund (der Speichel sammelt sich etc.)? Wichtig ist, nicht zu bewerten, sondern **nur** zu beschreiben. Für mich war es sehr hilfreich, mit dem Pflegepersonal gemeinsam Skills anzuwenden, da sie mich dabei unterstützt haben, bei der Sache zu bleiben. Wenn sich Essanfälle ankündigen, sind für mich Chilischoten, Wasabipaste und scharfe Bonbons hilfreiche Skills. Wenn ich den Druck zur Selbstverletzung habe, helfen Skills, die einen Reiz auf der Haut auslösen, wie zum Beispiel ein Wärmepflaster oder Finalgon-Creme, die sehr stark auf der Haut brennt. In den unterschiedlichen Anspannungsstufen helfen unterschiedliche Skills. Es ist wichtig, einschätzen zu lernen, was wann hilft.

Mein Wunsch ist, dass ich vieles davon in der Zukunft nutzen kann und werde.

Die Ablösung vom Veda

Nun bin ich zurück in Bösingen und frage mich, ob ich wirklich in eine Suchtklinik gehen sollte. In der letzten Zeit in Mattingen habe ich weiterhin täglich drei Flaschen Piccolo getrunken. Ich bin fast froh, dass es nicht mehr zu so einem Total-Absturz gekommen ist und ich dort noch Stress bekommen habe. Zum Glück konnte ich da im Guten gehen und habe auch die Zusage, dass ich im Herbst wieder aufgenommen werden kann, wenn ich es in Hammen nicht schaffe. Hier geht es leider mit dem Alkohol so weiter. Die Einzige, mit der ich darüber sprechen kann, ist Frau Lehmann aus der ambulanten Skillsgruppe. Ihr musste ich versprechen, dass ich mir eine Suchtberatung suche, da sie meine Idee, den Entzug bei meiner Schwester zu machen, nicht gut fand. Ich bin aber immer noch nicht sicher, ob ich wirklich einen Entzug brauche.

Jetzt war ich zum Gespräch auf der Suchtstation der Psychiatrie und kann es nicht glauben. Die haben mir ernsthaft gesagt, dass ich erst in ein paar Wochen aufgenommen werden kann und es wichtig ist, dass ich bis dahin weiter trinke. Das Aufhören wäre lebensbedrohlich, da es bei einem Entzug zu einem epileptischen Anfall oder zu einem Alkoholdelir kommen kann. Mir hat das wahnsinnige Angst gemacht. Nach dem, was mir die Pflegerin über Alkoholabhängigkeit erzählt hat, bin ich überzeugt davon, dass ich keinen Entzug brauche. Ich werde es schaffen und höre auf zu trinken. Sofort!

Nun habe ich bereits seit fünf Tagen nichts getrunken und es macht mich so stolz, das sagen zu können. Es fühlt sich schon an wie drei Monate ohne Alkohol. Mir ist klar, dass es ein Kampf ist, und dass ich ihn noch nicht gewonnen habe. Immer wieder kommt die Angst, dass ich umkippe. Dann fange ich an zu zittern, mir wird auf einmal ganz warm, dann ganz kalt. Teilweise bekomme ich Herzrasen und auf einmal das Gefühl, keine Luft mehr zu bekommen. So, als wenn mein Schal zu eng ist. Meine Angst ist groß, dass ich es nicht schaffe, durchzuhalten. Frau Lehmann war sehr stolz auf mich, dass ich die fünf Tage geschafft habe. Wenn ich noch eine Woche durchhalte, darf ich wieder in die Skillsgruppe kommen; das motiviert. Sie fragte mich, was ich durch das Trinken vergessen oder verdrängen möchte. Es fängt mit der Angst vor der Zukunft an. Was ist, wenn die Einrichtung nicht die richtige für mich ist? Wenn die Leute mich dort nicht mögen, mich ablehnen? Wenn ich auf einmal ganz alleine in Hammen bin und niemanden kenne? Und ich es wirklich nicht schaffe, zu arbeiten und gleichzeitig meine Symptomatik in den Griff zu bekommen?

Die letzten Tage waren total aufregend. Zuerst hatte ich in der Einrichtung in Hammen ein Gespräch, damit wir uns kennenlernen. Der Einrichtungsleiter hat so entspannt und freundlich gewirkt, es hat sofort zwischen uns harmoniert. Im Mai wird ein Platz in einer Wohngemeinschaft frei, dort kann ich einziehen. Die Betreuung dort ist viel lockerer als im Veda, doch das möchte ich ja auch. Einmal in der Woche habe ich ein Einzelgespräch mit der Betreuerin, und es findet wöchentlich eine WG-Sitzung statt, bei der wir alles besprechen können, was das Zusammenwohnen oder uns persönlich betrifft. Wenn ich außerhalb dieser Termine etwas brauche, kann ich die BetreuerInnen anrufen oder ins Büro kommen, um mit ihnen zu sprechen. Abgesehen davon gibt es Angebote wie Kochen etc. innerhalb der Einrichtung. Das Konzept hat mich wirklich überzeugt, daher habe ich einen Antrag auf Kostenübernahme bei meinem Amt gestellt.

Nach dem Treffen hatte ich noch ein Gespräch mit Dieter *(Einrichtungsleiter des Wohnheimes, in dem ich meine Ausbildung gemacht habe)*. Ihn hatte ich per Mail gefragt, ob er einen Job für mich hat. Es gibt tatsächlich eine Perspektive für mich, da eine Mitarbeiterin aus meiner ehemaligen Gruppe erkrankt ist und länger ausfällt. Es kommt alles so, wie es kommen soll, und gerade wird alles richtig gut.

Die Ernüchterung kam im Veda, als Frau Fischer mir gesagt hat, dass ich das mit dem Job vergessen kann. Von ihr lasse ich mir nichts mehr sagen, ganz ehrlich nicht. Mein Druck ist so gestiegen, und ich habe wieder einmal nachgegeben und die Situation mit Alkohol gelöst. Meinem Körper ging es direkt besser, der Blutdruck ist gesunken. Frau Lehmann war so stolz auf mich, dass ich das so gut hinbekommen habe und nun das. In Verbindung mit dem Scheißalkohol kommt es dann direkt wieder zu Essanfällen, weil mir alles egal wird. Immerhin schaffe ich es, mich nicht zu verletzen. Darauf bin ich wirklich stolz.

In den letzten zwei Wochen habe ich richtig viel geschafft. Es ist mir gelungen, den Alkoholkonsum und das Erbrechen nach etwas über einer Woche wieder zu beenden. Seitdem habe ich ein viel besseres Gefühl. Mein Essverhalten habe ich von dem Aufenthalt in Mattingen beibehalten. Es sind die gleichen Mengen, und damit fühle ich mich wirklich okay. Das Gewicht ist konstant, also kann es nicht zu viel sein. Ich habe ganz viele Therapeuten in Hammen angerufen und endlich jemanden gefunden, der einen Platz für mich hat. Dort habe ich nächste Woche das erste Gespräch zum Kennenlernen.

März 2014

Meine Planungen werden immer konkreter, das freut mich total. Ab Mitte März kann ich in Tolsdorf anfangen zu arbeiten. In den ersten anderthalb Monaten werde ich vom Veda aus dort hinfahren. Mein Dienstplan wird so gestaltet, dass ich immer drei bis vier Tage am Stück arbeite, damit ich in dieser Zeit bei meinen Eltern übernachten kann und sich die Fahrt lohnt. Jetzt habe ich einige Anträge für meine Zeit in Hammen losgeschickt: für die Erstausstattung meines Zimmers, für Wohngeld und für die Betreuung. Das ist viel Bürokratie, aber ich bin unendlich froh, dass es endlich weiter geht. Frau Fischer hat sich damit abgefunden, dass ich zuerst von hier aus zur Arbeit fahren werde. Was soll sie schon sagen? Ende April bin ich hier sowieso weg.

Der Job in Tolsdorf macht mir sehr viel Spaß. Es tut so gut, wieder da zu sein – nützlich, hilfreich und unter normalen Menschen. Ein bisschen Angst habe ich davor, dass meine KollegInnen sauer sind, weil ich solche Extras in meinem Dienstplan bekomme. Momentan ist es einfach nicht anders machbar.

April 2014

Meine Kündigung ans Veda ist bei Frau Fischer auf dem Schreibtisch; was für ein unglaubliches Gefühl! In dem letzten Monat, den ich hier noch habe, bin ich durch die anstehende Chorreise und meine Arbeit kaum hier. Es ist für mich gerade sehr schwer, es im Veda auszuhalten. Das liegt wahrscheinlich daran, dass ich bald weg bin, und das Gefühl habe, nicht mehr über meine Probleme reden zu können. Bald muss ich es auch ohne die

Betreuerinnen schaffen, was soll ich denn hier noch groß besprechen und bearbeiten?

Sehr froh bin ich darüber, dass ich einen Therapeuten in Hammen gefunden habe. Er ist wirklich richtig nett und ich fühle mich dort gut aufgehoben. Wir haben uns jetzt auf einen größeren Abstand zwischen den Terminen geeinigt und darauf, mit der Therapie richtig zu starten, wenn ich in Hammen wohne. Damit erspare ich mir noch mehr Planerei und Fahrerei.

Mittlerweile bin ich ziemlich kaputt von der ganzen Organisation. Das Amt hat meine Betreuung in Hammen noch nicht genehmigt. Was ist, wenn ich wieder ohne Wohnung dastehe? Ohne Kostenzusage? Was ist, wenn sie mir durch all das, was sie vom Veda über mich gehört haben, nicht zutrauen, dass ich es mit so wenig Betreuung hinbekommen kann? Wenn die Zusage kommt, aber das noch dauert? Was mache ich, wenn ich dann noch nicht in die Wohnung kann?
Es wäre nicht gut, wenn ich dann in der Zeit komplett zu meinen Eltern ziehen müsste. Ich fühle mich mit alledem so alleine. Mama und Papa haben gerade mit Laras Befinden zu tun und ich möchte nicht zusätzliche Ansprüche stellen. Abgesehen davon habe ich den Eindruck, dass von mir erwartet wird, für Lara da zu sein, doch das kann ich gerade nicht. Mir geht es selbst nicht gut, und ich bin überfordert. Woher soll ich die Kraft nehmen, Lara zu unterstützen? Die Einrichtung in Hammen meldet sich nicht zurück, ich habe noch keine Möbel und mit jedem Tag, an dem mein Auszug näher rückt, steigt mein Druck.

Gestern habe ich mit Lara telefoniert: Nun geht sie wirklich in eine Klinik. Sie hat mir erzählt, dass sie ihre ganze Wohnung auf Vordermann gebracht hat, weil sie nicht weiß, ob sie wiederkommen wird. Der Grund dafür ist, dass sie sehr starkes Herzrasen und das Gefühl hat, dass sie nicht mehr lange macht. Abschließend sagte sie, dass Gott seine Liebsten einfach immer gerne sehr nah bei sich haben will. Warum redet sie so? Mir macht das große Angst, ich will sie nicht verlieren!

In diesem momentanen Chaos ist Essen meine „Medizin" gegen Wut und Angst. Es beruhigt mich. Früher habe ich dann gekotzt, was ich nun nicht mehr mache. Dafür habe ich jetzt auch drei Kilo zugenommen, das beruhigt mich dann wieder nicht. Diese innere Anspannung und gleichzeitig das Loch, das ich mit Essen zu stopfen versuche. Ich fühle mich so fett. Leider ist es mittlerweile nicht nur noch ein Gefühl, ich **bin** einfach fett. Das kann ich nicht mehr schönreden.

Über Ostern war ich zu Hause und ich sage nur „Frohe Ostern!". Es gab eine riesengroße Eskalation zwischen Lara und mir. Sie hat mir die schönsten Geschichten aufgetischt, als ich sie gefragt habe, ob sie momentan trinkt. „Wanda, ich war im Netto, hatte eine Flasche Sekt in der Hand, aber ich habe sie wieder weggestellt. Ich war **so** stark." Bei dieser ausführlichen Beschreibung bin ich davon ausgegangen, dass es stimmt und habe sie sehr gelobt; ich war richtig stolz auf sie. Kurze Zeit später sitzt sie da und trinkt. Und das mit den Worten: „Ich trinke mir halt einfach gerade mein Leben schön." Daraufhin bin ich gegangen und habe fürchterlich geweint.
Was passiert in ihrem Kopf? Was sind ihre Gedankengänge? Warum kenne ich sie nicht mehr?
Irgendwann ist sie dann zu mir gekommen. Ich habe versucht, zu erklären, was bei mir los ist, und dass ich nicht verstehe, warum sie mir so viel Mist erzählt und nicht ehrlich ist. Dann hat sie gesagt, dass sie nun ehrlich zu mir sein will und mir daher erzählen will, dass sie seit 2004 an Bulimie erkrankt ist. Es hat mich so schockiert! Es war wie ein Schlag in die Fresse! Ich bin rausgelaufen, habe geweint und konnte mich kaum noch auf den Beinen halten. Zum Glück ist Papa gekommen, hat mich untergehakt und mir geholfen, mich hinzusetzen. Er hat mich gefragt, ob ich das mit der Bulimie nicht wusste. Ganz ehrlich? Wie naiv bin ich eigentlich? Es war immer wieder Thema. Immer wieder hatte ich die Befürchtung, aber

es nicht wahrhaben wollen. Wie oft hat sie mir gesagt, dass ich der Mensch bin, der alles von ihr weiß, der sie in- und auswendig kennt? Nichts ist davon übriggeblieben, gar nichts. Was ist das für eine schräge Geschichte? Sie kommt mich in der Klinik besuchen, fährt heim und lebt ihre eigene Essstörung locker weiter? Sie hat mich nach Strich und Faden verarscht. Was sie nicht alles für Ideen hatte! Das fängt schon an bei dem Entzug, den ich bei ihr machen sollte. Hätten wir gut zusammen machen können, was?

So langsam ist für mich Aufbruchstimmung im Veda. Momentan versuche ich, mir immer wieder bewusst zu machen, warum es gut ist, zu gehen. Dies mache ich ein wenig mit Abwertung der Betreuerinnen und Mitbewohnerinnen, aber auch mit dem Blick auf die essgestörten Aussagen der anderen. Damit geht es mir besser, als wenn ich auf das schaue, was mir das Veda gegeben hat. Es soll nicht zu sehr schmerzen.

Mein letztes Gespräch bei Frau Lehmann war sehr gut. Voller Stolz konnte ich ihr sagen, dass ich seit acht Wochen keinen Tropfen Alkohol getrunken habe. Dann habe ich viel von Lara erzählt und von meiner Angst, dass ich sie jetzt verloren habe. Sie fand die ganze Geschichte von Ostern heftig, hat mich aber dafür gelobt, wie toll ich das ohne Symptomatik hinbekommen habe.

Mein Gewicht ist ernsthaft jetzt bei 90 Kilo. Ich muss dringend was verändern, so klappt das nicht mehr. Mein Gefühl ist so schlecht, grausam. In den nächsten zwei Wochen werde ich mich nicht wiegen und versuchen, wieder in ein geregeltes Essen zu kommen, ohne Frustessen. Vielleicht normalisiert sich das dann.

Heute ist mein Abschied aus dem Veda. Ich tausche Sicherheit gegen Unsicherheit. Das macht mir gerade große Angst, und ich weiß nicht, wie ich mit dieser Angst umgehen soll. Mein Druck auf dem Herzen ist groß! Kaum auszuhalten! Mir fällt es **doch** schwerer, mich zu verabschieden, als ich gedacht habe.

Der Abschied war in Ordnung. Mit meinen Mädels hatte ich einen wunderbaren Abend, das kann ich nicht anders sagen. In der Mittwochsrunde gab es nicht den klassischen Abschied, weil ich gegen den Rat des Vedas gehe. Sehr stumpf! Frau Fischer hat mir ein Poster von Bösingen geschenkt und mir nochmal gesagt, wie sehr sie es bedauert, dass ich all die Jahre wegwerfe. Wir hätten so viel erreichen können.

Ich kann jederzeit wiederkommen. Nein, danke!!

10. Hammen, ambulante Betreuung in einer Wohngemeinschaft
Mai 2014

Nun bin ich in Hammen, der Umzug hat gut geklappt. Ich bin sehr froh darüber, dass ich in die Wohnung kann, bevor die Kostenzusage da ist. Gerade geht es mir nicht wirklich gut, weil ich eine große Überforderung und Angst verspüre. Was ist, wenn ich keine Kostenzusage bekomme? Wo soll ich denn dann hin? Momentan stehen in meinem Zimmer nur meine Kartons und eine Matratze, da ich noch keine Möbel habe. Mich deprimiert das alles. Bei der Arbeit habe ich gerade Stress mit der Gruppenleitung, weil ich immer alles alleine mache und sie sich nur vor dem PC aufhält. Kann man das Stress nennen? Eigentlich habe ich den inneren Stress mit ihr, kann das aber nicht kommunizieren. Schon so oft ist es zum Ausleben der Symptomatik gekommen, da ich meinen Frust nicht dort loswerden konnte, wo er herkam.

Neben dieser Problematik habe ich Angst, dass es hier mit der Essstörung wieder schlimmer wird. Momentan fühle ich mich in meinem Körper so unwohl, und mir ist ständig so übel, dass ich nicht essen mag. Ich fühle mich wahnsinnig alleine. Hier kenne ich niemanden, Lara fällt als Schwester und Freundin weg und Mama und Papa müssen sich von den letzten anstrengenden Wochen erholen.

Heute Morgen war meine Betreuerin Renate fünfzehn Minuten da und hat davon zehn Minuten nur von sich gesprochen; das ist keine Unterstützung.

Ein großes Problem ist wieder einmal die Sauberkeit der Wohnung. Es ist alles so ekelig. Die Waschmaschine und die Spülmaschine stinken, und ich muss in der Küche alles sauber machen, bevor ich etwas benutze. Manche Sachen werden gar nicht mehr sauber. Es fängt schon wieder an wie in Drensburg, dass es deswegen mit dem Essen schwer ist. In diese Bude kann ich echt niemanden einladen, das ist einfach nur unangenehm. Hier ist so viel Dreck und Schmutz, dass ich gar nicht weiß, wie ich das alles sauber machen soll. Bisher habe ich nur von der Küche berichtet, da das ja immer mein wichtigster Raum ist. Leider sehen die anderen Räume nicht anders aus. Auf dem Balkon liegt Müll ohne Ende, das Wohnzimmer ist vollkommen verstaubt und hinter dem Sofa ist auch Müll. Warum hebt man das nicht auf und wirft es weg? Ich kann das nicht, ehrlich nicht. Immerhin fühle ich mich in meinem eigenen Zimmer relativ wohl, da ich dort wenigstens weiß, dass es sauber ist. Da habe ich immer eine Duftkerze an, damit ich den Gestank aus der Wohnung nicht rieche. Wichtig ist: Nie mit den Socken ins Bett, mit denen ich durch die Wohnung gegangen bin und Hände waschen, wenn ich die Türklinken angefasst habe! Man muss Strategien entwickeln, die bringen Sicherheit.

Leider entwickelt sich mein Essverhalten gerade nicht besonders gut. Es fängt damit an, dass ich nicht in der ekeligen Küche essen kann und ich Schwierigkeiten habe, zu essen, wenn ich alleine bin. Aufgrund meines dicken Körpers habe ich ein riesiges Schamgefühl, wenn ich in Gegenwart von anderen Menschen esse, daher ist auch das schwierig. Mein Spiegelbild kann ich mir gar nicht mehr angucken, und ich habe so eine große Angst davor, dass das Gewicht weiter hochgeht. Ich habe keine Ahnung, mit wem ich darüber reden kann. Bei meinem Gewicht glaubt mir doch kein Mensch, dass ich Schwierigkeiten damit habe, zu essen. Die lachen mich doch aus. So dramatisch ist es nicht, wenn ich mal nichts esse, immerhin habe ich genug Puffer. Dann kommen mir wieder die Gedanken, dass die anderen meine Not vielleicht sehen, wenn ich abnehme, doch so will ich nicht schon wieder anfangen. Das ist keine Lösung. Wenn ich bei meinen Eltern und bei der Arbeit bin, klappt es mit dem Essen ganz gut. Schwierig ist es wirklich nur in der WG. Liegt es an der Wohnung oder daran, dass ich dann nicht unter der Kontrolle von anderen Menschen bin und das ausnutze, um nicht zu essen? Im Grunde sollte ich mich freuen, weil mein Mitbewohner Florian so unkompliziert ist, was das Essen betrifft. Gestern meinte er, dass er immer die ganze Packung Kekse auf einmal aufisst. Wie sympathisch! Immerhin gibt es die Vergleiche mit den anderen

Mädels nicht mehr.

Ich bin gerade richtig deprimiert und unter Druck. Der Kontakt zu Florian war in letzter Zeit nett, wir haben uns echt gut verstanden und er hat mir das Gefühl gegeben, dass er mich mag. Heute ging es in der WG-Sitzung um sein schlechtes Körpergefühl. Ich habe gesagt, dass ich mich auch sehr fett fühle – eigentlich, um ihn zu beruhigen und ihm ein besseres Gefühl zu geben. Meine Hoffnung war, dass er mich nicht so fett sieht, wie ich es ausgedrückt habe und dadurch merkt, dass die Fremdwahrnehmung oft eine ganz andere ist. Daraufhin hat er angefangen, mit Renate über mein Übergewicht zu reden. Das habe ich niemals erwartet. Leider musste ich letztendlich feststellen, dass ich wirklich als so fett angesehen werde, wie ich mich fühle. Am allerliebsten würde ich wieder gehen, die Einrichtung verlassen. Klar, dass es hier wieder so anfängt. Alle bemühen sich darum, dass Wanda abnimmt. Das ist das Behandlungsziel.
Meine Anspannung ist seitdem so hoch. Ich will saufen, mich verletzen und kotzen. Den ganzen Monat habe ich es hier geschafft, und ich weiß, dass der Druck weniger werden kann, ich möchte das aushalten. Herrn Fuchs kann ich davon doch nicht erzählen. Nachher sagt er, dass die beiden recht haben.
Mama hat letztens von einer Frau erzählt, die ein Programm anbietet, das sich „Metabolic Balance" nennt. Sie macht eine Blutuntersuchung und kann anhand der Informationen sehen, was mein Stoffwechsel benötigt, um gut zu funktionieren. Vielleicht sollte ich da doch mal einen Termin machen. Ich möchte nicht wieder anfangen zu kotzen, das wäre das Schlimmste.

Juni 2014
Was passiert gerade mit mir? Ist das jetzt das Tief, das ich erwartet habe? Die letzten Tage waren schrecklich. Ständig bemerke ich böse Blicke in der Stadt und bei der Arbeit. Es fühlt sich so an, als wenn alle Menschen über mich sprechen, mich hassen und abstoßend finden. Das Schlimmste ist allerdings, dass ich mich selber komplett

ablehne, weil ich immer wieder den gleichen Mist mache. Schon wieder habe ich mich sehr betrunken, ich habe gekifft und kann echt nur froh sein, dass ich nicht auch noch gekokst habe. Es ist nicht so, dass ich jeden Tag trinke, aber wenn, dann richtig. Letzte Woche habe ich mit Herrn Fuchs darüber geredet und schon ein paar Tage später wieder der gleiche Mist. Was mache ich nur mit mir und meinem Körper?

Der Kontakt zu Renate ist total schräg. Ihr habe ich auch von dem Alkoholabsturz erzählt. Sie findet es gut, dass ich Alkohol trinke, statt mich selbst zu verletzen. Sie hat erzählt, dass sie in ihrer Beziehung auch immer Alkohol getrunken hat, um das auszuhalten. Als wir von meiner Arbeit geredet haben, hat sie nur gesagt, dass sie von mir noch etwas lernen kann, da ich mich getraut habe, bei der Dienstbesprechung ein Problem anzusprechen. Scheinbar kann sie das nicht. Was soll ich denn zu alledem sagen? Soll ich mit ihr jetzt Therapie machen und sie coachen? Das ist doch verdrehte Welt. Es fühlt sich so an, als wenn sie überhaupt nicht sieht, dass ich Probleme habe. Sie spielt immer alles herunter. Mir fällt schwer, mit diesem Wechsel klarzukommen. Im Veda habe ich immer nur gehört, dass ich es nicht schaffe, dass ich es nicht kann und so gestört bin. Nun bin ich hier und höre immer nur: „Du schaffst das, du machst das toll, das ist doch super." Mittlerweile sehe ich, wenn ich etwas geschafft habe. Ich kann auch ein bisschen stolz darauf sein, doch es ist nicht alles wunderbar. Es kann doch nicht sein, dass es keine Mitte gibt, kein: „Okay Wanda, du bist schon weit gekommen, aber hier und da müssen wir schauen, wie es besser geht." Das wäre doch mal ein Ansatz. So habe ich den Eindruck, dass niemand meine Probleme ernst- und wahrnimmt. Vielleicht denken sie, dass es für einen jungen Menschen normal ist, am Wochenende Alkohol zu trinken, aber dieses Ausmaß ist eben nicht normal und macht mir Angst. Ich verletze damit meinen Körper und gerate so schnell in eine Abwärtsspirale - vor allem gedanklich, weil ich mich total dafür verurteile.

Momentan treffe ich mich mit vielen verschiedenen Männern von

Zweisam *(Dating-Seite für Singels)* und versuche, mir Bestätigung zu holen. Leider ohne Erfolg. Bisher fand ich einen echt toll, er mich aber nicht. Scheinbar war ich ihm zu klein, zu dick und zu uninteressant. Es gab auch Männer, die mich gut fanden, doch die gefielen mir nicht wirklich. Ich habe große Angst, das zu kommunizieren, da ich der Meinung bin, dass ich das nicht darf. **Wenn** mich schon mal jemand gut findet. Daher habe ich mich entweder bei den Treffen betrunken, um es trotzdem nett zu haben, oder sie blockiert, damit sie mir nicht mehr schreiben konnten.

Ich glaube, ich habe einen sehr großen Fehler gemacht. Mama hatte mir ja von der Ernährungsumstellung erzählt, und ich habe mir einen Termin bei dieser Romina gemacht. Ich hatte den Wunsch, dass sie mich zuerst darüber aufgeklärt, was sie macht, wie sie arbeitet und was das für mich letztendlich bedeutet. Ob das etwas ist, was funktionieren kann. Da ich dies nicht im Termin geäußert habe, hat sie direkt schon Blut abgenommen und damit den ersten Schritt für das Programm „Metabolic Balance" gemacht. Das Blut wird nun in einem Labor untersucht und es wird festgestellt, was mein Stoffwechsel benötigt, um gut zu arbeiten. Die Blutuntersuchung ist das teuerste an diesem Programm. Ich komme aus der Geschichte nicht mehr raus. Was mache ich denn jetzt? Ich werde einen genauen Plan bekommen, was ich essen darf und was nicht – das kann nicht gut gehen. Meine Angst ist groß, dass alles kompliziert und unflexibel wird. Wie soll ich das mit dem Essen bei der Arbeit machen? Und bei Treffen mit meinen Freundinnen? Es wird mich komplett einschränken. Es gibt kein Zurück mehr, oder? Gut, es würde ein Zurück geben, dann wären allerdings die 800 Euro für die Tonne. Das kann ich Mama und Papa nicht antun – sie haben die Rechnung erst einmal bezahlt, da ich das Geld dafür gerade nicht habe. Also habe ich eine gewisse Pflicht, es durchzuziehen.

Heute habe ich Herrn Fuchs von dem Programm erzählt. Er hat mich gefragt, wozu ich **ihn** noch brauche, wenn ich die Sicherheit, die ich brauche, durch meine Diät bekomme. Ist das so? Wird mir das Sicherheit geben? Ich hoffe sehr, dass er deswegen nicht die Therapie abbricht. Das wäre schlimm.

Momentan habe ich den Eindruck, dass niemand meine Not sieht. Weder Renate und Franz *(ebenfalls Betreuer)* noch meine Eltern. Alle sind der Meinung, dass ich ja so weit bin, aber in mir drin ist alles kaputt. Manchmal frage ich mich, ob ich mir die Arme verbrennen muss, damit die anderen merken, wie es in mir drin aussieht, aber das kann doch nicht die Lösung für mein ganzes Leben sein? Selbstverletzung oder Klinik: Es muss doch anders machbar sein, auf sich aufmerksam zu machen.

Es sind jetzt die Ergebnisse des Bluttestes da. Nächste Woche beginnt das Programm, und ich weiß nicht, wie das gehen soll. In der letzten Zeit habe ich es ausgenutzt, dass ich noch Alkohol trinken kann und essen kann, was ich will. Im Grunde ist es gut, dass das nun vorbei ist, da ich mich damit nicht wohl gefühlt habe. Allerdings war das Essen ein Tröster; es hat meine innere Leere gefüllt und es ging mir zumindest kurzzeitig besser. Bei dem Gedanken daran, dass diese Möglichkeit wegfällt, bekomme ich Druck, mich zu verletzen, und das habe ich jetzt seit einem halben Jahr nicht gemacht. Damit kann und will ich jetzt nicht wieder anfangen. Was soll ich nur machen? Mein aktuelles Gewicht kann ich nicht aushalten, das ist klar, daher muss ich etwas unternehmen. Doch ob dieses Programm das Richtige ist? Es sieht auch vor, dass ich meine Tabletten reduziere. Es ist wirklich verdammt viel Geld, das meine Eltern bezahlen. Und das für etwas, von dem ich befürchte, dass es meinen Absturz vorprogrammiert.

Start des Programmes „Metabolic Balance" am 26.06.2014, Anfangsgewicht: 86,5 Kg
Die ersten zwei Tage habe ich bereits geschafft. In diesen Tagen ging es darum, meinen Körper zu entschlacken. Dies bedeutet, dass

ich am ersten Tag nur ein Kilo Kartoffeln verteilt auf zwei Mahlzeiten essen durfte, zwischendurch musste ich zur zusätzlichen Entschlackung Bittersalz trinken.

Am zweiten Tag ist die Motivation wieder zurückgekommen, da ich bereits ein Kilo verloren habe; vermutlich Flüssigkeit. An dem zweiten Tag durfte ich nur Obst essen; wieder in der Kombination mit Bittersalz aufgelöst in Wasser, das ich zwischendurch trinken sollte.

Nachdem der Körper durch die Entschlackungstage alles an Giftstoffen losgeworden ist, geht das Programm richtig los. Es gibt spezielle Fleisch- und Eiweißprodukte, die mein Körper gut verstoffwechseln kann, wie zum Beispiel Lachs, Eier, Schafsjoghurt und Schweinefilet. Auch die Gemüse- und Obstsorten sind auf meinen Körper abgestimmt. Erlaubt sind Nektarinen, Äpfel, Pflaumen, Zucchini oder Möhren. Die Mengen sind genau vorgegeben, daher muss ich sogar den Salat abwiegen. Es gibt drei Mahlzeiten pro Tag, diese müssen immer fünf Stunden auseinander liegen. Die Mahlzeit beginnt mit einem Bissen von der Eiweißkomponente.

Der erste Tag war grausam, da ich die Zeiten durch die Arbeit nicht einhalten und erst um 21.15 Uhr Abendbrot essen konnte. Ich war schon halb verhungert und habe deswegen vergessen, mit dem Eiweiß zu beginnen. Die Portionen sind total klein. Ich hoffe, dass ich mich daran noch gewöhne. Ich bin total froh darüber, dass Mama mich unterstützt und mir Lebensmittel gekauft hat, falls ich zu den Essenszeiten bei ihnen bin.

Heute ist erst der vierte Tag, und ich bin gerade so sauer auf dieses ganze Konzept von „Metabolic Balance". Was ist das für eine Diät, bei der man sein Gemüse abwiegt, keinen Ketchup, keinen Zucker und nur ausgewählte Gewürze essen darf? Das ist der größte Schwachsinn, den ich je gehört habe. Mein Körper streikt, ich kann jetzt schon nicht mehr. Vielleicht ist das etwas für jemanden, der den ganzen Tag zu Hause sitzt und deswegen keinen Hunger bekommt. Doch in meinem Beruf als Heilerziehungspflegerin kann ich das absolut nicht empfehlen. Dazu kommen die Essstörung und mein

Perfektionismus, das ist eine Katastrophe. Das bringt mich weiter in die Essstörung zurück, als ich jemals gedacht habe. Ich kann einfach nicht glauben, dass man davon so vital werden soll, dass man keine stimmungsaufhellenden Medikamente mehr braucht.

Beispiel für einen Tag:
Frühstück: 190 g Schafsjoghurt mit einer Nektarine
Mittags: Salat, Tomate, Schalotten (insgesamt 125 g Gemüse),
            120 g Putenbrust
Abends: 120 g Lachs mit Zuchini, Schalotten, Möhren,
            Kohlrabi (insgesamt 120 g Gemüse)
Beim Mittag- und Abendessen darf ich zum Nachtisch noch einen Apfel essen.

Juli 2014
Nun bin ich seit anderthalb Wochen dabei und muss sagen, dass ich mich mittlerweile an die kleinen Mengen an Nahrung und die ganzen Regeln gewöhnt habe. Der Hunger ist nicht mehr so extrem, und ich fühle mich besser dadurch, dass ich keinen Alkohol mehr trinke und alles diszipliniert hinbekomme. Ich bin wieder mehr mit dem Rad und zu Fuß unterwegs, ich komme richtig in Bewegung und das Gewicht geht runter, das motiviert natürlich sehr.
Leider habe ich immer mehr das Gefühl, dass mich alle anderen kontrollieren. Das fängt bei Florian an und hört bei meinen Eltern und KollegInnen auf. Ich darf mir nicht erlauben, etwas außer der Reihe zu essen, da sie mich sonst inkonsequent finden.

Gerade noch so motiviert und voller Kraft, bin ich jetzt nur noch deprimiert, da ich mich das erste Mal nach einem halben Jahr wieder selbstverletzt habe. Mir war bewusst, dass dieser Druck wiederkommen wird, wenn ich die Emotionen nicht durch das Essen und den Alkohol regulieren kann. Herr Fuchs ist total enttäuscht von mir. Er hat gesagt, dass ich mir damit alles kaputt gemacht habe, was ich erreicht habe. Über diese Worte bin ich wirklich traurig, denn das halbe Jahr ist ja nicht einfach weg. Es ist doch schon richtig gut, dass ich mich nicht mehr jeden Tag verletze. Dummerweise habe ich meine Tabletten abgesetzt, da das Programm das so vorsieht. Kein Wunder, dass jetzt der Abwärtsstrudel kommt. Ich habe mich im Behandlungszentrum beraten lassen, und die Therapeutin dort hat gesagt, dass ich wieder mit 10 mg Citalopram starten soll, um mich zu stabilisieren.

Es ist nach wie vor einfach eine wahnsinnige Umstellung für mich – nicht nur was die Ernährung angeht. In Bösingen hatte ich ein Gespräch mit der Therapeutin im Veda, eins mit der Therapeutin in der Psychiatrie, einmal die Woche Skillsgruppe und ein Gespräch mit der Betreuerin. Ich war immer im Austausch mit den Ernährungsfachkräften und es war immer jemand da. Jetzt habe ich wöchentlich ein Einzelgespräch mit Renate, in dem sie überwiegend über sich spricht, einmal WG-Sitzung und alle zwei bis drei Wochen Herrn Fuchs. Das ist echt eine heftige Veränderung und das bei der gleichen Problematik wie vorher. Irgendwie fühle ich mich einsam und alleingelassen. Immerhin beginnt nächste Woche meine ambulante Skillsgruppe in der See-Klinik.

Mein letztes Gespräch mit Herrn Fuchs war letztendlich doch ganz gut. Zuerst habe ich ihm gesagt, dass er die Therapie abbrechen kann. Irgendwie habe ich eine Spannung nach unserem letzten Gespräch gefühlt und gedacht, ich beende es lieber, bevor er es von sich aus macht. Das passiert mir immer wieder in Beziehungen. Ich kann Konflikte und Kritik nicht ertragen und entziehe mich lieber dem Kontakt. Ich bin so froh, dass er nicht zugestimmt hat und mit der Therapie weitermacht. Wir haben festgestellt, dass die Beziehungen in unserer Familie so eng sind, dass es keine Konflikte geben darf. Seine Theorie ist, dass die negativen Stimmungen dann auf dem Weg der Essstörung und durch die Alkoholproblematik rauskommen.

Mittlerweile habe ich den Eindruck, dass „Metabolic Balance" und der Druck, mich zu bewegen, direkt wieder in der Essstörung endet. Was ist, wenn ich kein Ende finde? Wenn es so ist wie damals: Noch zehn Kilo, und dann ist gut? Und wenn das geschafft ist, noch einmal fünf? Aber ganz ehrlich: Mit wem soll ich das jetzt besprechen? In den letzten drei Wochen habe ich fast acht Kilo abgenommen, aber ich bin immer noch fett. Wer nimmt es denn bitte ernst, wenn ich über meine Angst rede, dass ich zu viel abnehme? Zur Sicherheit habe ich jetzt einen Wiederaufnahmeantrag für Mattingen ausgefüllt. Es ist immer gut, früh genug auf der Warteliste zu stehen.

Lara ist aus der Klinik wieder da, und langsam frage ich mich, ob sie so krank geworden ist, weil **ich** immer die ganze Aufmerksamkeit bekommen habe. Bin ich schuld an der ganzen Katastrophe? Irgendwie ist die Stimmung daheim immer noch sehr schlecht. Alle sehen mich als Therapeutin für Lara. Das große Problem ist allerdings, dass ich nicht den emotionalen Abstand habe, den eine Therapeutin normalerweise hat.

Florian macht mich noch immer wahnsinnig, da er nichts in der Wohnung macht und es weiterhin so dreckig ist. Durch meine Arbeit bin ich viel bei meinen Eltern und immer, wenn ich wiederkomme, erwartet mich nichts als Schmutz. Letztens lag ernsthaft eine komplette Eierschale im Klo. Ich frage mich, was genau er treibt, wenn ich nicht da bin. Er räumt immer nur auf, wenn sich Franz und Renate ankündigen, um einen guten Eindruck zu machen.
Bei der Arbeit habe ich den Eindruck, dass ich nur ausgenutzt werde. Ich schaffe es wieder mal nicht, das anzusprechen.

August 2014
Mittlerweile wiege ich 76 Kilo, das sind nur noch zehn Kilo über Normalgewicht. Wenn ich noch sechs bis acht Kilo abgenommen habe, spreche ich vielleicht mit Herrn Fuchs über meine Angst, nicht aufhören zu können. Ich denke, wenn ich mein Gewicht bei 66 Kilo halte, ist es wirklich gut. Irgendwie merke ich aber, dass das Gewicht

einen gewissen Schutz gebracht hat, wie eine äußere Mauer. Mittlerweile bin ich so schnell angreifbar, das macht mir ein wenig Sorge. Was ist, wenn das mit weniger Gewicht noch schlimmer wird?

Bald geht es nach Borum und ich würde es am allerliebsten absagen. Es wird die ganze Zeit um Lara gehen. Alle erwarten, dass ich mit ihr Therapie mache und Gespräche mit ihr führe. Dazu kommt die Angst, dass ich meinen Ernährungsplan nicht einhalten kann, wenn es die speziellen Lebensmittel, die ich essen darf, dort nicht zu kaufen gibt.
In mir steckt so viel Wut! Franz geht davon aus, dass ich sie nicht mehr lange halten kann, die Bombe platzt und ich es an mir auslasse. Der Fressdruck ist definitiv schon wieder da, aber ich darf dem nicht nachgeben, da in zwei Wochen wieder Wiegen ist, und es nicht mehr sein darf. Das allerbeste wäre, gar nicht mit nach Borum zu fahren, doch wie
soll ich das bitte begründen?

Borum
Wieder einmal habe ich es nicht geschafft, auf mein Bauchgefühl zu hören und bin mit nach Borum gefahren. Das große Drama hat bereits vor der Abfahrt begonnen. Wir haben abgesprochen, dass wir uns in Brunshausen treffen und von dort aus losfahren, doch Lara ist nicht gekommen. Wir haben immer wieder bei ihr angerufen. Jedes Mal hat sie gesagt, dass sie gleich losfährt. Wir haben irgendwann gemerkt, dass sie betrunken ist und beschlossen, sie am Morgen abzuholen. Die Stimmung war dadurch auf der Hinfahrt schon richtig schlecht. Auf dem Schiff habe ich sehr lange mit Lara über den Alkohol und die Situation am Vorabend gesprochen. Am Ende der Unterhaltung hat sie die zweite Piccoloflasche Wein auch noch getrunken. Ich habe mich Mama und Papa gegenüber so schlecht gefühlt, da ich es als Aufpasserin nicht geschafft habe, sie vom Trinken abzuhalten.

Schon in den ersten Tagen hat es den nächsten großen Streit zwischen Lara und mir gegeben. Sie hat gegessen und gekotzt, obwohl ich mit im Haus war und sie genau wusste, dass ich es mitbekomme. Da mein Druck so sehr gestiegen ist, musste ich sie darauf ansprechen. Erst hat sie so getan, als wenn sie überhaupt nicht wüsste, was ich meine, und dann gefragt, ob wir das nicht nach außen hin gut verkaufen können. Frei nach dem Motto: „Ist doch jetzt wieder gut und Hauptsache, Mama und Papa bekommen davon nichts mit. Wir wollen doch Urlaub und gute Stimmung." Ich bin unendlich sauer geworden und habe ihr gesagt, dass sie mich krank macht. Dieses Gerede von: „Das passiert wirklich nur manchmal ..." kann und will ich mir nicht mehr anhören.
Daraufhin bin ich rausgegangen und habe nur noch geweint. Sie hat unseren Eltern erzählt, was passiert ist, und ich habe mitbekommen, wie mein Papa gesagt hat, dass ich Laras Krankheit akzeptieren muss. Niemand hat sich um mich gekümmert! Niemand!

Der Urlaub war überwiegend schwierig, da ich den Eindruck hatte, ich muss auf Lara aufpassen, ich muss es allen recht machen und auf die Stimmung von allen achten. Lara hat trotzdem gegessen, gekotzt und getrunken, was mich sehr getroffen hat. Meinen Ernährungsplan habe ich durch meine gute Vorbereitung überwiegend einhalten können.

Dass der Urlaub **nur** doof war, kann ich natürlich nicht sagen. Wir haben wie immer wunderschöne Radtouren gemacht und die Insel ist einfach traumhaft. Außerdem ist es mir gelungen, einige Dinge, die mich gestört haben, anzusprechen.

Momentan frage ich mich, ob es mir guttut, dass mein Lebensmittelpunkt weiterhin in Brunshausen ist. Durch die Arbeit bin ich oft dort und es ist mir alles zu viel. Lara lügt mich nur noch an, darunter leide ich sehr. Meinen Eltern geht es mit dem Zustand von Lara immer schlechter und ihr scheint das alles vollkommen egal zu sein. Wenn ich dort bin, habe ich das Gefühl, dass ich nicht zeigen darf, wie es mir wirklich geht. Ich setze mein bestes Lächeln als Maske auf. Mir ist bewusst geworden, dass gerade meine Mutter das nicht verkraften könnte, wenn sie wüsste, dass es mir auch nicht gut geht. Das wäre zu viel, das kann ich ihr nicht antun.

Gestern habe ich mit Laras Exfreund telefoniert. Er hat mir gesagt, dass es Lara schon lange schlecht geht und es nie jemand gesehen hat, weil ich offensichtlich immer noch viel schlechter dran war. Also bin wieder **ich** an allem schuld! Vielen Dank!

Wie soll das nun mit meiner Ernährung weitergehen? Mittlerweile habe ich 16 Kilo abgenommen. Heute habe ich einen Werbespruch gelesen: „Nichts schmeckt so gut wie sich Dünnsein anfühlt!" Was für ein Unsinn. Ich fühle mich nur noch eingeschränkt und unflexibel. Das einzige, was mich stimmungsmäßig über Wasser hält, ist die Gewichtsabnahme. Wenn ich in Hammen bin, fühle ich mich ganz wohl in meiner Haut. Sobald ich zu meiner Familie fahre, ist mein Körpergefühl so schrecklich, dass ich es kaum beschreiben kann. Wenn es in Hammen okay und bei meinen Eltern schlecht ist, ist es doch ein Zeichen dafür, dass ich meinen Job dort aufgeben sollte oder? Kann ich das echt machen? Kann ich Mama und Papa mit Lara alleine lassen? Und Lara mit Mama und Papa? Ich bin die Vermittlerin, die Streitschlichterin und die Therapeutin. Ich kann nicht gehen!

Warum handle ich nicht nach meinem Bauchgefühl und mache stattdessen das, was andere möchten? Mir ist doch bewusst, dass es daheim nicht geht, und daher die Arbeitsstelle in Tolsdorf die falsche ist. Und was mache ich? Unterschreibe die Verlängerung von meinem Arbeitsvertrag bis Ende Dezember. An diesem Tag habe ich das erste Mal wieder gekotzt, weil ich so unendlich dumm bin, ich mich über mich ärgere und es nicht mehr aushalten kann. Mit wem soll ich da bitte drüber reden? Ich schäme mich so sehr.

In der ambulanten Skillsgruppe sind mir ein paar Dinge bewusst geworden: Mir ist aufgefallen, dass ich überwiegend über Lara und ihre Problematik spreche. Auf der einen Seite ist es klar, da sie mir wichtig ist, aber auf der anderen Seite denke ich, dass es so nicht weitergehen kann. Außerdem ist mir aufgefallen, dass ich absolut gar nicht mehr achtsam durch das Leben gehe, sondern alles nur noch be- und abwerte. Gefühlt ist alles, was ich in Mattingen gelernt habe, so weit vergraben, dass ich es nicht mehr anwenden kann.

September 2014
Jetzt habe ich es endlich geschafft: Ich bin unter 70 kg - so ein geniales Gefühl!
Heute war ich zum ersten Mal nach fünf Wochen Pause bei Herrn Fuchs, der Termin war unendlich gut. Wir haben über die letzten Wochen gesprochen und er hat gesagt, dass ich gemerkt haben müsste, dass ich nicht abhängig von ihm bin. Es war zwar vieles sehr schwierig in der Zeit, doch ich bin gut damit umgegangen. Mich hat das sehr glücklich und stolz gemacht, dass er das so gesehen hat und er an mich glaubt.
Wir haben dann noch über meine Bösingen-Freundschaften gesprochen. Er hat gesagt, es ist ganz normal, dass wir uns auseinanderleben. Vorher hatten wir die gleichen Themen wie Betreuerinnen, andere Mitbewohnerinnen etc., und jetzt leben wir in vollkommen unterschiedlichen Welten. Ich denke, dass ich das annehmen und akzeptieren lernen muss.

Die Aufenthalte daheim werden immer schlimmer. Mama überlegt, zu kündigen und hat mir erzählt, dass Papa neulich gesagt hat, dass ihm das mit dem Haus und dem Garten zu viel wird und er alles anzünden will.
Jetzt hat Mama mich gefragt, wie lange ich das mit dem Programm noch machen will, da kaum noch was an mir dran ist. Das verwirrt mich schon wieder, da mein BMI noch im Übergewicht ist. Wie kann es denn bitte sein, dass sie mich so sieht? Auch ich habe mir die Frage gestellt und feststellen müssen, dass es im Kopf wieder losgeht. Erst habe ich gedacht, dass 66 Kilo ein gutes Gewicht ist, dann habe ich das auf 60 oder 52 Kilo korrigiert. Ich möchte nicht, dass das wieder anfängt, doch ich kann mir nicht vorstellen, wieder

andere Lebensmittel in meinen Plan einzubauen. Mama habe ich gesagt, dass ich noch drei Kilo abnehmen möchte und dann in die nächste Phase wechseln werde *(Die nächste Phase bedeutet, dass ich andere Lebensmittel einbaue, damit ich das Gewicht halten kann.)*. Mir ist bewusst, dass ich nach drei Kilo Gewichtsabnahme nicht aufhören werde. Leider weiß ich nicht, mit wem ich über die Ängste, wieder in diese Spirale zu gelangen, sprechen kann. Alle denken sicherlich, dass meine Angst übertrieben ist, da ich nicht krank aussehe. Es finden doch alle, dass ich jetzt sehr gut aussehe und fit wirke.

Was ist, wenn ich mal jemanden aus dem Veda treffe? Die werden doch direkt denken: „Es war klar, dass sie es nicht schafft". Ich wollte es denen unendlich gern beweisen, dass ich das kann. Und jetzt?

In den letzten Tagen kam es immer wieder zu bulimischen Rückfällen, da ich so einen Druck hatte. Ich schäme mich sehr dafür. „Metabolic Balance" war wirklich die Eintrittskarte zurück in die Essstörung, das kann ich meinen Eltern aber niemals sagen. Sie haben es ja wirklich gut gemeint. Ich bin diejenige, die es hätte wissen müssen. Mir ist echt wichtig, dass ich die Kosten zurückbezahle, da ich nicht will, dass Papa dafür zahlt, dass ich wieder so tief falle.

Mein Chef hat mich angesprochen und mich gefragt, ob ich meinen geplanten Urlaub unbedingt brauche. Da momentane Besetzung bei der Arbeit ist ziemlich schlecht ist, wünscht er sich, dass ich ihn verschiebe. Warum bin ich so unheimlich dumm? Ich brauche ihn, weil ich Abstand brauche, ja unbedingt. Doch ich konnte es nicht sagen. „Ne, ich habe nichts geplant oder gebucht, daher ist das nicht so wichtig." Es ärgert mich sehr, dass ich wieder nicht auf mich und meine Kräfte gehört habe.

Da ich in Hammen so einsam bin und kaum Leute kenne, habe ich mich bei einer Facebook-Gruppe angemeldet, in der Menschen sind, die auch gerade zugezogen sind. Diese ganzen Treffen mit den

Leuten von „Zweisam" ergeben keinen Sinn, da ich für eine Beziehung nicht offen bin. Immer wieder kommt meine Angst hoch, dass sie mich ablehnen, sobald sie meinen Körper mit meinen Narben und die hängende Haut von dem Übergewicht sehen. Daher finde ich es gerade wichtiger, Freundschaften aufzubauen, um nicht mehr so alleine zu sein. Das erste Treffen mit zwei Männern, Mats und Stefan, war total lustig. Sie scheinen wirklich gute Menschen zu sein.

Das zweite Treffen hat Stefan kurzfristig abgesagt, daher habe ich mit Mats alleine einen Spaziergang gemacht. Wir haben uns toll unterhalten und ich habe richtig viel gelacht. Mats ist wirklich ein toller Mann und irgendwann nahm er meine Hand. Nach dem Treffen war ich so beflügelt. Endlich höre ich auf, nach einem Mann zu suchen und finde ihn dabei? Kann das sein? Ist das, was ich fühle, wirklich verliebt sein? Das habe ich ewig nicht mehr gehabt. Ich weiß nur, dass sich alles leicht und wunderbar anfühlt.

Mein Termin bei Herrn Fuchs war wieder unheimlich toll. Wir haben über meinen Kontakt zu Renate geredet. Ich habe ihm erzählt, dass sie gesagt hat, dass wir nicht über Probleme reden wollen, dann aber ihre eigenen thematisiert hat. Sie macht mich mit solchen Aktionen unheimlich wütend.
Am Schluss haben wir noch über Mats gesprochen. Er hat gesagt, dass zu einer Beziehung sehr viel Mut gehört und dass es wichtig ist, positive Gedanken dazu zu haben. Es ist nicht gut, von Anfang an davon auszugehen, dass das nichts wird. Richtig gut ist, dass ich mir sogar vorstellen kann, mit Mats gemeinsam einen Keks, Kuchen oder einen Donut zu essen. Ist eine Beziehung vielleicht wirklich eine Chance für Leichtigkeit? Mir ist es sehr wichtig, dass die Essstörung die Beziehung nicht kaputt macht.
Bei dem Termin hat Herr Fuchs mir wieder viele Komplimente gemacht. Er hat gesagt, dass ich Humor habe und dass ich intelligent bin. Nach dem Termin war ich richtig gut gestellt, da er so eine Gelassenheit und Ruhe ausstrahlt! Das ist total ansteckend!

Urlaub in Mattingen

Da ich jetzt vier Tage am Stück frei habe, habe ich beschlossen nach Mattingen zu fahren. Ich muss mal raus, und Mattingen ist die Stadt, die so viel in mir verändert hat. Es ist so toll, hier zu sein - mir selbst zu überlegen, was ich machen möchte und was nicht. Für die Zeit hier habe ich mir versprochen, keine Symptomatik zu leben, und ich bin sehr optimistisch, dass das klappt. Denn ich bin diejenige, die die Kontrolle darüber hat und ich möchte das schaffen. Meine Lebensmittel habe ich mir alle besorgt, daher wird das mit dem Einhalten des Essensplans funktionieren.

Mir geht wirklich viel durch den Kopf. Natürlich denke ich oft an die Zeit in der Klinik, in der ich immer Angst hatte, ohne Symptomatik nicht gesehen zu werden. Wenn ich es von meinem jetzigen Standpunkt betrachte, ist es viel schöner, wenn die Menschen um einen herum einen auf- und nicht absteigen sehen.

Meine Einstellung hat sich total verändert. Ich habe auf einmal Mitgefühl mit meinem Körper. Was habe ich ihm alles angetan?! Mittlerweile gestalte ich Beziehungen mit und warte nicht darauf, dass mein Gegenüber das tut. Ich reflektiere Probleme und spreche sie an. Das ist eine sehr große Veränderung, da ich sonst einfach immer die Nummer gelöscht und mich nie mehr gemeldet habe, wenn es einen Konflikt gab oder der andere sich nicht mehr gemeldet hat.

Es ist schon heftig, wenn ich überlege, wie schlecht ich mit mir umgegangen bin. Wenn ich in die Vergangenheit sehe, frage ich mich, warum ich an so vielen Stellen das „Wir-sind-scheiße-zu-Wanda-Spiel" mitgespielt habe. Warum war ich nicht gut und liebevoll zu mir, als zum Beispiel Robin schlecht zu mir war? Warum habe ich mit Essanfällen und Erbrechen noch einen draufgesetzt und bin **noch** schlechter zu mir als er?

Mein Bedürfnis ist groß, dass sich jemand um mich kümmert! Genau aus diesem Grund werde **ich** mich um **mich** kümmern.

In den letzten neun Monaten habe ich mich nur einmal verletzt, ich habe viel erreicht. Mein Eindruck ist, dass es in Hammen leichter für mich ist, da es nicht so viele Regeln gibt, die ich brechen kann. Die

Versuchung ist dann nicht so groß, dadurch Aufmerksamkeit zu bekommen.

Ich mache mir Gedanken darüber, was in Hammen schwer auszuhalten ist. Zum einen ist da Renate, die alles abblockt, was ich von mir erzählen möchte und lieber über ihre eigenen Probleme reden will. Da frage ich mich manchmal, **wer wen** betreut. Auf der anderen Seite habe ich noch Florian, der sich permanent in meine Gewichtsabnahme einmischt.

Außerdem frage ich mich, ob ich noch weiterhin in der Skillsgruppe bleiben sollte. Es sind zwar viele Dinge, die in den Hintergrund gerückt sind, und die ich wieder mehr anwenden sollte. Allerdings kann ich die Mitpatientinnen nicht gut ertragen. Das Gefühl ist, dass es jedem schlechter gehen muss als den anderen, um von der Therapeutin gesehen zu werden. In diese Geschichte will ich mich echt nicht wieder reinziehen lassen.

Die Zeit in Mattingen war wirklich wundervoll. Ich bin viel spazieren gegangen, habe viel aufgeschrieben, reflektiert und für mich erkannt. So etwas sollte ich ganz unbedingt häufiger machen. Nun freue ich mich, zurückzufahren und Mats wieder zu treffen. Er hat mir gefehlt.
Mir ist aufgefallen, dass es einen Leitspruch in meinem Leben gibt, der in Beziehungen wichtig ist. „Ich will, dass du an mich glaubst, aber nicht alles von mir verlangst."

Oktober 2014
Nun bin ich wieder daheim und die Leichtigkeit hat sich schnell verabschiedet. Wenn ich bei meinen Eltern bin, habe ich das Gefühl, nur noch kontrolliert zu werden. Der Aschenbecher wird überprüft, damit Mama weiß, wie viel ich rauche. Dann habe ich den Eindruck, dass man weiterhin mein Essverhalten kontrolliert, und dass alle wollen, dass ich mich bewege. So wie früher. Auf der anderen Seite

sagen sie aber, dass mein Gewicht nicht weniger werden soll. Ich bin vollkommen verwirrt.

Meine Treffen mit Mats sind im Grunde sehr schön – wenn das Essen nicht wäre. Mit ihm zusammen kann ich mal ein Glas Wein trinken oder Lebensmittel essen, die laut Programm nicht erlaubt sind. Doch schon in **der** Situation bekomme ich so einen Fressdruck, dass ich weiß, spätestens am nächsten Tag geht es schief und ich muss wieder essen und kotzen. Ich möchte so gerne unkompliziert sein, was das Essen betrifft und Mats nicht mit meinem Zeug nerven. Durch das Essen der anderen Lebensmittel fällt die Struktur, die ich vorher hatte, vollkommen in sich zusammen. Deswegen gelange ich wieder in diesen bulimischen Teufelskreis. So gerne möchte ich die schönen Momente mit Mats **über** die Essstörung stellen, aber das fällt mir sehr schwer. Ich möchte mit der Essstörung nicht alles kaputt machen. Wenn ich ihm davon erzähle, wird er mich verlassen, denn er hat eine starke Frau kennengelernt. Und dann das? Ich habe so eine unendliche Angst, ihn zu verlieren, dass ich immer unsicherer im Kontakt zu ihm werde.

Mein Eindruck ist, dass die Essstörung eine Stufe erreicht hat, die ich **so** noch nicht erlebt habe. Jeden Tag nehme ich mir wieder vor, nicht zu kotzen und mir mal etwas zu gönnen. Jeden Tag scheitere ich. Nach dem Kotzen bin ich wieder entspannt und kann mich wieder konzentrieren, vorher bin ich dermaßen unter Spannung, dass ich nicht mehr denken kann. Kann ich mit Franz und Renate darüber reden? Doch was ist, wenn Florian dann anfängt, mich zu kontrollieren? Was ist, wenn er dann denkt, dass ich es gar nicht verdient habe, dünn zu sein, weil ich so viel fresse? Nein! Ich glaube, ich sollte nicht darüber reden.

Nun habe ich mich dazu überwunden, mit Mats über meine Erkrankung zu reden. Er hat den Eindruck geäußert, dass es mit dem Übergeben erst wieder so schlimm ist, seit wir uns kennen. Zuerst

habe ich gedacht, dass das ein Grund für ihn ist, mich zu verlassen, doch es ist alles gut zwischen uns. Ein Glück!
Mit Herrn Fuchs konnte ich ebenfalls darüber reden. Er hat gesagt, dass es manchmal einen Schritt nach hinten gehen muss, damit es wieder nach vorne gehen kann.

Eigentlich sollte und könnte ich sehr stolz auf mich sein. Als ich mit dem Programm angefangen habe, hätte ich niemals gedacht, dass ich mein Zielgewicht von 70 Kilo erreichen werde. Jetzt habe ich innerhalb von dreieinhalb Monaten 21 Kilo abgenommen und bin immer noch nicht zufrieden. Irgendwie kommt mein Kopf nicht hinterher. Immer wieder denke ich: „Nein, dies und das darfst du nicht, du bist im starken Übergewicht."

Gerade weiß ich nicht mehr, was ich mit der Beziehung mit Mats machen soll. Immer wieder frage ich mich, ob ich alles beenden sollte, da meine Ängste groß sind, dass ich mich zu sehr auf ihn versteife. Teilweise fühlt es sich so an, als wenn mein Körper ihm gehört und er daher darüber zu entscheiden hat, was ich esse und was nicht. Endlich wird von außen entschieden, dass ich Wein trinken und Süßes essen darf, aber ist das gesund, sich so abhängig zu machen? Dann kommt mit einer großen Wucht die Angst vor Berührungen, die ich kaum aushalten kann. Ich nehme mir jetzt vor, meinen Fokus wieder auf Mats zu legen und weg von der Essstörung. Eventuell gelingt es mir wieder besser, mich dadurch von meinem Hunger abzulenken. Manchmal frage ich mich, wer ich bin, wenn es die Essstörung nicht mehr gibt, da sie so ein großer Teil von mir ist und mich schon so lange begleitet.

Mir geht es überhaupt nicht gut. Mir gelingt es nicht, die Essanfälle zu unterlassen. Ich frage mich, ob sie mich von meinen eigentlichen Problemen ablenken. Wenn ich mich permanent damit beschäftige, wann ich was esse und wo ich das wieder loswerden kann, gibt es nichts anderes. Den ganzen Tag kreisen die Gedanken um das Essen, die Bewegung und mein schreckliches Körpergefühl. Ich will im

Moment niemanden sehen, ich bin so niedergeschlagen, habe starke Bauch- und Rückenschmerzen und bin unheimlich traurig. Eventuell sollte ich zum Psychiater gehen, doch was soll ich ihm sagen? Dass ich mein Citalopram abgesetzt habe, weil ich kurz glücklich war? Und dass ich das Trimipramin nicht mehr genommen habe, da ich gedacht habe, dass Mats mein Antidepressivum ist?! Der denkt doch, dass ich vollkommen bescheuert und selber schuld bin an meiner Verfassung bin.

Mein letzter Termin bei Romina war total enttäuschend. Ich hatte die große Hoffnung, dass sie mich unterstützen kann, die Bulimie wieder unter Kontrolle zu bekommen. Ihre Idee ist es, dass ich noch nicht in die Phase, in der das Gewicht gehalten werden soll, wechseln soll, sondern in der ersten Phase bleibe. Das bedeutet also, dass sie mich noch zu fett findet und ich noch abnehmen sollte. Na klasse.
Mit Mama habe ich anschließend auch gesprochen. Sie macht sich total Vorwürfe und hat gesagt, dass sie nur das Beste für mich wollte. Sie hat mich gefragt, ob ich in der gleichen Problematik stecke wie damals. Mir ist es so schwergefallen, ehrlich zu sein, da ich nicht will, dass sie sich Vorwürfe macht. Es ist mir klar, dass sie nur das Allerbeste für mich wollte. Ich frage mich, ob ich mit meinen Eltern ganz klar darüber reden soll, was bei mir los ist und wie es mir geht. Die beiden sagen immer wieder, dass sie mit einer Situation besser umgehen können, wenn man klar darüber spricht. Aber ich habe mir fest vorgenommen, ihnen nie wieder Sorgen zu machen.

Alle um mich herum sehen, dass es bei mir steil bergauf geht. Ich habe abgenommen, gehe arbeiten, treffe Freunde und habe einen Freund. Doch nur ich sehe, dass ich die meiste Zeit meines Lebens damit verbringe, meine Essstörung zu leben. Im Veda haben alle gewusst, dass ich es nicht schaffe, und nun ist es soweit.
Meine psychische Verfassung ist furchtbar, und auch körperlich geht es mir richtig schlecht. Nun muss ich mich eine Woche krankmelden, da ich nicht mehr kann. Nicht einmal ein halbes Jahr

habe ich es geschafft, zu arbeiten, ohne mich krankzumelden. Ich schaffe einfach gar nichts.

Gestern bin ich ins Krankenhaus gefahren, weil ich wahnsinnig schlimme Bauchschmerzen hatte. Es ist eine Magenschleimhautentzündung, die höchstwahrscheinlich vom Kotzen kommt. Was sollen meine KollegInnen denken, wenn ich noch länger krankgeschrieben bin?

Von fast allen Lebensmitteln, die laut des Programms erlaubt sind, wird mir schlecht. Ich kann kaum etwas ohne Schmerzen zu mir nehmen.

Wenn ich wirklich in die Klinik gehe, habe ich schon wieder eine Lücke in meinem Lebenslauf und Herr Fuchs könnte denken, dass er mir nicht helfen konnte. Ich möchte auf keinen Fall, dass er sich schlecht fühlt, doch ich weiß nicht, wie es weitergehen kann.

November 2014

Mir geht es so schlecht, dass ich vier Seiten darüber diskutiere, ob ich einen Joghurt zum Abend essen kann, wenn ich mittags schon eine Suppe mit 160 Kalorien, zwei Knäckebrote und eine Pflaume gegessen habe. Vielleicht war die Pflaume zu viel?

Mir fällt es schwer, überhaupt aufzustehen, dadurch fühle ich mich faul und denke, dass ich das Essen nicht verdient habe. Meine Eltern wollen gern, dass ich nach Hause komme, aber ich kann nicht. Herr Fuchs hat in der letzten Stunde gesagt, dass meine Seele meinen Körper vorgeschickt hat, da ich auf sie nicht gehört habe. Das ist der Grund, warum ich körperlich gerade so am Ende bin. Langsam denke ich, dass er recht hat.

Heute hatte ich einen Termin in der Beratungsstelle für essgestörte Mädchen und junge Frauen. Die Therapeutin, die mit mir gesprochen hat, heißt Frau Franke und ist wunderbar. Nachdem ich ihr von meiner Problematik und meinen letzten Monaten erzählt habe, hat sie versucht, dass ich ein wenig Verständnis für mich selber aufbringe. Ihr ist es wichtig, dass ich mich nicht dafür verurteile, wieder in die Essstörung zurückgefallen zu sein. Der Beginn von „Metabolic Balance" war riskant, da Diäten und Ernährungsumstellungen bei Menschen mit Essstörungen generell sehr gefährlich sind. Die Gefahr sei zu groß, wieder in diesen Strudel zu gelangen. Sie hat mir noch einmal bewusst gemacht, was sich für mich alles verändert hat: neue BetreuerInnen, neuer Job, der Wechsel von ganz vielen Regeln zu einem eigenständigen Leben mit wenigen Regeln und Verboten. Mir sei in den Kliniken und auch im Veda das Essen vorgesetzt worden. Dazu kämen die häufigen Aufenthalte bei meinen Eltern, wo meine Schwester ist, der es nicht gut geht. Bei all dem, was neu, unsicher und schwierig war, hat „Metabolic Balance" mir im ersten Moment endlich wieder Struktur und Sicherheit gegeben.

Frau Franke hat mir noch weitere Termine angeboten, um mich zu begleiten, auch wenn sie momentan eigentlich keine Kapazitäten hat. Es ist ihr wichtig, mich zu unterstützen und mir beizubringen, mich selbst zu verstehen. Das war wirklich ein tolles Gespräch.

Bei der Arbeit und zu Hause höre ich ständig, wie diszipliniert ich bin, dass ich immer hübscher werde und wie toll es ist, dass ich so viel mit dem Rad unterwegs bin. Es ist nicht so, dass niemand sagt: „Es jetzt reicht mit dem Abnehmen!" Das habe ich auch schon gehört, allerdings ganz, ganz leise. Das, was ich höre sind Aussagen wie: „Mach doch mal einen Spaziergang." Was mein Kopf daraus macht? „Siehst du, du bist fett, das muss weniger werden."

Körperlich bin ich gerade wirklich sehr schlapp. Immer wieder wird mir nach den kleinsten Portionen schlecht, ich habe Bauchschmerzen und Durchfall. Nun habe ich mich wieder einmal bei der Arbeit krankgemeldet und meine Kollegin hat gesagt, dass es sehr gut ist, dass ich mal zu Hause bleibe. Sie meint, ich hätte in den letzten Wochen schon immer sehr schlecht ausgesehen und es sei an der Zeit, zur Ruhe zu kommen. Mir war nicht bewusst, dass man mir das ansieht.

Mir kommt es gerade so vor, als wenn meine Verlustangst mit jedem Gramm, das ich abnehme, schlimmer wird. Mittlerweile bin ich ziemlich überzeugt davon, dass Beziehungen mit einer Borderline-Patientin wie mir nicht klappen können.

Ich fühle mich so zerbrechlich, bedürftig und klein, wie ein Kind, das nicht alleine stehen kann.

Die Entscheidung ist ziemlich klar, dass ich noch einmal nach Mattingen in die Klinik gehe. Meine große Angst ist, dass ich dann dort zunehme und Mats mich deswegen verlässt.

Manchmal weiß ich nicht, wie ich morgens aufstehen soll, weil ich unendlich müde und schlapp bin. Trotzdem setze ich mich unter Druck, dass ich was schaffen muss. Warum kann ich mich nicht mal auskurieren?

Meine Problematik ist gerade, dass ich nicht weiß, wie ich jemals ein Gefühl für meinen Körper entwickeln kann. Als ich klein war, fühlte ich mich nicht dick, aber alle anderen haben mich so gesehen. Wenn ich mir jetzt Fotos anschaue, ist es offensichtlich, dass ich da zu dick war. Als ich abgenommen habe, habe ich mich total dick gefühlt. Auf den Bildern finde ich mich teilweise sogar zu dünn. Ich kann das nicht richtig einschätzen. Im Veda habe ich mich nie richtig wohl gefühlt, jedoch auch nicht so fett, dass ich in die Adipositastherapie muss. Meine Befürchtung ist, dass mein Kopf nicht mehr hinterherkommen kann.

Die Gewichtsentwicklung in den letzten Jahren: 94 / 54 / 70 / 84 / 74 / 58. Dazu kommt, dass sich ständig irgendwelche Menschen einmischen und etwas zu meinem Körper sagen. Ich weiß gar nichts mehr, und es schwankt teilweise an einem Tag so sehr, dass ich erst denke, dass ich auf keinen Fall mehr abnehmen darf, weil ich sonst zu krank aussehe und im nächsten Moment, dass ich mindestens noch fünf Kilo abnehmen sollte.

Mit Herrn Fuchs habe ich bis nächste Woche die Absprache, dass ich dreimal täglich esse und diese Mahlzeiten auch drin behalten muss. Das ist schon eine heftige Absprache, aber wenn ich mal schaue, was die im Veda sagen würden... Niemals dürfte ich da nur drei Obst und einen fettarmen Joghurt am Tag essen. Herr Fuchs will mich wieder langsam an das Essen heranbringen. Er möchte außerdem, dass ich wieder merke, dass **ich** die Kontrolle über mich habe und **ich** entscheiden kann, was **ich** möchte.

Dezember 2014
Es hat alles eine schreckliche Form angenommen. In Laras Kofferraum habe ich so viele Fressalien gefunden, dass ich mich gefragt habe, ob ich mich da wohl bedienen darf. Das ist definitiv günstiger, als selbst einzukaufen. Offensichtlich hat sie die Sachen für Essanfälle eingekauft. Sie lebt Essstörung und trinkt, und ich tue das Gleiche, um es auszuhalten - frei nach dem Motto „Meine Schwester hat ein Alkoholproblem, darauf trinke ich einen. Und sie hat eine Essstörung, das ist echt zum Kotzen."
Mir geht es körperlich und psychisch so schlecht wie lange nicht mehr. Ständig zittere ich am ganzen Körper, habe Herzrasen, mir ist übel, ich kann zeitweise nicht mehr richtig gucken. Ob das alles vom Essen, Kotzen und Saufen kommt? Ich habe große Angst, dass mich die Essstörung umbringt; mit 25 Jahren. Es war noch nie so schlimm in meinem Leben. Klar sieht man Bulimikern ihre Essstörung nicht so sehr an. Es ist doch toll, wie schön ich abgenommen habe. Äußerlich bin ich vielleicht schöner geworden, aber innerlich bin ich komplett zerbrochen. Wirklich! Bei der Arbeit bin ich fleißig und eine tolle Kollegin, bei Mats schaffe ich es meistens, eine tolle Freundin zu sein, bei meinen Eltern die gute Tochter und eine unterstützende Schwester. Aber was, wenn alles zerbricht?! Was wäre, wenn mich hier jemand sitzen sieht: voller Angst, zu sterben, und die Zeit, bis es in die Klinik geht, nicht mehr zu überstehen?

Meine Angst vor Mattingen wird immer größer. Was ist, wenn meine Selbstverletzungen wieder mehr werden, wenn das Ziel ist, die Essstörung wieder in den Griff zu bekommen?
Was ist, wenn sich meine Symptomatik immer und immer wieder verschiebt und ich es niemals schaffe, ein normales Leben zu

führen? Kann ich es aushalten, wenn ich dort zunehme? Diese Gedanken um das Essen und das Gewicht machen mich wahnsinnig, ich drehe irgendwann durch. Jeden Tag esse und kotze ich, das ist nicht mehr normal. Es ist unglaublich, wie viel Geld ich in den letzten Wochen in die Essanfälle gesteckt habe, da bekomme ich ein richtig schlechtes Gewissen. Rein körperlich müsste ich schon zusammengebrochen sein. Ständig habe ich das Gefühl, dass ich kurz vor einem Magendurchbruch stehe, wenn ich gegessen habe. Ich bin permanent müde, habe keine Energie mehr und möchte mich nur noch einschließen. Mir ist echt nicht klar, wo der Druck immer herkommt, denn er ist bereits mit dem Aufwachen da. Permanent, einfach immer. Oder ist es tatsächlich nur noch Gewohnheit?

Meine körperlichen Beeinträchtigungen in den letzten Tagen und Wochen:
- *Rückenschmerzen (Verspannungen vom Kotzen)*
- *Magenschleimhautentzündung vom Kotzen (daher kommt die Übelkeit und die Bauchschmerzen, wenn das Essen drin bleibt)*
- *Bronchitis und Halsschmerzen (vom Kotzen)*
- *Benommenheit*
- *schlechter Schlaf*
- *verbrannter Gaumen vom Essanfall*
- *Durchfall vom Cola light-Konsum*
- *Schwindel*

Das sind alles Dinge, die mich belasten, doch ich schaffe es nicht, aufzuhören.

Für das Ausleben der Bulimie braucht man echt eine gute Organisation. Wenn ich in meiner Wohnung bin, ist alles entspannt, doch sobald ich daheim, bei der Arbeit oder mit Mats zusammen bin, muss ich gucken, wie es gehen kann. Diese ständige Angst, erwischt zu werden, macht mich wahnsinnig.

Herr Fuchs hat recht: Ich sollte wirklich schon vor Mattingen anfangen, mit der Symptomatik aufzuhören, das geht nicht mehr lange gut. Er ist der einzige, der wirklich weiß, wie es mir geht. Wie oft habe ich in den letzten Tagen gehört: „Du siehst glücklich aus. Du strahlst so. Du bist in so einem guten Zustand und in so einem hohen Level, was die Therapie angeht – unglaublich!" Warum sieht niemand, dass ich immer mehr untergehe? Um meinen Körper ein wenig zu entlasten, werde ich in den nächsten Tagen nichts essen. Der Hals tut so sehr weh, dass ich nicht mehr kotzen kann und rein finanziell kann ich das nicht mehr so weitermachen. Das Schlimmste ist allerdings, dass ich durch die Fresserei zwei Kilo zugenommen habe.

Ohne Essen und Kotzen fehlt mir der Lebensinhalt! Krass! Ich kann mich nicht mehr beschäftigen. Allerdings habe ich Herrn Fuchs versprochen, dass ich mindestens einen Tag in der Woche nicht kotze.
Gestern habe ich es wirklich übertrieben. Es fing direkt morgens mit Essanfällen an und den ganzen Tag habe ich gegessen, gekotzt und getrunken, mindestens 30-mal habe ich mich übergeben. Mein Hals, meine Ohren und mein Rücken taten anschließend furchtbar weh, das war richtig schlimm. Abends lag ich im Bett, habe mich gefragt, ob ich sterben werde. Ich habe irgendwelche Tierchen gesehen und gehört, die nicht da waren. Noch nie war ich so sehr in der Essstörung wie im Moment. Ich hatte große Angst, zu sterben, und mache am nächsten Tag direkt mit dem gleichen Mist weiter! Es ist dramatisch und ich glaube, wenn ich so weitermache, werde ich wirklich irgendwann daran sterben. Das Leben ist einfach ohne Essen, Kotzen, Alkohol und Medikamente nicht auszuhalten.
Heute habe ich einen Brief bekommen: Am 7. Januar ist die Aufnahme in Mattingen. Herr Fuchs hatte ein Schreiben aufgesetzt, in dem stand, dass es aus medizinischer Sicht dringend ist. Das hat scheinbar wirklich etwas gebracht, das ging jetzt wirklich schnell. Im gleichen Moment sind die Zweifel gekommen, ob das wirklich nötig ist, und ob es mir dafür überhaupt schlecht genug geht. Das

Leben, das ich gerade führe, ist nicht mehr lebenswert. Ernsthaft. Das brauche ich mir nicht schönreden. Es ist dramatisch. Meine kranke Seite will mich davon abhalten, dort hinzugehen, da es der Essstörung dann an den Kragen geht. Was ist, wenn ich dort zusammenbreche, wenn alles von mir abfällt und ich dann komplett den Verstand verliere? Wahrscheinlich schlafe ich erst einmal fünf Tage durch, weil alles gerade so anstrengend ist. Wie soll ich Mats beibringen, dass ich in die Klinik gehe? Ich hoffe sehr, dass er auf mich wartet und sich keine anderen Frauen in der Zeit sucht. Wenn er mich wirklich liebt, ist er auch dann an meiner Seite.

Meiner Familie habe ich gesagt, dass ich noch einmal nach Mattingen gehen werde, und sie haben es nicht verstanden. Warum denn auch? Es kommt mir echt so vor, als müsste ich mich dafür rechtfertigen. Deswegen habe ich gesagt, dass da nochmal nach der Ernährung geschaut wird, weil es schwer ist, nach dem Programm wieder normal weiterzumachen. Papa hat dann gemeint, dass Mattingen eine schöne Stadt ist und ich dann ja vielleicht in zwei Monaten wieder raus bin, wenn es nur ein bisschen um die Ernährung geht.
Ich frage mich wirklich, ob ich erst umkippen muss, damit sie sehen, wie schlecht es mir geht. Allerdings kann ich meinen Eltern die Wahrheit wirklich nicht zumuten. Die Situation mit Lara ist schon dramatisch genug. Wenn ich ganz ehrlich bin, wäre es das Beste, wenn ich direkt nach Mattingen und vorerst auf die geschlossene Station gehe. Meine Gedanken werden dunkler und dunkler, ich bekomme Angst vor mir selbst.

Meine neue Hausärztin ist echt der Knaller, sie hat null Ahnung von Essstörungen. Sie hat mir so viel essgestörte Scheiße erzählt. Man darf keine Schokolade essen und schon gar keinen Käse, da er viel zu fettig ist. Sie hat mich ernsthaft gefragt, ob es vielleicht möglich ist, erst eine Stunde nach dem Essen zu kotzen, damit mein Körper schon mal ein paar Nährstoffe aufnehmen kann. Vielleicht hätte ich ihr sagen sollen, dass das **nicht** möglich ist, da ich sonst einen

Magendurchbruch riskiere. Sie meint, es kann nicht so schlimm sein, weil ich sonst noch mehr abgenommen hätte (es waren ja auch nur 30 Kilo). Allein dieser Arztbesuch war schon wieder zum Kotzen.

Ein originaler Tagebucheintrag zum Thema Bulimie
Bulimie bedeutet gute Planung, viel Vermögen fürs Klo, Lachen trotz Tränen in den Augen, Haare von Kotze befreien, der Versuch, leise zu kotzen ...
Irgendwann Resignation. Es kennt mich eh niemand. Man liebt abgelegene Klos, Tür verschließen, über den Gang gehen, Tür öffnen, verschließen, Held der sauberen Toiletten, zweimal spülen, die Angst, nicht alles losgeworden zu sein, die Angst vor der Waage, die Angst, es könnte jemand gehört, bemerkt haben. Warum kannst du mit deinem Gewicht so viel Alkohol ab? Antwort? Neunmal kotzen! Neunmal Angst, gehört zu werden, neunmal Angst, nicht alles raus bekommen zu haben ... neunmal ... neunmal! Achtzehnmal spülen!! Pizza, Brötchen, Blumenkohl, kotzen, trinken, Magen? Bricht der durch? Gekrümmt zum Klo, kotzen, hat es jemand gehört?

Mittlerweile kann ich Lara echt nicht mehr ertragen. Sie will mich massieren und mit mir gemeinsam einschlafen. Doch dieser Geruch von Alkohol und meine Wut sind so stark, dass ich das abgelehnt habe. Sie hat mir deswegen ein schlechtes Gewissen gemacht und Papa hat gesagt, dass sie jetzt wieder einen Grund hat, zu trinken. Ja, ist richtig, ich nehme die Schuld auf mich.
Meine Eltern versuchen echt immer noch, gute Miene zum bösen Spiel zu machen. Lara schläft nur noch und Mama ist morgens, mittags und abends traurig. Ich kann das spüren, auch wenn sie immer wieder versucht, das zu überspielen. Mein Redebedarf ist groß, und ich weiß nicht, mit wem ich reden kann. Franz und Renate wissen nicht, wie stark die Essstörung mich wieder im Griff hat, Freunde habe ich nicht und meine Familie ist sowieso schon am Ende.

Jetzt habe ich bei der Arbeit gesagt, dass ich meinen Vertrag Ende Dezember nicht verlängern werde, da ich in eine Klinik gehe. Meine Kollegin findet, die Hauptsache ist, dass neue KollegInnen kommen, die gesund im Kopf sind. Ja, weil Menschen mit psychischen Erkrankungen keine gute Arbeit machen, oder wie soll ich das jetzt verstehen?

Heute hatte ich wieder einen Termin bei Frau Franke, der sehr gut war. Sie hat mir ans Herz gelegt, nicht so oft zu Hause zu sein, und wenn, dann soll ich auf jeden Fall weiter dabeibleiben, alleine zu schlafen. In meiner labilen Situation sei Schlaf so wichtig. Sie hat gesagt, dass ich mir in diesem Jahr schon wirklich viel zugemutet habe, nach der langen Zeit in den festen Strukturen und dem geschützten Raum in der Einrichtung.
Der Wechsel in das ambulant betreute Wohnen, die neue WG, eine neue Stadt und der neue Job war wirklich viel. Das nun noch die Schwierigkeiten zu Hause dazu kommen, sei **zu** viel. Frau Franke hat gesagt, dass es sei, als wenn ich mich für einen 10-Kilometer-Lauf angemeldet hätte und währenddessen gesagt bekomme, dass ich doch einen Marathon laufen muss. Den Vergleich finde ich sehr gut und passend.

Mein Termin bei Herrn Fuchs war richtig gut. Er hat gesagt, dass er manchmal gerne auf mich aufpassen würde, und dass ich mir vorstellen soll, dass er neben mir steht. Am Schluss hat er noch gesagt, er möchte nicht, dass ich irgendwann umkippe. Er wird mir in Mattingen sehr fehlen, aber ich bin froh, dass es danach weitergehen kann.

Der Dezember ist nun vorbei, und ich bin sehr erschrocken darüber, wie er gelaufen ist. Um einen Überblick zu bekommen, wie viel Symptomatik ich lebe, habe ich es den Monat über dokumentiert. An 15 Tagen habe ich Alkohol getrunken, meistens nicht wenig, und an 25 von 31 Tagen habe ich zwischen fünf- und dreißigmal gekotzt.

Das ist so krank. Ich kann echt von Glück reden, dass es bald nach Mattingen geht, denn das überlebe ich nicht mehr lange.

Januar 2015
Heute hatte ich bei Frau Franke meinen letzten Termin vor der Klinik. Sie findet es sehr gut, dass ich nach Mattingen gehe und hat mir ans Herz gelegt, mir die Zeit zu nehmen, die ich brauche. Ich soll mich nicht stressen lassen. Ich habe sie heute gefragt, ob es Entzugserscheinungen auch bei bulimischen Verhalten gibt, da ich mich immer so schlecht fühle und unruhig werde, wenn ich mal einen Tag keine Symptomatik lebe. Es kommt mir echt schon so vor, als wenn mein Körper das braucht. Sie meinte, dass es auch eine Sucht ist, allerdings mit der Schwierigkeit, dass der Suchtstoff lebensnotwendig ist. Bei der Essstörung gehe es darum, einen Weg zu finden, mit dem Suchtstoff zu leben, ihn gut zu dosieren. Ich finde, das ist bei anderen Süchten wegen des kompletten Verbots einfacher.

Morgen ist es so weit und es geht nach Mattingen, heute gebe ich mir noch einmal die Kante. Im besoffenen Zustand habe ich bei dem Pfleger auf der Station angerufen. Er hat morgen Nachtdienst, ist für mich da und hat mir versprochen, dass wir das alles gemeinsam wieder hinbekommen. Mats hat heute auch geschrieben, dass wir das hinbekommen. Im Grunde weiß ich, dass ich eine große Stärke in mir habe, die ich wieder anders einsetzen muss.

10.1 Zweiter Aufenthalt in der Klinik in Mattingen
3 Monate DBT Programm
Januar 2015
Es tut unendlich gut, wieder in der Klinik zu sein. Nun bin ich schon zwei Wochen hier und recht gut angekommen. Herr Lorenz und die PflegerInnen waren schockiert darüber, wie viel ich abgenommen habe, und in was für einem schlechten psychischen Zustand ich hier angekommen bin. Sie haben alle gesagt, dass ich schon viel früher

wieder hätte aufgenommen werden müssen. Das hat mich irgendwie gefreut, weil mir klar geworden ist, dass endlich jemand meine Not sieht. Dieses Mal ist es mir von Anfang an leichter gefallen, in den Kontakt zu gehen und mir bei Druck Hilfe zu holen, da ich das Personal überwiegend kannte. Es freut mich sehr, dass ich es schaffe, den Blick nicht nur auf das zu richten, was nicht gut gelaufen ist, sondern auch auf das, was ich alles in den letzten Monaten erreicht habe.

Schon am zweiten Tag ist es mir gelungen, bei allen Mahlzeiten anwesend zu sein und etwas zu essen - allerdings längst nicht die Menge, die als Richtlinie vorgegeben wird. Es sind so viele Verbote von dem Programm im Kopf, dazu kommen meine Gedanken, was die anderen Patientinnen und das Pflegepersonal von mir denken, wenn ich mehr esse, und natürlich die riesengroße Angst vor der Gewichtszunahme.

In der ersten Woche habe ich mein Handy abgeben müssen, damit ich mich wieder auf mich konzentriere und nicht immer wieder bei Lara bin. Gerade ist es wichtig, mich selbst zu schützen und nicht über meine Grenzen zu gehen.

Meine Eltern versuchen es jetzt mit einem Entzug bei ihnen daheim. Sie haben Tabletten von unserem Hausarzt verschrieben bekommen, die Lara bei Entzugserscheinungen nehmen soll. Mir macht das Angst, da mir damals gesagt worden ist, dass ich einen Entzug niemals alleine machen sollte. Was ist, wenn sie umkippt, einen Anfall hat oder ähnliches? Ich hoffe, dass alles gut geht und der Arzt weiß, was er meinen Eltern zutrauen kann.

Zu den anderen Patientinnen habe ich kaum Kontakt, weil ich mich vor Abgrenzungsschwierigkeiten schützen möchte.

Für meinen Aufenthalt habe ich mir fest vorgenommen, keine Symptomatik zu leben und ihn zu nutzen, um Fragen zu stellen, die mich weiterbringen. Ich möchte die Klinik nach zwölf Wochen wirklich gestärkt verlassen.

Seit ich hier bin, habe ich absolut kein Verlangen danach, zu trinken. Das ist echt super. In der ersten Woche habe ich es schwer ausgehalten, da ich nicht rausgehen durfte. Mir hat die Bewegung gefehlt, und ich hatte ein total schlechtes Körpergefühl.

Ab der zweiten Woche bekam ich Ausgang, allerdings unter der Bedingung, dass ich in den Kontakt zu den Mitpatientinnen komme. Herr Lorenz findet das wichtig, damit ich nicht vereinsame. Also darf ich ganz normal nach draußen, wenn ich täglich versuche, Zeit mit Mitpatientinnen zu verbringen. Es ist echt komisch. Ich habe gefühlt eine dicke Mauer um mich herum aufgebaut, daher fällt es mir schwer, in Kontakt mit den anderen Mädels zu kommen.

Innerlich habe ich auch zu Mats eine große Distanz aufgebaut. Ich glaube, die Beziehung ist schwer spürbar für mich, weil er so weit weg ist. Mir ist es immer total wichtig, zu kontrollieren, ob zwischen uns noch alles gut ist, wenn ich dieses komische Gefühl in mir habe. Das ist auf die Entfernung nicht möglich. Kommt daher die innere Distanz? Als Schutzmechanismus?

Ich möchte wieder mehr darauf achten, nicht in die Vermeidung zu gehen und aufhören, alles zu bewerten. Beim letzten Aufenthalt ist mir das schon sehr gut gelungen.

Dies ist vor allem sehr hilfreich, weil die Bewertungen, gerade wenn es um mich selber geht, vor allem Abwertungen sind.

Bei der Vermeidung geht es zum einen um Kontakte, und zum anderen um Dinge, wie zum Beispiel in einen Supermarkt zu gehen. Meine Angst ist groß, dass ich bei den Lebensmitteln nicht widerstehen kann, doch es ist keine Lösung, das Einkaufen zu vermeiden. Irgendwann bin ich wieder daheim und muss wieder regelmäßig einkaufen gehen.

Es ist mir richtig wichtig, hier nichts heimlich zu machen. Bei meinem letzten Aufenthalt habe ich wirklich so viel Mist gebaut, das will ich nicht mehr. Das Problem bei diesen Heimlichkeiten ist, dass ich keine wirkliche Beziehung mit dem Personal eingehen kann, da ich denke, dass sie mich hassen würden, wenn sie die Wahrheit wissen. Es macht viel kaputt.

Mein Einzelgespräch mit Herrn Lorenz war wirklich total gut. Er hat mich für meine Mitarbeit gelobt; das hat mich sehr gefreut. Als wir mein Ernährungstagebuch angeschaut haben, hat er gesagt, dass ich noch mehr essen sollte. Zu meinen Beschwerden mit der Übelkeit hat er gesagt, es sei kein Wunder, da mein Körper ziemlich viel durchgemacht habe, es helfe nur eine regelmäßige Nahrungsaufnahme. Wir haben darüber gesprochen, dass es mit den Kontakten weiterhin schwierig ist und ich überwiegend allein bin. Dann habe ich ihm von meinen starken Emotionen erzählt und dass ich Angst habe, sie nicht aushalten zu können. Er hat daraufhin ganz trocken gemeint, er könne mir als Arzt versichern, dass man an Gefühlen nicht sterben kann. Er ist manchmal echt lustig. Dann hat er noch gesagt, dass ich auch die **positiven** Emotionen nicht spüren kann, wenn ich ständig versuche, alle Gefühle zu verdrängen. Wichtig sei, dass ich wieder mehr Skills anwende.

Mein Drang und mein Zwang, mich zu bewegen, wird immer schlimmer. Gefühlt halte ich mir damit gerade meine ganzen Emotionen fern. Doch reden kann ich darüber nicht, weil ich Angst habe, dafür ausgelacht oder nicht ernst genommen zu werden. Bewegung ist doch generell etwas Gutes, da fällt es doch allen schwer, die Problematik darin zu sehen. Vor allem bei mir, mit meinem Gewicht, meinem Körper und meiner Vergangenheit.
Da mein Körpergefühl noch immer schwankt, habe ich mir überlegt, was mir helfen könnte. Auf Fotos kann ich mich meiner Meinung nach am realistischsten sehen. Doch wen soll ich fragen? Wie unangenehm ist es, zu fragen, ob jemand Fotos von mir macht? Das sieht total eingebildet aus. Das traue ich mich nicht. Vielleicht fällt mir ja noch etwas anderes ein.
Immerhin ist mir aufgefallen, dass es einen Zusammenhang zwischen meiner Körperwahrnehmung und meinen Gefühlen gibt: So fühle ich mich zum Beispiel richtig fett, wenn ich wütend bin.

Ich habe mit einem persönlichen Belohnungsprogramm begonnen, das ich ziemlich clever durchdacht finde. Die kleine Wanda in mir mag so gern Sticker, deswegen nehme ich diese jetzt dafür. Wenn ich einen Tag ohne Symptomatik geschafft habe, klebe ich eine Blume in meinen Kalender. Am siebten symptomfreien Tag darf ich eine Eule in den Kalender kleben. Wichtig ist mir dabei, dass nicht wieder von vorne gezählt wird, wenn ein Tag nicht klappt. Die Tage davor zählen mit.

Meine Gedanken kreisen noch immer viel darum, was andere von mir denken. Immer wieder sitze ich vor meinem Mittagessen und denke, dass Herr Lorenz mich verfressen findet - auch wenn ich nur eine halbe Portion esse. Ich sollte mir immer wieder sagen, dass das Ziel ist, eine ganze Portion zu essen. Wieso sollte Herr Lorenz mich bei einer halben Portion schon verfressen finden? Das ergibt keinen Sinn. Es ist echt heftig. Ich möchte nicht mehr behandelt werden, als wäre ich übergewichtig, dabei sollte ich zunächst selbst aufhören, mich in meinen Gedanken so zu behandeln.

Mein Kontakt zu den anderen ist mehr geworden, doch das ist alles andere als gut. Die Abgrenzungsschwierigkeiten sind wieder einmal heftig, weil mir schon wieder von Symptomatik berichtet wird. Da ich mich um mich kümmern will, habe ich das bei dem Pflegepersonal gemeldet. Seitdem habe ich den Eindruck, dass ich bei allen untendurch bin. Hier auf der Station gibt es eine ausgeprägte Grüppchenbildung und die Stimmung ist generell so angespannt, dass ich es teilweise in den Räumen nicht aushalten kann. Ich habe immer mehr den Eindruck, dass man schlecht über mich redet.

Am Wochenende habe ich mich mit Mats in Gransberg getroffen. Das Treffen war anstrengend, weil ich den ganzen Tag versucht habe, eine gute, unkomplizierte Freundin zu sein und mich daher nur nach **seinen** Bedürfnissen gerichtet habe. Am Ende des Tages hatte ich einen ziemlichen Druck und war froh, wieder in den geschützten Raum zu fahren.

In der Klinik habe ich dann gemeinsam mit der Schwester „Skills" angewendet *(sie hat mich dabei angeleitet, damit ich die Vorgehensweise beim Skillen immer mehr verinnerliche)* und dabei gemerkt, dass es toll ist, Aufmerksamkeit zu bekommen, indem man gemeinsam **gegen** die Störung ankämpft. Das fühlt sich sogar viel besser an, als aufgrund der Symptomatik Aufmerksamkeit zu bekommen.

Da ich mich von allen abgelehnt fühle, möchte ich die Therapie abbrechen. Herr Lorenz hat mich im Einzelgespräch gefragt, wofür es sich zu kämpfen lohnt und was sich verändern soll? Ich möchte mich nicht jedes Mal zwischen Mats und der Essstörung entscheiden, ich möchte nicht mehr so viel Geld ausgeben und nicht ständig die Angst haben, erwischt zu werden. Mein Wunsch ist, dass ich wieder mehr Freizeit habe, mein Körper fitter ist, ich bewusster esse und Zeit für Freundschaften habe. Herr Lorenz hat meinen Blick wieder in die richtige Richtung gelenkt. Ich werde weitermachen mit der Therapie.

Am Wochenende war ich das erste Mal in meiner Wohnung und das ist ziemlich schlecht gelaufen. Ich habe Alkohol getrunken und hatte an allen Tagen Rückfälle. Meine Angst ist groß, dass es in Hammen jetzt immer so läuft. Jetzt kann ich sagen, dass es ab Montag wieder gut läuft, wenn ich wieder in Mattingen bin, doch was ist nach meiner Entlassung? Ich will das nicht mehr, wirklich nicht. Ich habe große Angst, dass das Personal nicht mehr an mich glaubt, aber ich muss das dort offen besprechen und schauen, wie es bei den nächsten Besuchen daheim besser laufen kann. Es ist sehr wichtig, eine ganz klare Entscheidung **gegen** die Störung zu treffen, sonst funktioniert das nicht.

Mein Kontakt zu meiner Familie ist ziemlich schwierig, da es weiterhin nur um Lara geht. Der Entzug daheim hat nicht geklappt, sie war im Delirium. Jetzt ist sie endlich in einer Klinik und hat begriffen, dass es ernst ist. Nun geht es nur noch um die Fortschritte, die sie macht und wie toll das alles ist. Mein Eindruck ist, dass sich niemand für mich und meine Therapie interessiert.

In meinem Einzelgespräch mit Herrn Lorenz habe ich das Wochenende reflektiert und Strategien für den nächsten Aufenthalt dort überlegt. Wenn ich einen Rückfall habe, muss ich direkt wieder zurück in die Klinik kommen, um mich vor weiteren Rückfällen zu schützen. Bevor ich fahre, muss ich einen genauen Strukturplan machen, in dem ich die Essenszeiten, Medikamenteneinnahme und meine Verabredungen einplane.
Herr Lorenz hat mir noch einmal gesagt, dass ich meine Essensmengen steigern muss, da mein Körper die Energie braucht. Dadurch ist es möglich, die Essanfälle zu vermeiden.

Heute hatte ich ein Pflegegespräch mit meiner Bezugspflegerin Tara, das auch sehr hilfreich war.
Wir haben über meine Enttäuschung in der Beziehung mit Mats gesprochen. Ich schicke ihm des Öfteren Karten, und es kommt mir langsam so vor, als wenn er sich überhaupt nicht darüber freut. Gestern hat er gesagt: „Ach, die Karte! Ja, die war im Briefkasten. Ich habe sie in meine Tasche gepackt, aber noch nicht gelesen." Tara hat mich total an ihrem Leben teilhaben lassen und gesagt, dass sie eine Fernbeziehung hat und immer Karten und Briefe schreibt. Ihr Freund hat ihr noch nicht einmal irgendwas geschickt. Vielleicht verschicken Männer generell nicht gern Post? Sie hat mich gefragt, wie wahrscheinlich es ist, dass Mats mich nicht mehr mag. Eher sehr gering, denn am Wochenende war noch alles gut zwischen uns.
Tara findet es wichtig, dass ich mir eigene Hobbys suche, damit es nicht nur ihn in Hammen und in meinem Leben gibt, das mache zu sehr abhängig.
Anschließend haben wir noch über die Essensportionen geredet. Sie sagt, dass sie immer die volle Mittagsportion isst und davon nicht zunimmt. Warum sollte es bei mir so sein? Und wie wahrscheinlich ist es, dass mich die anderen verfressen finden oder schlecht über mich reden? Eher weniger wahrscheinlich, da sie mit sich selber

beschäftigt sind und höchstwahrscheinlich die gleichen Ängste haben.

Wir haben gelernt, dass es wichtig ist, in Beziehungen immer die Selbstachtung in den Fokus zu legen. Dabei ist mir bewusst geworden, dass das oft der Punkt ist, der bei mir in Kontakten schiefläuft. Immer wieder schaue ich darauf, was für den anderen gut ist, und dabei verliere ich mich selbst total aus dem Blick. Daher war es mir umso wichtiger, das nächste Treffen mit Mats in Gransberg genau zu planen. Vorher habe ich überlegt, welche Bedürfnisse ich habe und was ich brauche, um mich sicher zu fühlen - auch was die Ernährung angeht. Daher habe ich genau geplant, was ich essen und trinken möchte und mich richtig gut und selbstbewusst gefühlt.
Dann war allerdings die Stimmung von Mats so schlecht, dass ich am allerliebsten direkt wieder gefahren wäre. Er schaut gerade so pessimistisch in die Welt, kaum auszuhalten. Klar ist er gerade in einer anstrengenden Prüfungsphase doch er hat einfach **nichts** Positives mehr gesehen. Mich hat das alles total verunsichert, der Tag war nicht gut. Immerhin ist es mir gelungen, meinen Essensplan einzuhalten.

Ein Pfleger, Herr Bruns, hat sich heute richtig viel Zeit für mich genommen. Total toll! Wir haben über den Besuch von Lara an meinem Geburtstag gesprochen und wie das gut funktionieren kann. Er denkt, dass ich Skills mitnehmen soll und dass Lara davon auch profitieren kann.
Als wir über Mats gesprochen haben, hat er gesagt, dass Skills auch in Prüfungsphasen hilfreich sein können. Seine Idee ist, dass wir gemeinsam Skills anwenden. Das könne lustig werden, wenn zum Beispiel beide eine Brausetablette in den Mund nehmen. Damit würde ich Mats mehr in die Therapie und das, was ich erlerne, einbinden, das könnte uns wieder mehr zusammenbringen.
Ich habe ihn gefragt, wieso ich manchmal keine Gefühle mehr wahrnehmen kann - nicht einmal positive für Mats. Er meint, dass

es ein Notschalter ist, wenn zu viele Gefühle auf einmal da sind. Das ergibt echt Sinn, denn oft sind im Kontakt zu Mats nicht nur Liebe und Freude da, sondern gleichzeitig noch Unsicherheit, Ängste, Scham ...

Gemeinsam haben wir Strategien für Hammen überlegt. Er meint, es wäre in der ersten Zeit gut, sich eine Einkaufsliste zu schreiben und keine EC-Karte und nicht zu viel Geld mitzunehmen, um nicht mehr einzukaufen, als geplant. Das könnte klappen.

Mein Problem ist, dass ich mich noch immer nicht hundertprozentig gegen die Essstörung entschieden habe. Natürlich will ich es nicht mehr so, wie es vor dem Aufenthalt war, doch irgendwie halte ich immer noch an ihr fest. Das lässt mich verzweifeln. Dieser Teufelskreis aus zu wenig essen, Essanfällen und Erbrechen lässt sich schwer unterbrechen. Das Kotzen hat mittlerweile überhaupt nicht mehr die Funktion, dass der Druck weniger wird, weil es sich abgenutzt hat. Mein Verlangen nach Alkohol und Selbstverletzungen wird daher wieder stärker. Meine Ängste vor den Wochenenden in Hammen sind groß, weil die kranke Stimme in mir so laut ist.

Die Stimmung zwischen Mats und mir wird immer schlechter. Wie wird es nur, wenn wir uns sehen? Kann ich das ohne Alkohol aushalten? Er hat zu mir gesagt, er wolle auch gerne einfach mal für ein paar Wochen in eine Klinik, um seine Ruhe zu haben. Ein bisschen spazieren gehen, ein bisschen spielen und so. Damit zeigt er mir wirklich sehr, wie sehr er an meiner Seite ist und dass er mich und meine Probleme ernst nimmt.

Am Wochenende gab es wieder einmal Ausrutscher und ich schäme mich sehr dafür. Herr Bruns hat sich vorher viele Gedanken gemacht, sich viel Zeit für mich genommen und ich schaffe es trotzdem nicht. Wie kann ich es beim nächsten Mal besser hinbekommen? Ich darf jetzt nicht aufgeben und denken, dass alles egal ist. Das ist es nicht. Irgendwann bin ich wieder ganz in Hammen und ich brauche Strategien für die Zukunft!

Was ist nur los mit mir? Im Grunde weiß ich, dass mir jetzt Kontakte und Gespräche helfen würden, aber ich schaffe es nicht, weil ich mich sehr für meine Symptomatik schäme. Wenn ich wenigstens nichts oder zu wenig essen würde, wäre es weniger unangenehm, darüber zu sprechen, aber diese Essanfälle sind nur peinlich. Nun bin ich vollkommen aus dem Kontakt mit dem Pflegepersonal gegangen, weil ich meine Scham nicht aushalten will, wenn ich darüber spreche. Was müssen die denn von mir denken? Dass ich zu verfressen bin, um dünn zu sein?

Mein Problem ist, wie so oft, dass meine Gedanken um das Essen kreisen, und der ständige Wechsel zwischen vollkommener Kontrolle und extremem Kontrollverlust. Nicht essen und alles in mich hineinstopfen.

Heute haben wir in der Gruppe die Ein-Drittel-Regel kennengelernt. Das bedeutet, dass man den Tag in drei Teile aufteilen soll. Ein Teil Pflichten, ein Teil Ruhepausen und ein Teil angenehme Aktivitäten. Das sollte ich ganz unbedingt im Kopf und im Auge behalten. Bei mir ist es so, dass drei Viertel des Tages schon vorbei sind, wenn ich meine Pflichten erledigt habe. Ein großer Teil davon ist meine festgelegte tägliche Bewegung.

Nach einem Zusammenbruch bin ich in der Chirurgie gelandet, da meine Selbstverletzung zu tief war. So kann das doch nicht weitergehen. Wieder einmal waren es Abgrenzungsschwierigkeiten. Und die Wut auf mich, weil ich es nicht geschafft habe, mein Ziel einzuhalten, nicht zu trinken. Am allerliebsten möchte ich das alles hier abbrechen, aber was soll ich zu Hause?

Dort ist Mats, und das ist ein großer Punkt, warum es so schwierig ist. Letztes Wochenende habe ich wirklich versucht, für meine Bedürfnisse einzustehen. Ich habe gesagt, wenn ich etwas essen will. Wir haben uns für Ravioli entschieden, aber er fand es zu aufwändig, noch etwas Gesundes dazu zu machen. Dann hat er mich gefragt, ob ich **schon wieder** Hunger habe, als ich fünf Stunden nach dem Frühstück etwas essen wollte. Er sagt mir ständig, dass ich nicht alles aufessen muss. Weil er mich zu fett findet? „Ihr Dicken dürft nicht immer alles aufessen!" Sind es nur meine Bewertungen dieser Situationen, die es so schwer machen? Ich habe keine Lust darauf, die Schuld schon wieder bei mir zu suchen. Bei Mats komme ich mir nur noch verfressen und dumm vor. Er hat mich nicht einmal zum Bahnhof gebracht, weil ihm Fußball wichtiger war. Generell ist alles wichtiger als ich.

In den letzten Tagen habe ich mich sehr damit beschäftigt, was die Essstörung für eine Funktion hat und warum es schwierig für mich ist, sie loszulassen. Mittlerweile nervt es mich sehr, dass das Gewicht so viel Bedeutung in meinem Leben hat und mein Körpergefühl so unterschiedlich ist. Ich fühle mich richtig abhängig von meinem Schrittzähler. Als er neulich kaputt war, ist eine Welt für mich zusammengebrochen. Die Sicherheit hat gefehlt. Es überfordert mich, und auch die Bewegung ist nicht mehr auszuhalten. Mir tut alles weh.

Was bedeutet eine klare Entscheidung gegen die Essstörung und wo ist mein Problem, mich endlich komplett davon loszusagen?
Mittags eine ganze Portion zu essen wäre ein Schritt in die Richtung, mich gegen die Essstörung zu entscheiden.

Das Problem ist die Angst vor der Zunahme, vor den Blicken und Bewertungen der anderen Patientinnen, und dass dann meine Not nicht mehr gesehen wird. Ich möchte nicht inkonsequent, fett und verfressen wirken. Was sollen denn die Leute da draußen denken, wenn ich aus der Klinik wiederkomme und so viel zugenommen habe?

Was muss passieren, um die Bulimie im Zaum zu halten?
Regelmäßige Mahlzeiten, keine Verbote von Lebensmitteln. Ich muss mir auch mal etwas erlauben. Wichtig ist, dass ich die schwarze Liste der Lebensmittel aufgebe, denn ich bekomme jedes Mal, wenn ich von dieser Liste etwas esse, die „Jetzt-ist-es-eh-schon-egal-Einstellung". Dies bedeutet, dass ich nicht wieder aufhöre zu essen und mich irgendwann übergeben muss. Ein

Knackpunkt ist wirklich, dass Lebensmittel, die ich mir verbiete, viel attraktiver sind als andere, und ich auf diese Lebensmittel besonders viel Lust bekomme.

Irgendwie habe ich fast den Eindruck, dass meine Essstörung den Effekt hat, Mats ein wenig auf Abstand zu halten. Die Stimmung zwischen uns ist gar nicht gut. Vielleicht sollte ich mich von ihm trennen und mich aus der Abhängigkeit von ihm lösen. Da es ihm im Moment nicht gut geht, habe ich allerdings das Gefühl, dass ich ihn im Stich lasse, wenn ich gehe. Mein Problem ist, dass er nicht über seine Schwierigkeiten redet und im Kontakt zu mir so kalt und distanziert ist. Harmoniert es einfach nicht zwischen uns, wenn es uns beiden nicht gut geht? Es macht mich wahnsinnig, wenn man nicht mit mir redet. Geht es ihm so schlecht, weil ich in der Klinik bin? Habe ich Schuld daran? Ich glaube, es wäre wichtig, mit ihm ganz offen über meine Gedanken und Gefühle zu reden, auch wenn ich anstrengend oder kompliziert wirke. Es ist mein Recht, und wenn er damit nicht klarkommt, muss er mir das eben sagen. Warum kann ich ihn nicht verlassen? Zum einen, weil es ihm schlecht geht, und zum anderen, weil ich denke, dass ich nie wieder einen Mann finde, der mich so nimmt wie ich bin? Mit meinen Problemen, meinen Narben, meiner Geschichte und meinem Körper.

Jetzt habe ich mit Mats gesprochen. Ich habe einfach keine Gefühle mehr. Ich habe vieles offen angesprochen, doch das einzige, was er gesagt hat, ist, dass er so schwach ist. Wahrscheinlich muss wirklich jeder an sich arbeiten. Ich kann ihn nicht zur Therapie überreden. Das ergibt keinen Sinn, wenn er es selbst nicht will. Ist es nur aus der Angst heraus, verlassen zu werden, wenn ich die Beziehung jetzt beende? Oder kann das auch ein normaler Schritt sein, der nicht gleich borderlinig sein muss? Ich weiß nicht, ob ich meinem Gefühl trauen kann, oder ob es die Störung ist. Was ist, wenn ich ihn damit in eine Vollkrise bringe?

Nun ist der Klinikaufenthalt fast vorbei, das ging schon wieder schnell. Er war gut und wichtig auch wenn es schwierige Tage gab. Die Aufenthalte in Hammen an den Wochenenden sind die letzten beiden Male viel besser gelaufen, es gab kaum noch Symptomatik. Ich hoffe von Herzen, dass ich es schaffe. Nachdem mich Renate letzte Woche hier in der Klinik besucht und wieder mal nur von sich und ihren Problemen gesprochen hat, habe ich mich getraut und Franz gesagt, dass ich gerne eine andere Bezugsbetreuerin an meiner Seite haben möchte. Das kann ich auf Dauer nicht aushalten. Es ist nicht mein Auftrag, sie zu unterstützen.

Ich habe viel erreicht, die Therapie mit Herrn Lorenz war super, auch die Gespräche mit dem Pflegepersonal. Mir ist klar, dass ich weiter an mir arbeiten muss und werde. Dafür habe ich Herrn Fuchs in Hammen, und außerdem hat mir Herr Bruns vom Pflegepersonal angeboten, in Kontakt zu bleiben. Er war hier eine wunderbare Unterstützung, und ich freue mich sehr, dass er weiterhin für mich da ist.

Entlassung

Heute hatte ich den ersten Termin bei Herrn Fuchs nach meinem Aufenthalt in Mattingen. Es war echt schön, ihn wiederzusehen. Zuerst habe ich ihn auf den neusten Stand gebracht. Mir ist es echt wichtig, es zu schaffen, da ich in den Kliniken immer wieder Abgrenzungsschwierigkeiten habe und für meinen Geschmack genug Zeit meines Lebens in Kliniken verbracht habe.

Wir haben noch einmal über die Zeit vor der Klinik und die unterschiedlichen Sichtweisen von mir und meiner Familie hinsichtlich meiner Verfassung gesprochen. Herr Fuchs hat gesagt, es ist gut möglich, dass es mir sehr schlecht geht, meine Außenwelt aber trotzdem sieht, was ich alles erreicht, geschafft und gut gemacht habe. Das habe ich ja tatsächlich, doch mein Wunsch ist, dass meine Eltern **auch** meine Verzweiflung sehen. Ich denke, dass die fehlende Aufmerksamkeit, die ich immer versuche zu bekommen, ein wichtiger Punkt ist. Es ist an der Zeit, mir selbst diese Aufmerksamkeit zu geben und gut zu mir zu sein.

Der Grund, warum ich Herrn Fuchs noch extrem brauche, ist, dass ich kein soziales Netz habe. Hier in Hammen habe ich nur Mats, und ich weiß nicht, ob wir eine Zukunft haben. Ich scheine ihm immer gleichgültiger zu werden, er sucht den Kontakt gar nicht mehr und ist total kalt zu mir. Immer wieder stecke ich viel Energie in die Beziehung und es kommt nichts zurück.

April 2015

Es geht mir gerade wirklich recht gut. Das Wetter wird immer besser und ich bin sehr viel draußen unterwegs. Ich gehe spazieren und fahre Fahrrad. Mir gelingt es, auf die Symptomatik zu verzichten, und ich schaffe wirklich viel von den Dingen, die ich mir vornehme. Es ist zwar so, dass ich nicht die Mengen esse, die als normal angesehen werden, aber ich mache meine Sache gerade echt gut und habe immerhin keine Essanfälle. Gestern hatte ich ein Abschlussgespräch mit Renate, bei dem ich alles loswerden konnte. Es macht mich sehr stolz, dass ich mit einer Klärung aus der Beziehung gegangen bin und mein Gegenüber nicht, wie schon so oft, einfach im Unklaren gelassen habe.

Nun habe ich Tina als neue Betreuerin, sie macht einen sehr netten Eindruck.

Heute war ich beim Jobcenter. Ich könnte kotzen; vielleicht war ich zu ehrlich. Wir haben darüber geredet, was ich beruflich in den letzten Jahren gemacht, beziehungsweise nicht gemacht habe, und wie die Lücken in meinem Lebenslauf entstanden sind. Der Mitarbeiter vom Jobcenter hat mir sehr klar zu verstehen gegeben, dass er die Meinung von Frau Fischer teilt und wir lieber in einem anderen Bereich nach Arbeit für mich schauen sollten als im sozialen. Der kann mich mal. Er hat doch absolut keine Ahnung.

Die Treffen mit Mats sind sehr gefühlskalt, ihm geht es schlecht. Nun ist herausgekommen, dass er bereits im Januar in seine

232

Spielsucht zurückgefallen ist. Das ist der Grund, warum er nicht mehr Kaffee trinken gehen und nichts machen will, was etwas kostet. Er verspielt sein komplettes Geld. Es verletzt mich total, dass er nicht offen darüber geredet hat, weil ich die ganze Zeit ehrlich ihm gegenüber gewesen bin.

Eine Sache, die mir wahnsinnige Angst macht, ist mein Haarausfall. So etwas habe ich noch nicht gesehen. Wenn ich dusche, sind die Dusche und mein ganzer Körper voller Haare. Das kann nicht gesund sein. Kommt das vielleicht davon, dass ich nicht alle Nährstoffe zu mir nehme, die ich benötige? Ist die Nahrungsmenge doch zu gering und die Bewegung zu viel?
Es freut mich, dass ich es gerade schaffe, mich um mich selbst zu kümmern und Arzttermine mache. Ich war beim Zahnarzt, weil mir ein Zahn abgebrochen ist, beim Orthopäden, da meine Rückenschmerzen wieder so extrem sind, und bei einer Hautärztin wegen meines Haarausfalls. Ich hoffe sehr, dass es nicht an der Ernährung liegt und mir das Shampoo hilft, dass sie mir verschrieben hat.
Mein Bewegungsdrang ist extrem geworden, seit ich aus der Klinik zurück bin. Gefühlt ist es nie genug. Jetzt habe ich mir eine App heruntergeladen, die meine Kilometer zählt. Hoffentlich gibt die App mir Sicherheit und ist zuverlässig. Was mir Sicherheit gibt, ist mein vielleicht etwas zwanghaftes, aber sehr geregeltes Essen. Jeden Tag gibt es die gleichen Lebensmittel - vom Frühstück bis zum Abendessen. Mir ist bewusst, dass das nicht die Mengen sind, die das Veda durchgehen lassen würde, aber ich fühle mich damit okay. Mein Körper neigt eben eher zum Übergewicht, und deshalb muss ich schauen, dass ich es mit gezügelter Ernährung und Bewegung im Griff behalte.

Richtig toll finde ich, dass Herr Bruns sein Wort hält und mich weiterhin unterstützt. Wir schreiben Mails und telefonieren manchmal.

Ich nehme immer mehr Kontakt zu ehemaligen Freundinnen auf, um mir ein soziales Netz aufzubauen. Es tut gut, Menschen um sich herum zu haben, bei denen es nicht überwiegend um das Thema Essen geht. Die Kontakte tun mir richtig gut, und ich hoffe, dass ich es schaffe sie aufrecht zu erhalten.

Mai 2015

Nun ist es eindeutig mit Mats zu Ende, wir bekommen es nicht gemeinsam hin. Wir schaffen es nicht, uns gegenseitig zu unterstützen. Es ist sehr schwer auszuhalten. Ich habe das Gefühl, dass ich falle, und ich bin so unendlich traurig.

Letztes Wochenende bin ich in alte Verhaltensmuster gefallen, da alles so ungeklärt und unsicher ist. So möchte ich nicht weitermachen. Ich habe schon wieder viel Geld für Essanfälle ausgegeben, das kann und darf so nicht weitergehen. Dadurch, dass ich nicht besonders viel Geld vom Amt bekomme, kann ich mir die Essstörung rein finanziell nicht leisten, wobei das natürlich auch nur **ein** Grund ist, weshalb ich das nicht mehr will.

Es hat gutgetan, heute mit Herrn Fuchs über die ganze Mats-Geschichte zu sprechen. Es war eine schöne, wichtige und tolle Zeit, aber ich kann nicht sein Retter sein. Ich finde es schwierig, weil mir bewusst ist, dass ich in den letzten Wochen in und mit der Beziehung nicht glücklich war. Aber jetzt, wo es zu Ende ist, schmerzt es so sehr in meinem Herzen. Es war für uns beide richtig, die Beziehung zu beenden, auch wenn das Ende einer Beziehung immer weh tut.

Mein Essverhalten und meine Bewegung sind wirklich so zwanghaft, dass es langsam nur noch anstrengend ist. Jeden Tag laufe ich 20 Kilometer zu Fuß und es kann und darf nicht weniger sein. Wenn ich mehr Nahrung zu mir nehme, muss ich mich mehr bewegen. Ich versuche damit, Sicherheit zu bekommen, und Essen und Erbrechen zu vermeiden, doch es belastet mich. Rein kognitiv ist mir bewusst, was normale Portionen sind, und dass ich von einem Brötchen mit Frischkäse und Honig zum Frühstück, Salat zum Mittagessen und Kartoffel mit Quark und Salat zum Abendessen nicht zunehmen kann. Selbst wenn ich mich gar nicht bewegen würde, dürfte ich davon nicht zunehmen, denn mein Körper braucht schon Kalorien, damit die Organe arbeiten können.

Richtig gut finde ich, dass ich gerade wirklich versuche, in Hammen anzukommen und mich um mich zu kümmern. Ich schaue nach Jobs, da meine Hoffnung groß ist, dass es mir gelingt, die Ernährung ein wenig in den Hintergrund zu bekommen, wenn ich wieder eine feste Struktur und Aufgabe in meinem Leben habe.

Die Besuche bei meiner Familie sind so entspannt wie lange nicht mehr. Lara hat der Aufenthalt in der Klinik wirklich gutgetan. Ich sehe ihren Kampfgeist und es ist fast wie vor der gruseligen Zeit. Meine Eltern wirken viel gelöster und entspannter, das ist wirklich toll.
Gerade spüre ich eine unendliche Dankbarkeit. Schon in Mattingen hatte ich mir überlegt, dass es total gut für mich und die Einschätzung meines Körpergefühls wäre, wenn ich Fotos von mir machen lasse. Letzte Woche habe ich eine Anzeige am schwarzen Brett gesehen, dass ein junger Mann jemanden sucht, der Lust hat, Fotos zu machen. Nachdem ich mich bei ihm erkundigt habe, kam heraus, dass er die Stadt Hammen in Fotos darstellen möchte und dafür noch ein Modell sucht. Für mich klingt das sehr spannend. Ich habe auch keine Angst, dass er irgendein schräger Typ ist, da er gesagt hat, dass ich auf den Bildern nicht erkannt werden muss. Außerdem haben wir vereinbart, dass wir uns in der Stadt treffen und uns zuerst nur unterhalten. Dies haben wir dann gemacht und die Harmonie zwischen uns stimmte sofort. Timo hat mir ganz viel über die Stadt Hammen und von seinen Fotoideen erzählt. Da ich gespürt habe, dass ich ihm vertrauen kann, habe ich ihm von meiner Erkrankung und meiner Idee mit den Fotos zur Überprüfung des Körpergefühls erzählt. Wir haben uns darauf geeinigt, dass ich ihn unterstütze und er mich. Das war so ein wundervoller Nachmittag! Wir haben ein Bierchen am See getrunken, ich habe viel Neues von Hammen entdecken dürfen und habe so eine Leichtigkeit gespürt.

Die Bilder sind total toll geworden. Ich kann mir gut vorstellen, dass mein Plan, meinen Körper besser einschätzen zu lernen, damit aufgeht. Wir werden uns auf jeden Fall wieder treffen. Wir haben viele weitere Ideen für Fotos.

Juni 2015
Heute habe ich mit Herrn Fuchs darüber gesprochen, dass ich überlege, in eine eigene Wohnung zu ziehen. Das hat ein Hochgefühl in mir ausgelöst, da es das erste Mal in meinem Leben ohne Betreuung wäre. Gleichzeitig macht es mir ein wenig Angst. Was ist, wenn ich es nicht hinbekomme?
Außerdem habe ich Herrn Fuchs davon erzählt, dass ich ein Buch schreiben möchte. Er hat mich nicht ausgelacht, sondern mich ernst genommen. Das hat mich total gefreut. Vielleicht ist **das** wirklich mein Auftrag im Leben, vielleicht war die schwierige Zeit genau **dafür** gut.

Momentan schreibe ich sehr viele Bewerbungen. Eine Freundin von mir, Marie, hat mir ein Wohnheim empfohlen, in dem sie mal gearbeitet hat. Dort suchen sie MitarbeiterInnen. Dort habe ich mich auch beworben und bin gespannt, ob sie sich zurückmelden. Die Stelle klingt wirklich sehr interessant. Außerdem habe ich noch ein Vorstellungsgespräch für eine Schulbegleitung und in einer Werkstatt.

Um etwas gegen meine Essstörung zu machen und mit Menschen zu sprechen, die die gleiche Problematik haben, habe ich mir eine Selbsthilfegruppe gesucht. Gestern war das erste Treffen und ich freue mich wirklich total, dass ich endlich wieder Leute habe, denen ich meine Gedanken anvertrauen kann. Schon am ersten Abend habe ich mich sehr wohl und gut aufgehoben gefühlt. Die Frauen sind wirklich sehr nett. Es tut gut, verstanden zu werden, aber auch, den anderen Tipps zu geben. Die Gruppe ist nicht angeleitet, wir sind unter uns.

Meine Vorstellungsgespräche sind alle super gelaufen. Ich glaube, ich habe einen guten Eindruck hinterlassen. Die Stelle, die mir am meisten zusagt, ist die im Wohnheim. Die Chefin ist total nett, und ich durfte auch schon zur Probe arbeiten. Das Spannende ist, dass die BewohnerInnen nicht nur geistige Beeinträchtigungen haben, sondern auch psychische Problematiken. Es ist mal ein ganz anderer Bereich und für mich total interessant. Ich würde gern dort anfangen, denn auch die MitarbeiterInnen sind nett, offen und hilfsbereit.

Gerade habe ich den Eindruck, dass mein Kontrolldrang, was die Bewegung und die Ernährung angeht, stärker wird - vermutlich, weil alles so unsicher ist. Es ist an der Zeit, eine Entscheidung zu treffen. Da ich jetzt die Rückmeldung vom Wohnheim bekommen habe, dass sie mich wollen, habe ich mich dafür und gegen die anderen beiden Stellen entschieden. Alle wollen mich. Es ist ein tolles Gefühl, unter drei Jobangeboten aussuchen zu können.
Mitte Juli kann ich im Wohnheim anfangen, es fühlt sich richtig gut an, mir mein Leben hier aufzubauen und endlich irgendwo anzukommen.

Heute habe ich Herrn Fuchs gesagt, dass die WG nicht mehr das Richtige für mich ist. Er findet es sehr gut, glaubt an mich und hat mir zugesichert, mich auf dem Weg zu unterstützen. Wir haben abgesprochen, dass ich ihm immer bei unseren Terminen verspreche, bis zum nächsten Termin keine Symptomatik zu leben. Ich glaube, dass es mich wirklich motiviert, die Symptomatik zu unterlassen, wenn ich daran denke, dass ich ihm sonst sagen müsste, dass ich das Versprechen gebrochen habe.

Es freut mich total, dass ich immer mehr soziale Kontakten habe. Jetzt habe ich mich das erste Mal wieder mit Marie und Nils getroffen. Ich kenne die beiden aus dem Freiwilligen Sozialen Jahr. Diese Dreiergruppe ist echt eine tolle Konstellation. Es war unbeschwert und wir haben total viel gelacht.

Heute hatte ich ein total schlechtes Körpergefühl und wollte daher den Fototermin mit Timo absagen. Es freut mich total, dass ich gegen mein Gefühl gehandelt habe und hingegangen bin. Der Tag war toll, und auf den Bildern konnte ich sehen, dass mein Gefühl für den Körper alles andere als realistisch war. Ich sehe auf den Bildern absolut nicht fett aus. Schon heftig, was der Kopf manchmal mit einem macht.

Juli 2015
Leider hat das Shampoo von der Hautärztin nichts gebracht, mein Haarausfall ist weiterhin heftig. Tina hatte die Idee, dass ich mich von einer Frauenärztin durchchecken lasse, da es auch ein Hormonproblem sein kann. Die Ärztin ist total nett und sie hat mein Blut kontrolliert. Es ist tatsächlich so, dass das männliche Hormon nicht ausreichend produziert wird, daher bekomme ich jetzt eine andere Pille. Ich hoffe sehr, dass mein Haarausfall damit endlich aufhört.

Ich versuche wirklich, mich nicht mehr über Florian und die dreckige Wohnung zu ärgern, doch das ist gar nicht so leicht. Meistens bereinige ich die Dinge, die mich in der Wohnung stören, damit ich mich nicht länger darüber ärgern muss.
Es ist echt toll, dass ich Herrn Fuchs an meiner Seite habe, denn er bringt mich ins Machen. Das ist besser als nur zu Meckern. Daher schaue ich jetzt nach Wohnungen. Er unterstützt mich emotional dabei, indem er mir immer wieder sagt, dass ich das ohne Betreuung schaffen kann. Er glaubt an mich, das ist echt das größte Geschenk.
Mir gelingt es immer besser ohne Symptomatik. Das liegt allerdings auch daran, dass Herr Fuchs kein Drama daraus macht, wenn ich es mal nicht hinbekomme. Letztens hatte ich einen Rückfall und habe ihm eine sehr verzweifelte Mail geschrieben, dass alles Mist ist und so weiter. Daraufhin hat er nur einen Satz zurückgeschrieben: „Auf dem größten Misthaufen wachsen die schönsten Blumen." Dieser Mann ist echt faszinierend. Wie gelingt es ihm nur, trotz meiner vielen Rückschläge die Hoffnung nicht zu verlieren, dass es gut

werden kann? *(Diese Frage habe ich ihm gestellt, als ich dabei war das Buch zu schreiben; die Antwort findet ihr in der Anlage.)*

Die Selbsthilfegruppe ist noch immer sehr hilfreich, ich bin dankbar, dass ich sie habe.

Mit Insa verstehe ich mich besonders gut; sie ist total lieb, und wir haben auch außerhalb der Gruppe Kontakt.

Ab und zu treffe ich mich noch mit Mats, allerdings nur freundschaftlich. Es freut mich, dass es ihm ein wenig besser geht. Gestern war Lara bei mir zu Besuch und es war sehr vertraut zwischen uns. Es hat mich richtig gefreut, dass ich so sehr bei mir und meinem Gefühl war, dass ich meine Grenzen spüren konnte. Vor allem, was die richtige Menge an Nahrung betrifft – so, dass ich mich noch gut gefühlt habe. Die Stimmung zwischen uns war total toll. Ich hoffe, dass bald alles wieder ist, wie es einmal war. Das Treffen gestern war ein guter Anfang.

Morgen beginnt nun also meine Arbeit, ich bin ganz schön aufgeregt und habe etwas Angst. Doch ganz ehrlich: Was ist das Schlimmste, was passieren kann? Was genau sind meine Ängste? Das mich jemand nicht mag!? Ich mag auch nicht jeden, das ist normal. Die nächste Befürchtung ist, dass ich gefeuert werde. Erstens, warum sollten sie das tun? Und zweitens: Wenn es so sein sollte, habe ich Alternativen. An meiner Bewerbungsphase sollte ich gesehen haben, dass sich andere Einsatzmöglichkeiten für mich finden. Überall, wo ich gearbeitet habe, wurde ich geschätzt. Natürlich hat es auch mal nicht mit den MitarbeiterInnen harmoniert, aber das gibt es immer und überall. Wichtig ist, dass ich mir treu bleibe und äußere, wenn mich etwas stört. Damit ist nicht gleich die Beziehung vorbei, das habe ich gelernt. Richtig gut und wichtig ist, dass ich noch immer Herrn Fuchs an meiner Seite habe, mit dem ich schwierige Dinge besprechen kann, ohne dass ich gleich kündigen muss – so wie in den Zeiten im Veda.

Ich weiß, dass ich das kann, denn ich bin gut zu den BewohnerInnen. Und ich werde es auch schaffen, gut zu mir zu sein. Natürlich waren sie im Veda der Meinung, dass ich das nicht kann, doch die haben nur die bedürftige Wanda kennengelernt. Die Wanda, die alles getan hat, um Aufmerksamkeit zu bekommen. Das ist mir jetzt noch wichtig, allerdings hole ich sie mir jetzt dadurch, dass ich clean bleibe. Das ist viel, viel mehr wert.

Ein wenig Angst macht mir, dass ich meine Bewegung dann nicht mehr so durchziehen kann. Doch vielleicht gelingt es mir, den Fokus mehr auf die Arbeit und weniger auf die Bewegung und das Essen zu legen. Ich kann mich damit beruhigen, dass ich nur 20 Stunden in der Woche arbeite; da bleibt genug Freizeit, um spazieren zu gehen. Es ist klar, dass diese Themen wieder mehr Platz in meinem Kopf einnehmen, da ich noch nicht weiß, wie es alles läuft, aber ich werde das alles so was von rocken, weil ich es kann und weil ich gut bin!

Jetzt bin ich seit ein paar Tagen bei der neuen Arbeitsstelle und echt total glücklich. Das ist ein wirklich spannender Bereich und alle MitarbeiterInnen und BewohnerInnen sind wahnsinnig freundlich. Es ist mir gelungen, meine Bewegung wieder auf 20 Kilometer zu reduzieren. Wenn ich nach der Arbeit, den ganzen neuen Informationen dort und meiner Bewegung, ins Bett falle, schlafe ich sofort ein. Meine Gedanken kreisen nicht mehr so schlimm um das Essen und die Bewegung, da ich mich mehr mit der Arbeit und den Krankheitsgeschichten dort auseinandersetze.

Ich bin bereits seit zwei Wochen komplett symptomfrei und sehr stolz auf mich. Das ist mir das ganze Jahr noch nicht gelungen.

Die Treffen mit der Selbsthilfegruppe finden weiterhin jede Woche statt und ich bin froh, dass ich es schaffe, meine Gedanken dort zu sortieren. Es ist wichtig, dass ich mich durch die Arbeit und die Bewegung nicht nur ablenke, sondern auch dort hinschaue, wo noch Schwierigkeiten sind.

Richtig toll finde ich, dass Mama mich gestern besucht hat. Wir haben Zeit zusammen verbracht, in der wir geredet, Menschen beobachtet und Kaffee getrunken haben. Es war wunderbar, diese Ruhe zusammen zu haben. Das hat unserer Beziehung wirklich gutgetan.

August 2015
Momentan geht es mir wirklich gut. Die Arbeit macht viel Spaß und ich habe das Gefühl, dort anzukommen. In der Dienstbesprechung habe ich gesagt, dass ich mir wünsche, dass die KollegInnen mich darauf hinweisen, wenn ich etwas in meinen Diensten vergesse, damit ich es beim nächsten Mal besser machen kann. Zum Glück habe ich den Termin bei der Betriebsärztin gut überstanden. Sie hat nichts zu meinen Narben an den Armen gesagt hat. Ich hatte vorher ziemlich große Angst, dass sie mich deshalb für nicht geeignet für den Beruf hält.

Mir gelingt es weiterhin, mein soziales Netz aufrechtzuerhalten. Ich treffe mich immer noch mit Timo, ab und zu mit Mats und mit meinen Freundinnen.
Es freut mich ganz besonders, dass ich wieder Kontakt zu Tara, Birte und Ida habe. Meine Angst war groß, dass Ida und ich uns aus den Augen verlieren, da es mit vielen Freundschaften aus der Klinik und dem Veda so war. Allerdings ist der große Unterschied, dass Ida auch in eine gesunde Richtung geht und wir nicht nur die Störung „teilen", sondern auch die Hoffnung auf eine bessere Zukunft. Unser Austausch über das Veda tut sehr gut, da sie mich einfach versteht.
Momentan bin ich sehr fleißig dabei, nach Wohnungen zu schauen. Eine Besichtigung hatte ich bereits, doch leider hat jemand anderes die Wohnung bekommen. Mir ist vorher schon gesagt worden, dass es nicht leicht ist, in Hammen eine Wohnung zu bekommen, da brauche ich Ausdauer und Geduld.

Mir ist aufgefallen, dass sich innerlich sehr viel bei mir verändert hat. Ich habe nicht mehr den Eindruck, dass ich nur aus Essstörung bestehe, nur Störung **bin**. Ich kann mich immer wieder beruhigen, wenn es um die Ernährung oder die Bewegung geht. Die Arbeit und meine Kontakte haben einen höheren Stellenwert als das Gewicht und die Essstörung.
Das, was mich allerdings wirklich belastet, ist der Kontakt zu Insa aus der Selbsthilfegruppe. Es fällt mir schwer, mich abzugrenzen.

Sie schreibt mir sehr viel und gerade dann, wenn sie Druck hat, zu essen und zu erbrechen. Im Grunde finde ich es gut, dass sie sich Hilfe holt, aber ich habe dann immer total das schlechte Gewissen und Schuldgefühle, wenn ich nicht direkt antworte und es dann zur Symptomatik kommt. Gestern hat sie mir ein Video von einem leeren Nutellaglas geschickt und dazu gesagt, dass sie das gerade ganz aufgegessen hat. Das hat mich sehr unter Druck gesetzt. Was soll ich mit dieser Info? Ich mag sie wirklich gern, daher sollte ich dringend mit ihr darüber reden, dass so etwas nicht gut für mich ist.

Es ist toll, dass ich es geschafft habe, mich ganz klar **gegen** die Krankheit zu entscheiden. Seit drei Wochen habe ich keinen Alkohol getrunken, und ich habe auch sonst keine Symptomatik gelebt. Mir wird immer bewusster, dass sehr viel gestörtes Verhalten im Zusammenhang mit Alkoholkonsum geschehen ist. Wenn jetzt kranke Gedanken aufkommen, sehe ich sie klarer und handle dagegen.
Mir ist es auch gelungen, mit Insa zu sprechen, das mach mich sehr stolz. Freundschaften haben nur Bestand, wenn jeder äußern kann, wenn er sich in der Beziehung nicht gut fühlt. Insa hat mir versichert, dass ich für sie eine Unterstützung bin und niemals schuld, wenn sie symptomatisch ist. Außerdem hat sie mir versprochen, mir keine Details von ihrer Symptomatik mehr zu erzählen.

Durch die Pille ist mein Haarausfall komplett verschwunden, darüber bin ich richtig froh.

Ich kann das in dieser WG nicht mehr aushalten, wirklich nicht. Der ganze Dreck, die Spannungen zwischen Florian und mir: Das kann alles nicht so weitergehen. Heute bin ich wirklich zusammengebrochen und habe so sehr geweint. Ich bin richtig stolz auf mich, dass es mir gelungen ist, bei zwei Freundinnen meinen Frust am Telefon loszuwerden und mich dann **für** die Selbsthilfegruppe und **gegen** die Essstörung zu entscheiden. Dort habe ich nochmal alles herausgelassen. Der Druck wurde weniger und die Symptomatik war nicht mehr nötig. Es ist gut zu wissen, dass diese Anspannung überwindbar ist, und dass es hilft, darüber zu reden.

Unglaublich: Heute hatte ich eine Wohnungsbesichtigung. Die Vermieterin war unheimlich nett und die Wohnung echt toll. Ich will sie unbedingt. Es war wie Liebe auf den ersten Blick. Es ist eine kleine Einzimmerwohnung mit zwei Balkonen, einem süßen Bad - sehr mädchenhaft eingerichtet. Ich habe mich sofort wohlgefühlt und direkt zugesagt. Am 1. 10. kann ich dort einziehen. Ich bin unglaublich glücklich. Anschließend habe ich direkt bei Franz und Tina angerufen und denen gesagt, dass ich ab dem 1. 10. nicht mehr betreut werden muss, meine Kündigung folgt. Sie haben sich sehr für mich gefreut.

Gestern habe ich mit Herrn Bruns telefoniert. Er hat gesagt, dass er schon durch das Telefon hört, wie positiv ich eingestellt bin. Das freut ihn sehr.
Auch Herr Fuchs hat gesagt, dass die Sonne aufgeht, als ich in den Raum gekommen bin. Scheinbar strahle ich gerade wirklich Zufriedenheit aus. Wie schön. Herrn Fuchs musste ich leider einen Essanfall beichten, seine Reaktion war aber gut. Er glaubt weiterhin an mich. Wir haben überlegt, was ich mit der Essstörung machen kann, wenn sie so laut schreit und diskutieren will. Eine Idee ist, sie nebenan einzusperren und sie wieder rauszulassen, wenn sie ruhiger ist. Die Frage, die ich mir schon lange stelle, ist, wer ich bin, wenn die Essstörung nicht da ist? Sie begleitet mich jetzt schon so eine lange Zeit, dass es schwer ist, diese Frage zu beantworten.
Herr Fuchs findet, es ist wichtig, solche Vorfälle (er möchte generell nicht von Rückfällen sprechen) zu akzeptieren und das Ziel weiter im Auge zu behalten und weiterzumachen.

Bei meiner Familie war es am Wochenende wieder total schön. Meine Eltern haben mir tolle Sachen aus ihrem Urlaub mitgebracht, wir haben uns richtig gut unterhalten und ich konnte mich entspannen. Es ist toll, dass die Essstörung nicht mehr einen so großen Raum einnimmt, dass sie alles anstrengend macht und vor allem auch, dass es Lara gut geht.

Wir sind dabei, meinen Umzug zu planen, es nimmt immer mehr Form an. Wie aufregend.

September 2015
Wir haben von der Arbeit aus einen Betriebsausflug unternommen. Es ist wunderbar, sich dazugehörig zu fühlen. Ich verstehe mich mit dem Team wirklich sehr gut und fühle mich gut aufgehoben - endlich angekommen.

In meinen Diensten läuft schon alles sehr routiniert. Ich habe den Eindruck, dass ich einen guten Job mache, und mit den BewohnerInnen komme ich sehr gut klar.

Mir gelingt es weiterhin, Freunde zu treffen; das tut mir wirklich gut. Letzte Woche habe ich meine Mädels aus dem ersten Klinikaufenthalt in Mattingen getroffen und war bei einer Freundin in Listhadern. Es ist so schön, nicht mehr so eingeschränkt zu sein - sowohl durch das Veda als auch durch die Essstörung. Endlich kann ich mich für Dinge entscheiden, auf die ich Lust habe. Ich fühle mich total frei.

Heute bin ich aus der WG ausgezogen. Florian und ich haben uns nett verabschiedet und sind im Guten auseinandergegangen. Das hat mir viel bedeutet, auch wenn es nicht immer einfach zwischen uns war. Meine Eltern und Insa haben mich beim Umzug unterstützt. Lara ist später gekommen und hat beim Einräumen geholfen. Ich bin dankbar für so viel Hilfe.

Jetzt habe ich es also geschafft, nach sechs Jahren Betreuung in meiner eigenen Wohnung zu sein. Es fühlt sich unendlich gut an. Unbeschreiblich gut.

11. Entwicklung seit dem Auszug aus dem betreuten Wohnen Oktober 2015 bis zum jetzigen Zeitpunkt

Über die Zeit nach meinem Auszug aus dem Betreuten Wohnen möchte ich gern eine Zusammenfassung schreiben, da weitere Tagebucheinträge den Rahmen sprengen würden. Es war mir vor allem wichtig, anhand der Einträge zu belegen, wie sich bestimmte Gedanken und Verhaltensweisen mit der Zeit immer und immer mehr verfestigen, dass sie sich aber auch wieder auflösen lassen.

Des Weiteren wollte ich zeigen, dass ein Hilfesystem nicht zwangsläufig ein Hilfesystem ist. Es kommt darauf an, Menschen zu finden, die zu einem passen und die spüren, was wichtig ist, um jemanden aus seinem Tief zu holen.

Der Einzug in meine erste eigene Wohnung war ein wichtiger Wendepunkt für mich.

Meine Arbeit hat mir weiterhin sehr viel Struktur gegeben und mir Spaß gemacht. Parallel zu den 20 Wochenstunden in der Einrichtung habe ich einen Nebenjob in einer Schuhfabrik angenommen. Die Arbeit dort hat mir ebenfalls viel Freude gemacht, da es ein guter Ausgleich zu meinem Hauptjob war. Leider musste ich ihn nach ein paar Monaten aufgeben, da dort mit ziemlich aggressiven chemischen Mitteln gearbeitet wird, die mich krank gemacht haben. Dafür konnte ich meine Stunden im Wohnheim auf 30 erhöhen und bin dann finanziell gut zurechtgekommen.

In meiner eigenen Wohnung habe ich mich total zu Hause, sicher und wohl gefühlt. Ein paar Tage nach meinem Einzug habe ich meine Nachbarin Dina kennengelernt. Wir haben uns direkt gut verstanden, waren auf einer Wellenlänge und sie ist noch heute eine meiner wichtigsten Freundinnen.

In den vorangegangenen Monaten hatte ich mein Fundament aufgebaut, indem ich mich ganz klar **gegen** die Essstörung entschieden und viele Dinge angewendet habe, die ich in der Klinik in Mattingen gelernt habe. Nach jedem Rückfall habe ich eine Symptomanalyse geschrieben, um mich besser verstehen zu lernen. Ich habe mit Akzeptanz für einige Dinge und Selbstfürsorge gearbeitet. Es ist mir gelungen, mich in schwierigen Situationen selbst zu beruhigen. Wenn nicht, konnte ich mich an Herrn Fuchs oder an Herrn Bruns wenden. Sie haben mir den Rücken gestärkt und mir unermüdlich gesagt, dass ich es schaffen werde.

In vielen spannungsgeladenen Momenten ist es mir gelungen, Skills einzusetzen.

Eine sehr wichtige Säule, die mich getragen hat, war meine Arbeit, eine andere mein soziales Netz und der Kontakt zu ganz normalen Menschen. Da fragt man sich: „Was sind ganz normale Menschen?" Für mich sind es Menschen, die ich außerhalb der Klinik kennengelernt habe. Oder Bekannte aus früheren Zeiten, mit denen der Kontakt zwischenzeitlich abgebrochen war. Ich habe gelernt, dass alle Problematiken mit sich herumtragen und gesehen, wie unterschiedlich jeder damit umgeht.

Der Kontakt zu meiner Familie ist immer entspannter geworden. Dadurch, dass ich endlich mein eigenes Leben in Hammen mit FreundInnen, ArbeitskollegInnen und der Arbeit aufgebaut habe, konnte ich mich ein wenig von zu Hause lösen und ich war nicht mehr so häufig dort.

Ende 2015 habe ich meinen heutigen Mann Gunnar kennengelernt. Durch ihn habe ich Dinge wiederentdeckt, die mir viel Spaß machen. Wir sind Kanu gefahren, viel gereist, haben Radtouren gemacht, waren auf Konzerten und sind tanzen gegangen. Ich konnte wieder spüren, wie sehr das Leben Spaß macht, und habe erkannt, dass es sich genau für all **das** lohnt, weiterhin zu kämpfen.

Ich hatte einmal einen Therapeuten, der gesagt hat, dass ich nur einen Mann an meiner Seite brauche, damit ich wieder gesund werde. Diese Aussage kam mir damals sehr unprofessionell vor, und ich sehe sie bis heute skeptisch.

Gunnar ist auf jeden Fall eine tragende Säule in meinem Leben. Allerdings habe ich in den Monaten zuvor bereits so viel aufgebaut und für mich entschieden, dass diese Beziehung überhaupt möglich ist. Wir haben uns wirklich zum richtigen Zeitpunkt kennengelernt.

Durch die ganzen schönen Erlebnisse habe ich gemerkt, dass all das viel wichtiger ist als den Fokus nur auf den Körper und das Gewicht zu legen. Mir ist es immer mehr gelungen, mich von der Essstörung zu lösen.

Irgendwann bin ich nicht mehr in die Selbsthilfegruppe gegangen, weil ich dort immer mehr die Rolle der Therapeutin übernommen habe. Außerdem habe ich beschlossen, dass ich mich mit diesen Themen nicht mehr auseinandersetzen will und kann. Ich habe es als Fortschritt empfunden, auf mich und meine Bedürfnisse zu achten.

Der Kontakt zu Dina war weiterhin eine große Bereicherung in meinem Leben. Sie hat ihren Partner kennengelernt und es ist zwischen uns eine tolle Vierergruppe entstanden. Wir sind gemeinsam auf Konzerte und Festivals gegangen, haben Spieleabende gemacht und uns zum gemeinsamen Essen und Biertrinken getroffen. Dina und ich haben uns regelmäßig gesehen. Bis heute kann ich mich mit ihr wirklich über alles austauschen.

Nach einem Jahr bin ich mit Gunnar zusammengezogen, was wieder neue Herausforderungen aber auch viel Schönes in mein Leben gebracht hat. Es ist ein Zusammengehörigkeitsgefühl entstanden, das ich so noch nicht kannte.

Mitte 2017 bin ich bei der Arbeit von zwei Kolleginnen gefragt worden, ob ich mir vorstellen kann, mit ihnen gemeinsam die Abwesenheitsvertretung der Chefin zu übernehmen. Es war eine unheimliche Wertschätzung für mich. Mich hat es echt glücklich gemacht, dass meine Kompetenz, meine Arbeit und meine Zuverlässigkeit endlich Anerkennung bekommen haben. Daher habe ich diese Aufgabe gern mit übernommen.

Im **Jahr 2018** habe ich eine Fortbildung zur Genesungsbegleiterin begonnen und ein Jahr später abgeschlossen. Diese Fortbildung habe ich gemacht, da ich davon überzeugt bin, dass Menschen, die psychische Krisen durchlebt haben, diese persönlichen Erfahrungen nutzen können, um andere Menschen in ähnlichen Situationen zu verstehen und zu unterstützen. Die Fortbildung war wahnsinnig anstrengend, da ich mein Leben quasi noch einmal komplett reflektiert habe, aber ich würde mich zu jeder Zeit wieder für diese Fortbildung entscheiden. Mir war es dadurch möglich, mich selbst und all das, was in meinem Leben passiert ist, zu verstehen. Heute kann ich ganz anders auf die Zeit in der Einrichtung blicken als damals. Bisher habe ich noch nicht als Genesungsbegleiterin arbeiten können, dies gehört aber definitiv mit zu meinen Wünschen für die Zukunft.

Im **Jahr 2020** habe ich geheiratet und bin mit meinem Mann in das Häuschen meiner Oma in die Nähe meiner Familie gezogen. Jetzt arbeite ich wieder in dem Wohnheim, in dem ich meine Ausbildung gemacht habe.

In den letzten 12 Jahren habe ich mir jedes Jahr Silvester vorgenommen, mich in dem kommenden Jahr nicht zu übergeben und mich nicht selbst zu verletzen. Endlich kann ich sagen, dass ich es geschafft habe.

Seit Januar 2020 bin ich komplett symptomfrei und deswegen sehr stolz auf mich. In diesem Jahr ist es mir auch gelungen, meine Medikamente zu reduzieren und dann ganz abzusetzen, da ich den Wunsch hatte, eine Familie zu gründen.

Nun bin ich schwanger, im Beschäftigungsverbot und habe endlich Zeit und die nötige Stabilität, dieses Buch zu schreiben.

Die Schwangerschaft bringt wieder neue Herausforderungen, doch ich freue mich darauf.

Ich bin sehr stolz auf alles, was ich geschafft habe.

Nun möchte ich zu einigen Dingen, die mich so lange begleitet haben, noch etwas sagen. Mir ist es wichtig, euch zu zeigen, wo ich stehe, was ich erreicht habe und dass man nie wirklich damit fertig ist, an sich zu arbeiten.

Therapie

Aus dem Gefühl heraus und dem Glauben daran, dass mein soziales Netz stabil genug ist, um mir dort Hilfe zu holen, wenn es nötig ist, haben Herr Fuchs und ich die Therapie beendet.

Das Beste, was er mir nach der Therapie gesagt hat, ist, dass meine Diagnose „Borderline-Persönlichkeitsstörung" Geschichte ist. Er hat gesagt, dass er diese Diagnose nicht mit mir in Verbindung bringt.

Nach ein paar Monaten hatte ich ein Tief und ich habe ihm geschrieben. Ich war noch einmal für ein paar Stunden bei ihm in der Therapie.

Im Jahr 2019 waren meine Verlustängste so stark, dass ich Unterstützung brauchte. Da Herr Fuchs keine PatientInnen mehr aufnehmen konnte, habe ich weitergesucht und eine andere tolle Therapeutin gefunden. Es freut mich sehr, dass ich es nicht mehr als Versagen sehe, sondern als Stärke, wenn ich mir Hilfe hole. Es ist so wichtig, zu merken, wenn man allein nicht mehr weiterkommt. Die Therapie läuft noch immer, und ich bin sehr dankbar für jedes Gespräch, da ich mich mit jedem besser verstehen lerne.

Ernährung

Seit ich Gunnar kenne ist mein Essverhalten sehr viel freier geworden. Anfangs war es auch bei ihm so, dass ich dachte, er erlaubt mir endlich, „verbotene Lebensmittel" zu essen. Irgendwann ist es jedoch zur Normalität geworden und ich habe die Liste dieser Lebensmittel komplett abbauen können. Es gab immer wieder bulimische Rückfälle, für die ich mich sehr geschämt und die ich vorerst geheim gehalten habe. Irgendwann habe ich Gunnar davon erzählt. Seine Reaktion war eher zurückhaltend, und die Sache ist kein großes Thema zwischen uns geworden. Ich habe weiterhin daran gearbeitet, auf meinen Körper zu hören. Meistens hat es daran gelegen, dass ich vorher zu wenig gegessen hatte. Gunnar und ich haben schnell erkannt, dass wir beide Hariboliker *(ein selbstkreiertes Wort für Menschen, die süchtig nach Gummibärchen sind)* sind. Eine ganz lange Zeit habe ich Süßigkeiten und Chips nur gegessen, wenn wir zusammen waren. Ich habe mir selbst nicht vertraut. Wenn Gunnar dabei war, hatte ich immer noch im Hinterkopf, dass ich ihm gefallen und nicht verfressen wirken will; deswegen ist es mir leichter gefallen, aufzuhören.

Diese Strategie wende ich auch heute manchmal noch an, wenn ich Angst habe, dass es zu viel wird. Ansonsten muss ich sagen, dass ich einen relativ regelmäßigen, gesunden Essensrhythmus entwickelt habe. Meine Problematik ist noch immer, dass ich kein Hunger- und Sättigungsgefühl habe, doch ich weiß mittlerweile, was normale Portionen sind, an die ich mich halten kann.

Mir gelingt es, meinen Mitmenschen zu sagen, wenn ich Hunger habe, was eine ganz lange Zeit nicht möglich war. Ich versuche wirklich, gut auf mich zu achten. Oft habe ich noch Angst vor dem Kontrollverlust, wie ich ihn in der Bulimie erlebt habe. Aufgrund dessen schreibe ich noch immer Essprotokoll, zähle zum Beispiel Gummibärchen genau ab und setze mir eine Tagesgrenze. Irgendwie brauche ich auch heute noch ein wenig Kontrolle.

Bewegung

Gunnar hat mich inspiriert, wieder ins Fitnessstudio zu gehen. Dadurch habe ich meinen Bewegungsdrang ziemlich gut und schnell abgebaut und nicht mehr 20 Kilometer am Tag spazieren gehen müssen. Damit habe ich viel Lebenszeit gewonnen. Allerdings bin ich auch dort in eine Sucht verfallen, war fünf bis sechsmal die Woche im Fitnessstudio. Im Grunde kann man ja sagen, dass Bewegung gut und gesund ist, allerdings hat sich die Dauer bei mir gesteigert, und es ist eine Welt zusammengebrochen, wenn ich mal nicht hingehen konnte. Das Schlimme war die Abhängigkeit davon. Solange ich das durchziehen konnte, hat es mich nicht belastet.

Durch die Coronakrise und den dadurch resultierenden Lockdown musste ich mich umstellen. Als klar war, dass die Studios zumachen, habe ich mir einen Crosstrainer bestellt. Ich habe darauf täglich anderthalb Stunden trainiert und bin außerdem spazieren gegangen. Hier hat sich die Kilometerzahl innerhalb kürzester Zeit sehr stark auf 18 am Tag erhöht. Mittlerweile ist es mir gelungen, sowohl die

Zeit auf dem Crosstrainer als auch die Spaziergänge zu reduzieren. Trotzdem merke ich, dass es mich noch sehr einschränkt. Das ist ein Punkt, an dem ich noch immer mit meiner Therapeutin arbeite.

Selbstverletzung
Die Selbstverletzungen sind nach dem zweiten Aufenthalt in Mattingen sehr selten geworden. Auffällig ist, dass ich zu 95% vorher Alkohol getrunken habe und dann meine Aggressionen nicht mehr unter Kontrolle hatte. Mir ist es dann nicht mehr gelungen, Skills anzuwenden und an die negativen Folgen zu denken. Nun bin ich seit über anderthalb Jahren selbstverletzungsfrei.

Jedes Jahr im Sommer habe ich mich und meine Arme unter Jacken versteckt, habe geschwitzt und ständig hat mir irgendjemand gesagt, dass ich mich doch ausziehen soll, wenn mir warm ist.

Im letzten Sommer habe ich das erste Mal bei meiner neuen Arbeitsstelle meine Jacke ausgezogen und im T-Shirt gearbeitet. Die Narben gehören zu mir, sie sind Teil meiner Geschichte. Ich hatte große Angst davor, dass jemand etwas sagt oder mich deswegen ablehnt. Der Wunsch, mich zeigen zu können, wie ich bin, war jedoch größer. Es hat tatsächlich niemand etwas gesagt. Ich fände es spannend zu hören, was sie darüber denken. Vielleicht werde ich diese Frage irgendwann stellen.

Alkohol
Es hat einige Abende gegeben, an denen ich mein Limit nicht kannte. Mir ist es jedoch gelungen, auch in dieser Beziehung immer mehr auf meinen Körper zu hören und einen besseren Umgang mit dem Alkohol zu bekommen. Ich habe angefangen, Bier statt Sekt zu trinken, was schon mal viel gebracht hat, da man von Bier nicht so schnell betrunken wird. Meine Freundin Dina hat immer wieder gesagt, wie wichtig es ist, zwischendurch alkoholfreie Getränke zu trinken, und auch das habe ich irgendwann beherzigt. Mittlerweile ist es mir gelungen, einen ganz normalen Umgang mit Alkohol zu bekommen. Ich kann ein oder zwei Bier trinken, und dann ist es in

Ordnung. Das Verlangen, immer und immer weiter zu trinken, gibt es nicht mehr.

Momentan trinke ich natürlich gar nicht – und abgefahrenerweise fehlt es mir überhaupt nicht.

Körpergefühl

Ich glaube, ich kann sagen, dass ich in den Waffenstillstand mit meinem Körper gegangen bin. Es gibt immer wieder Momente, in denen ich meinen Körper alles andere als schön finde und in denen ich mich nur fett und schrecklich finde. Das Tolle ist, dass ich Gunnar an meiner Seite habe, der mir immer wieder und mit viel Geduld versichert, dass **er** mich **so** liebt wie ich bin. Wenn ich mir überlege, wie sehr ich darunter gelitten habe, dass ich mir selbst so viel verboten habe, alles haargenau abgewogen und mich ständig auf die Waage gequält habe, ist es mir wirklich lieber, vier Kilo mehr zu wiegen. Ich möchte diese Leichtigkeit nicht mehr missen. Ein Leben mit so strengen Regeln, wie ich sie damals hatte, kann ich mir nicht mehr vorstellen.

Arbeit

Die Arbeit in Hammen war sehr besonders. Mir hat es ein gutes Gefühl gegeben, dass ich dort so angesehen war. Durch verschiedene Fortbildungen habe ich viel über psychische Erkrankungen gelernt, was mich wahnsinnig interessiert hat. Mir ist es gelungen, mich zu positionieren, meinen Ärger in den Dienstbesprechungen loszuwerden und Beziehungen aufzubauen. Es gibt immer gewisse Dinge, die schwierig sind, aber im Großen und Ganzen war ich wirklich sehr gerne dort. Nun mache ich in dem Wohnheim noch Einzelbetreuung und fahre drei- bis viermal im Monat dorthin. Das ist eine ganz wunderbare Arbeit, da ich Zeit habe, auf die Bedürfnisse der einzelnen BewohnerInnen einzugehen. Meine Arbeit im Wohnheim in Tolsdorf ist dagegen eher stressig. Dort fehlt mir leider die Zeit für die direkte Arbeit mit den Menschen. Trotzdem mag ich meine KollegInnen und meine BewohnerInnen sehr gern, und ich fühle mich dort wohl.

Familie und Freundschaften

Der Kontakt zu meiner Familie ist sehr entspannt, liebevoll und angenehm. Meine Schwester hat durch ihre Therapie wahnsinnig viel erreicht. Sie ist stabil und ich bin unendlich stolz auf sie. Es freut mich total, dass der Zusammenhalt in unserer Familie so stark ist, dass wir die schweren Jahre gemeinsam überstanden und sie uns noch näher zusammengebracht haben.

Es freut mich sehr, dass ich wunderbare Freunde an meiner Seite habe, von denen ich weiß, dass sie jederzeit für mich da sind. Es gibt aus jedem Bereich meines Lebens mindestens eine Person, die noch an meiner Seite ist. Das ist wunderbar!

Es lohnt sich zu kämpfen – das möchte ich jedem ans Herz legen. Es gibt wirklich viele tolle Menschen in unserem Hilfesystem, die einen dabei unterstützen können, aus einem Tief herauszukommen. Wichtig ist, dass man niemals das Vertrauen in sich verliert. Jedem Menschen kann es passieren, in eine Krise zu kommen und wirklich jeder hat die Chance, sie hinter sich zu lassen. Für mich war es wichtig, Menschen an meiner Seite zu haben, die mir den Rücken gestärkt und mir immer wieder gesagt haben, dass ich es schaffe. Das hat meinen Ehrgeiz geweckt. Ich wollte beweisen, dass ich es schaffen kann. Ich habe sehr viel Aufmerksamkeit dafür bekommen, den gesunden Weg zu gehen. Diese Aufmerksamkeit ist das, was mir immer gefehlt hat, wonach ich immer gesucht habe. Leider habe ich sie in vielen Stationen meines Lebens bekommen wollen, indem ich schlecht zu mir selbst war. Meine Einstellung zu mir und meinem Leben hat eine Menge ausgemacht. Im Veda habe ich mir immer wieder gesagt, dass ich alles verkacke, ich es nicht schaffe, ich es nicht kann und ich nichts bin. Durch diese Gedanken, die dann auch noch durch das Verhalten der Betreuerinnen bestärkt wurden, hat mir mein Unterbewusstsein immer wieder beweisen müssen, dass ich recht habe. Es sind diese vielen schrägen und schlimmen Dinge passiert, weil ich nichts anderes bestellt hatte. Erst als ich angefangen habe, an mich zu glauben, ist das besser geworden.

Im Anschluss beschreibe ich das Verhalten und die Gedankengänge bei der bulimischen Symptomatik, der Selbstverletzung und dem restriktiven Essen und erkläre diese Verhaltensweisen.

Zum Schluss schaue ich noch einmal aus heutiger Sicht, mit meinen Erfahrungen, Erkenntnissen und meinem Wissen, auf die einzelnen Kapitel dieses Buches.

12. Vorstellung und Erklärung der verschiedenen Symptomatiken

Bulimie
Ein Tag aus der Zeit vor dem zweiten Klinikaufenthalt in Mattingen, 2014
Eine Sprachnotiz vom vorherigen Tag. Ich bin körperlich nicht mehr in der Lage, zu schreiben.

Und wenn die Frage ist „Was hat sie die letzten zwei Stunden gemacht?" Das will keiner wissen! Man kann alles im Handy nachgucken: Ich habe die „Tödliche Dosierung von Trimipramin" gegoogelt - das habe ich aber nicht gemacht! Wenn ich einfach einschlafen würde, wäre es gerade eine Erlösung für mich.
Ich weiß, es haben alle alles versucht – alle – alles, aber das ist in mir: Ich bin einfach nur unheimlich traurig. Ich bin müde von diesem Leben! Vielleicht denke ich morgen, wenn ich aufwache: „Hey, moin, ich bin fit und wieder aufgewacht." Doch momentan denke ich das nicht.
Ich zittere und habe überlegt, ob ich überhaupt noch sprechen kann! Und dann ist die Frage „Ist das Unterzuckerung?" Lustig, lustig tralalalala - nach den zehn Joghurts und dem, was ich noch alles gegessen hab ...
Ich esse noch ein paar Lakritz, damit es schön war (ganz nach dem Motto „Lebe jeden Tag so, als wäre es der letzte.")

Ich bin wieder aufgewacht...
Oh Mann, ich habe unheimliche Kopfschmerzen, mein Hals tut weh, ich habe das Gefühl, er ist etwas angeschwollen. Beim Schlucken tut es besonders weh und es fühlt sich an, als würde das bis in die Speiseröhre ziehen. Kein Wunder nach dem gestrigen Tag. Ich will doch nur, dass alles gut wird. Ein Blick in den Spiegel: die Augen verquollen, die Drüsen tatsächlich angeschwollen. Heute wird ein besserer Tag. Ich werde mich viel bewegen und weniger essen. Natürlich habe ich nach dem Essen, was eindeutig zu viel war

gestern, gekotzt. Aber ich habe gelernt, man wird nur einen Bruchteil des Gegessenen wieder los; da bleibt also einiges an Kalorien, die ich in mir behalten habe. Der Blick auf meinen Bauch - ich mache das Top hoch - ich sehe die hängende Haut, die Haut, die übrig geblieben ist von meinem Übergewicht. Schön ist das nicht. Aber abgesehen davon sieht der Bauch relativ flach aus. Ich werde nun erst einmal frühstücken.

Mein Standardfrühstück. Mit dem Vorsatz, dass alles klappt.

Mist, ich habe es nicht geschafft. Ich habe drei Teelöffel Marmelade und ein Stück Banane mit Honig mehr gegessen. Ich habe es wieder nicht hinbekommen, es bei dem normalen Frühstück zu belassen. Und dieses dreiviertel Stück Brot, das von gestern übriggeblieben ist, hat mich nervös gemacht. Ich wollte es einfrieren. Eigentlich. Nein, ich habe mir Scheiben abgeschnitten, dick Butter darauf gemacht und gegessen, in der Hoffnung, dass es danach „gut" ist.

Doch es ist nicht gut. Ich habe Suchtdruck - ganz eindeutig, das habe ich bereits gelernt. Zu wissen, dass der Penny 400 Meter entfernt ist und offen hat: Ich kann das nicht aushalten.

Also gehe ich zu Penny. Ein Korb reicht, ich brauche keinen Wagen. Ich nehme von allem ein bisschen mit. Schokolade, Gummibärchen, Kekse, Fertiggerichte. Ach da, der Joghurt ist im Angebot, so günstig kriege ich den nicht wieder. Ich nehme gleich acht verschiedene Sorten mit. Lecker ist auch immer Brot mit Butter und Käse. Und wenn es eh schon egal ist, kannst du auch gleich noch Chips mitnehmen, die „darfst" du sonst auch nicht essen. An der Kasse sind immer diese fiesen Schokoriegel. Ich werde noch etwas Wasser in meine Tasche packen, das brauche ich dann, um zu kotzen. Habe ich an alles gedacht? Was denken die Leute nur von mir? Dass ich verfressen bin? Es ist besser, wenn ich noch eine Lasagne und einmal Tortellini in Käse-Sahne-Soße mitnehme, da ich keine Lust habe nachher nochmal loszugehen. Ich stehe an der Kasse, der Korb ist voll und er hat nicht gereicht, in der Tasche habe ich auch noch was. Ich muss zahlen. 25 Euro. Wieder einmal. Raus aus dem Laden, mache ich schon mal die Pfirsichringe auf. Endlich! Nach einer Ampel und 400 Metern zu meiner Wohnung ist die Packung schon leer, zwei große Schokoriegel habe ich auch schon gegessen. Ich kann es kaum erwarten, in die Wohnung zu kommen. Der Einkauf kommt direkt in mein Zimmer. Und jetzt? Was als erstes? Okay, erst einmal einen Teller und ein Messer holen, schneide ein Stück von dem Ciabatta ab, dick Butter darauf und Käse. Die nächste Scheibe mit Thunfischsalat und die nächste mit Wurst. Während ich das esse, kann ich schon mal die Tortellini fertig machen. Das heißt, ab in die Mikrowelle. Ich hoffe, dass Florian nichts mitbekommt. Die Tortellini brauchen neun Minuten. In der Zeit ist das halbe Ciabatta, drei Joghurts und eine Tafel Schokolade aufgegessen. Ich habe extra Remouladensoße gekauft, die mache ich mit auf die Tortellini, dann werden die schneller kalt und sind schneller essbar. Ich habe da nämlich **jetzt sofort** Lust drauf. Ziemlich lecker, doch einen richtigen Geschmack habe ich nicht, denn ich freue mich schon wieder auf den Nachtisch. Was könnte das jetzt sein?! Vielleicht der vierte von den Joghurts? Er ist mir nicht süß genug, ich mache da noch ein bisschen Zucker rein. Jetzt bin ich relativ voll. Ich trinke einen Liter Wasser. Der Bauch fühlt sich an, als wäre ich im neunten Monat schwanger. Dieses Gefühl ist schlimm. Ich mache den Wasserkocher an, damit Florian mich auf Toilette nicht hört und gehe ins Bad. Mittlerweile bin ich ein relativer Still-Kotzer geworden: die Übung macht´s. Viel brauche ich nicht mehr zu machen. Ich bin so voll, dass ich mich nur einmal über die Toilette beugen muss, und alles kommt raus. Mein Bauch fühlt sich flach und leer an. Ich stelle mich noch einmal vor den Spiegel, alles soweit okay. Was habe ich jetzt noch in der Tasche? Ah, die restlichen vier Schokoriegel, ach ja, die Lasagne. Okay, dann mache ich die erst einmal fertig – dauert wieder neun Minuten. Mittlerweile ist alles andere leer und ich eigentlich schon wieder voll. Doch die Lasagne geht noch. Anschließend übergebe ich mich wieder. Das war es jetzt für heute. Es reicht, ich fühle mich „leer".

Eigentlich habe ich alles gehabt. Ich sollte zur Ablenkung etwas rausgehen.

Da ist er, der Dönerladen, bei dem ich immer einen Döner kaufe, wenn ich einen Essanfall habe. Ach, das geht jetzt auch noch. Der heutige Tag ist eh gelaufen. Ich kann dann ja beim Bahnhof kotzen. Okay, etwas Süßes wäre jetzt auch noch lecker. Beim Kiosk am Bahnhof kaufe ich mir eine bunte Tüte, wie immer. Mir tun der Hals, der Magen und die Speiseröhre weh, doch ich kann es nicht lassen. Ich zittere. Vielleicht bin ich unterzuckert?! Sollte nach dem Essen nicht sein, aber was ist dringeblieben?!
Am Bahnhof angekommen gehe ich noch zu meiner Pizzeria, bei der ich mir eine Salamipizza kaufe. Der Bahnhof war für mich immer schon eine Gefahr. Da gibt es Subway, Nordsee, BurgerKing, Macces - und alles einmal der Reihe nach.
Ich kenne die günstigste Toilette am Bahnhof, die Reinigungskräfte kennen mich dort schon. Manchmal frage ich mich, was sie wohl von mir denken.

Dieser Tag ist gelaufen, ich gehe noch einmal bei der Backfactory vorbei. Kleiner Nachtisch: zwei Margaritha-Pizzen, vier Berliner und zwei belegte Brötchen. Auskotzen werde ich das dann zu Hause. In der Zeit kann noch nicht viel vom Körper aufgenommen werden.

Ich bin froh, wenn ich endlich zu Hause bin, da ich vor Völlegefühl kaum laufen kann. Mein Bauch ist voll, das schlechte Gewissen groß. Ich ärgere mich über mich selbst und habe Angst, dass ich den Weg nach Hause nicht mehr schaffe. Ich schleppe mich zu meiner Wohnung, zur Badezimmertür und ... zum lang ersehnten Klo.

Ich habe am Bahnhof noch einmal 30 Euro ausgegeben. Das kostet alles so einen Arsch voll Geld.

Dieser Tag war unheimlich anstrengend. Ich will es besser machen, ich will es wirklich besser machen. Morgen! Ich hoffe, ich bekomme morgen noch einmal die Chance, es besser zu machen. Ich habe Angst, dass ich nicht wieder aufwache, denn ich habe wahnsinnige Herzschmerzen. Ich habe große Angst, allein in meinem Zimmer zu sterben und davor, dass mich niemand findet. Deshalb werde ich im Wohnzimmer schlafen. Ich schlafe ein und werde morgen früh hoffen, dass dieser Tag nur ein schlimmer Traum gewesen ist.

Erklärung
Oft fängt der Teufelskreis an den Tagen ähnlich an. Es gibt nur bestimmte Lebensmittel, die ich mir erlaube, zu essen. Mein Essensplan ist sehr zwanghaft und streng. Wenn die Mengen nur ein bisschen von den anderen Tagen abweichen, kann es schnell zu dem Punkt kommen, an dem es im Kopf nicht mehr geht. Auf der einen Seite ist das schlechte Gewissen (auch wenn es nur drei Teelöffel Marmelade mehr als am Vortag sind), auf der anderen Seite sind die Lust und das Verlangen nach „mehr" grenzenlos. Schnell kommt es zu einer Scheiß-Egal-Einstellung. Ich denke dann, dass der Tag zum Scheitern verurteilt ist, ich es nicht aushalten und dagegenhalten kann und morgen alles besser mache. Wenn ich erst einmal angefangen habe, so zu denken, ist der Tag tatsächlich dazu verurteilt, ein schlechter Tag mit Symptomatik zu werden.
Ich schaffe es nicht, aus so einem Tag ab mittags einen „guten Tag" zu machen. Wenn ich mich einmal übergeben habe oder einen Essanfall hatte, geht das den ganzen Tag so weiter. Weil der Tag eh schon „versaut" ist, und ich mir das dann ja ruhig weiter „gönnen" kann.

An diesen Tagen ist es oft tatsächlich ein Teufelskreis. Ich ärgere mich darüber, dass ich so viel Geld ausgegeben habe und es schon wieder passiert ist. Weil ich mich über mich ärgere, fange ich wieder an zu essen - was wieder Geld kostet und so weiter. Während eines Essanfalls gibt es keinen Genuss mehr. Ich schmecke die Lebensmittel, die ich esse, nicht mehr. Ich stopfe einfach alles wahllos in mich rein.

In der Erklärung möchte ich gerne darstellen, was ich herausgefunden habe.

Leider denken viele, dass Bulimiker im Gegensatz zu den Magersüchtigen „zu dumm" oder „nicht konsequent genug" sind, um nichts zu essen. Darum geht es nicht. Magersüchtige und Bulimiker haben viele Gemeinsamkeiten: Verbote und Regeln. Es passiert oft, dass Betroffene von der einen in die andere Störung rutschen.

Die Essanfälle passieren teilweise durch die Unterernährung, da der Körper lebenswichtige Nährstoffe braucht und sich nicht austricksen lässt. Irgendwann holt er sich, was er benötigt. Der Körper braucht alle Nährstoffe, und wenn er diese nicht bekommt, schreit er irgendwann so sehr danach, dass man die Kontrolle verliert. Das ist einer der Auslöser.

Wenn es um die psychischen Auslöser geht, unterscheide ich zwischen zwei unterschiedlichen Situationen.

In der einen geht es um den Akt des Essens und in der anderen um den Akt des „Loswerdens".

Um es zu erklären:

Der Essanfall entsteht oft durch eine innere Leere. Es ist dann kein Gefühl mehr da, kein Gedanke. Es fühlt sich an, als ob ein riesiges Loch in mir ist. Ich will, dass es weggeht, und fange an, es mit Nahrung zu stopfen. Ich brauche immer mehr und mehr zu essen, damit es gefüllt wird. Ich kann es nicht mehr kontrollieren. Irgendwann komme ich an den Punkt, an dem ich an die Waage und das Gewicht denke und das Essen wieder loswerden muss.

Der nächste Auslöser sind Gefühle, das genaue Gegenteil der Leere. Ich habe die Essanfälle genutzt, um diese Gefühle „wegzumachen". In bestimmten Momenten, in denen ich Wut oder Traurigkeit gespürt habe, habe ich angefangen zu essen. Dann ist auf einmal alles klein und nicht wirklich da, weil ich mich ablenke. Ab dem Zeitpunkt mache ich mir nur noch Gedanken darüber, was ich als nächstes esse und wo ich das Essen wieder loswerden kann. Es ist erschreckend, doch es hat oft sehr gut funktioniert. Für mich waren Gefühle schon immer so groß, so mächtig, dass ich immer Wege gesucht habe, sie zu umgehen.

Diese Gefühle bin ich durch das Kotzen losgeworden. Man sagt nicht umsonst „Das ist zum Kotzen", wenn einem etwas gegen den Strich geht. Ich habe das Übergeben als eine Befreiung der Gefühle und Gedanken erlebt: Ich bin einfach alles „losgeworden", obwohl es natürlich nie auf Dauer war und die Probleme oft nach kurzer Zeit wieder präsent waren.

Bei einer Essstörung sehe ich die größte Schwierigkeit darin, dass der Suchtstoff, das Essen, nicht umgehbar ist.
Ich möchte nicht und niemals sagen, dass es einfacher ist, eine andere Sucht zu bekämpfen. Aber bei anderen Süchten muss man komplett verzichten. Wer sagt schon einem alkoholabhängigen Menschen: „Hier hast du drei Portionen, teile sie dir bitte über den Tag ein." Das kann nicht klappen!
Da bei der Bulimie das Essen der Suchtstoff ist, muss man permanent an allen Ecken und Enden vorsichtig sein. Ich habe oft Sätze gehört wie: „Dann musst du eben aufhören und es bei einem Stück Schokolade belassen" oder „Da musst du dich mal zusammenreißen."
Doch die Umsetzung ist nicht so einfach, wie es sich anhört.
Wir müssen lernen, **mit** dem Suchtstoff zu leben und einen normalen Umgang mit ihm zu finden - das ist die Schwierigkeit bei der Überwindung dieser Art von Sucht.
Viele haben das Problem, dass sie nicht wieder aufhören können, wenn sie erst einmal angefangen haben zu essen. Ich denke, das ist ein Punkt, den viele Menschen nicht nachvollziehen können.
Bei mir ist es so, dass mich das Essen beruhigt. Es beruhigt mich unwahrscheinlich, wenn ich weiß, dass ich beispielsweise Gummibärchen in der Tasche habe.

Der Gedanke an die Symptomatik bringt mich in eine Euphorie, und ich werde, wenn ich das für mich schon „klar" habe für diesen Tag, richtig gut gelaunt.

Ich hoffe, es ist klar geworden ist, dass es nicht um Inkonsequenz geht. Es gibt sehr viele Auslöser, sehr viele verschiedene Gründe für diese Krankheit. Das was ich beschrieben habe, sind meine ganz individuellen Erkenntnisse.

Jeder Betroffene beginnt in der Therapie eine Reise zu sich selbst, indem er erst einmal herausfindet, was bei ihm diesen Druck auslöst. Anschließend muss jeder für sich schauen, wie er mit diesen Situationen richtig umgeht. Jeder schaut bei **sich**, was bei **ihm** am besten funktioniert. Die einen können diese Situationen umgehen, die anderen versuchen, bewusster in diesen Situationen zu sein und lernen, „Nein!" zu sagen und auf sich zu achten. Manchen Betroffenen helfen Skills, die sie von diesem extremen Druck runterbringen - anschließend ist es dann möglich, die Gefühle zu reflektieren und zu überlegen, wie man gesünder mit der Situation umgehen kann, als die Symptomatik zu leben.

Es ist kein „Machste halt so", „Du kannst doch einfach" oder „Ist doch wohl nicht so schwer!" Oh doch, das ist es! Leider ist eine Bulimie - wie jede andere Sucht auch - eine Krankheit, bei der es nicht mit einer vierwöchigen Kur getan ist. Viele der Menschen, die ich kennengelernt habe, hatten mehrere Klinikaufenthalte hinter sich.

Ich möchte aber natürlich auch die erwähnen, die es nach dem ersten Aufenthalt oder einer ambulanten Therapie geschafft haben, mit der Krankheit umzugehen.

Eine Sucht ist nicht „einfach weg". Sie begleitet einen oft das ganze Leben. Man findet einen Umgang, ja. Doch im Hinterkopf ist sie leider gespeichert - als Ausweg, wenn es einem nicht gut geht.

Restriktives Essen / Zwänge
Ein Tag aus der Zeit nach dem zweiten Klinikaufenthalt in Mattingen, 2015

So ein Scheiß-Start in den Tag. Nach dem Duschen waren wieder die ganze Dusche und mein ganzer Körper voller Haare. Es ist ein richtiges Haarknäuel entstanden aus den Haaren der Bürste, auf meinem Körper und der in der Dusche. Ich weiß nicht, was ich machen soll. Ich habe das Gefühl, es wird immer schlimmer. Strähnchenweise fallen sie raus.

Anschließend habe ich mich gewogen. Ich bin froh, dass das Gewicht seit letzter Woche gleichgeblieben ist. Und das, obwohl ich gestern, als ich Besuch hatte, einen Pfannkuchen mit Salami gegessen habe. Danach gab es dann aber auch den ganzen Tag nur noch Gemüse.

Gestern bin ich 30 Kilometer zu Fuß gegangen. Deswegen müssen es heute auch mindestens 30 Kilometer sein. Ich sollte jetzt direkt nach dem Frühstück losgehen, ich muss mir nur überlegen, wohin. Wenn ich zum See gehe, sind das ungefähr 13 Kilometer und die Hälfte ist schon fast geschafft. Dann gehe ich heute Nachmittag nochmal drei Stunden raus, das sind 15 Kilometer. Wenn ich dann noch zum Einkaufscenter gehe habe ich mein Soll erfüllt.

So, ich war beim See und anschließend noch beim Lidl. Da gibt es die leckerste Cola light und außerdem ist der Lidl zwei Kilometer entfernt. Ich fand es dort wieder sehr anstrengend. Ich habe viele leckere Sachen gesehen, darf diese Lebensmittel aber nicht essen. Da sind zu viele Kalorien drin. Es hat schon wieder eine halbe Stunde gedauert, bis ich fertig war, da ich bei allen Lebensmitteln, die lecker aussahen, die Kalorien- und Fettangaben angeguckt habe. In meinem Kopf drehen sich die Gedanken. „Vielleicht kann ich einen Riegel davon essen, wenn ich beim Abendessen den Quark weglasse?" „Nein Wanda, das darfst du nicht!" Womit bin ich letztendlich rausgegangen? Zwei Flaschen Cola light, Tomaten und Möhren. Auf dem Weg nach Hause esse ich eine Möhre. Ich bin gerade froh, dass beim Lidl-Gemüse keine Kalorienangaben draufstehen. Vielleicht waren die drei Möhren, die ich bereits gegessen habe, schon zu viel?

Ich komme zur Mittagessenszeit nach Hause. Mittags esse ich immer kalt, da ich nicht weiß, was der Tag noch bringt. Wenn mich jemand einlädt oder etwas mit mir essen oder trinken gehen will, bleibe ich dadurch wenigstens etwas spontaner.

Was gibt es wohl?! Alles wie immer: ein Brötchen, etwas von dem körnigen Frischkäse - natürlich Magerstufe, Ketchup, Salat… Salz, Salz, Salz, Knoblauch, Knoblauch… es ist wichtig, dass der Frischkäse, wenn der Teller vor mir steht, links ist, links daneben ist der Ketchup, das Brötchen liegt rechts unten und der Salat rechts oben. Immer die gleiche Reihenfolge, immer die gleiche Anordnung. Jeden Mittag.

Nach dem Essen bin ich wahnsinnig müde, will gerne schlafen aber **nein,** ich muss ja noch meine Kilometer schaffen. Also: Los geht's. Einmal in die Stadt und zurück macht 28,74 Kilometer. Das bedeutet, noch einmal zum Park und zurück. Um halb acht habe ich es endlich geschafft.

Jetzt werde ich noch telefonieren und dabei aufräumen. Ich muss dringend ein bisschen was in der Wohnung schaffen. Wenn ich zu früh esse, ist außerdem das Frühstück noch so lange hin.

Mittlerweile ist es 22 Uhr. Während des Telefonierens habe ich schon die Kartoffeln (was auch sonst) aufgesetzt. Zum Abendessen gibt es Kartoffeln, Quark (mit 2,4% Fettanteil), Salat und Spinat. Abends erlaube ich mir auch mal ein oder zwei Esslöffel Mais, wenn ich mittags noch keinen hatte. Heute darf ich! :)

Nach dem Essen setze ich mich an meine Protokolle, die ich noch schreiben muss. Ich bin froh, dass ich die 30 Kilometer geschafft habe. Das macht mich zufrieden.

Jetzt falle ich ins Bett und schlafe schon, bevor ich mich überhaupt hingelegt habe.

Erklärung

Diese Phasen des restriktiven Essens hatte ich zwischendurch immer wieder mehrere Wochen, oder auch zwischen den bulimischen Tagen.

Gewisse Dinge haben mir eine wahnsinnige Sicherheit gegeben. Dazu zählen die immer gleichen Lebensmittel, eine gleiche Reihenfolge beim Essen, die gleiche Anordnung der Lebensmittel auf dem Teller.

Auf mein Handy habe ich mir viele verschiedene Apps geladen, die meine Kilometer gezählt haben. Es hat mich beruhigt, wenn ich die gleiche Anzahl hatte wie am Vortag oder sogar mehr erreicht habe. Doch das war ein Teufelskreis, denn **weniger** ist es nie geworden. Wenn es an einem Tag mehr war, musste ich diese Zahl auch am nächsten Tag erreichen. Dadurch ist mein Pensum auf 30 Kilometer gestiegen. Das bedeutete, dass ich mindestens sechs Stunden unterwegs sein musste, um das Ziel zu erreichen. Ich war immer in einem relativ schnellen Tempo unterwegs und in Kombination mit der geringen Menge an Nahrung, die ich aufgenommen habe, hat das ganz schön geschlaucht. Oft bin ich wirklich immer wieder um den Block gegangen, bis auf der App endlich 30 Kilometer stand. Ich hatte Schmerzen, überall Schmerzen, und habe immer weiter gemacht, weil es so fest in meinem Kopf verankert war.

Es war tatsächlich so, dass ich irgendwann gedacht habe, dass ich nicht wieder anfangen kann zu arbeiten, da ich einfach keine Zeit dafür habe. Wann soll ich denn bitte meine Bewegung noch schaffen?

Für mich hatte die Bewegung etwas damit zu tun, dass ich mir das Essen „verdienen" musste. Es gibt diesen Satz beim Essen „Das haben wir uns jetzt richtig verdient!" Ich finde ihn gefährlich; vor allem, wenn man komplett das Maß verloren hat.

Es war relativ klar, dass die bulimischen Phasen nicht lange auf sich warten lassen. Der Körper holt sich die Nährstoffe, wenn er sie braucht.

Meine Freundin fragte mich beim Lesen des Kapitels, warum ich eigentlich so viel Salz konsumiere. Ich weiß, dass ich in verschiedenen Phasen viel Salz verwendet habe, um einen intensiveren Geschmack zu erreichen. Meine Mutter hat mich auch einmal auf meinen Salz-Konsum angesprochen. Eine Ernährungsberaterin hat dazu gesagt, dass das nicht unbedingt heißt, dass man gestört ist. Es gibt einfach Menschen, die es salziger mögen. Auch heute noch mag ich es, Kräutersalz auf einen Apfel zu streuen. Vielleicht hat jeder seine komischen Kombinationen beim Essen?! Eine richtige Erklärung kann ich dazu nicht abgeben.

Selbstverletzung

Oh man, das war mir heute wirklich alles zu viel. Ich spüre meinen Körper nicht mehr, ich habe kein Gefühl mehr zu mir und bin gar nicht mehr wirklich da. Es ist alles wie in einem Traum. Ich will wieder spüren, will ins Hier und Jetzt zurück. Ich habe noch Rasierklingen in meiner Schublade, die ich mir für Notfälle besorgt habe. Ich kann an nichts anderes mehr denken als an diese Rasierklingen in meinem Schrank.

Ich will raus, raus aus diesem „Zustand".
Ich nehme meine Rasierklingen aus der Schublade.
Ich zittere.
Ich mache meinen Arm frei und schneide mir mit der Rasierklinge in den rechten Unterarm.
Ich spüre nichts, ich spüre keinen Schmerz.
Ich sehe nur das Blut laufen.
Es beruhigt mich.
Tropfen für Tropfen.
Ich bin wieder anwesend.
Was habe ich gemacht??
Es hört nicht auf zu bluten.
Das ganze Waschbecken ist voll.
Ich versuche, die Blutungen mit einem Verband zu stoppen.

Doch es blutet durch den Verband.
Habe ich zu tief geschnitten?
Ich muss ins Krankenhaus.
Es wird genäht.
Ich werde bewusstlos, weil ich hingucken will, was da passiert.
Was tue ich mir nur an?

Ich bin traurig und es schmerzt so unheimlich in meinem Herzen. Alles, was in den letzten Wochen passiert ist, geht mir durch den Kopf. Vielleicht, weil ich jetzt zur Ruhe komme. Es ist ganz schlimm, das aushalten zu müssen. Ich bin extrem traurig und kann kaum atmen, weil es so weh tut. Diesen furchtbaren Schmerz im Herzen kann ich nicht aushalten – es soll aufhören.

So gehe ich in die Küche, stelle den Wasserkocher an.
Das Wasser ist heiß, ich kippe es in eine Tasse und stelle einen Esslöffel dort rein.
Er müsste heiß genug sein - ein paar Sekunden reichen.
Ich drücke den Löffel ganz fest auf meinen rechten Oberarm.
Es schmerzt. Sehr.
Ich sage mir immer wieder innerlich die Namen von den Menschen, die mich in den letzten Wochen verletzt und enttäuscht haben.
Anschließend ziehe ich die Haut ab, offene Stellen am ganzen Arm.
Es tut sehr weh, aber der Schmerz im Herzen ist weniger geworden.
Das war mein Plan.

Erklärung
Leider habe ich oft die Erfahrung gemacht, dass viele Leute denken, Menschen, die sich selbst verletzen, wollen Aufmerksamkeit. Diese Meinung teile ich nicht. In meiner eigenen Geschichte gibt es gewisse Ausnahmen, die ich im Anschluss kurz erläutern werde.

Ich habe zwei verschiedene Situationen beschrieben. Mit der Zeit habe ich gemerkt, dass es bei mir zwei Arten von Selbstverletzungen gibt.

In einigen Momenten geht es nur um die Beruhigung, da spüre ich keine Schmerzen. In diesen Fällen gibt es für mich keinen anderen Weg, als durch die Selbstverletzung wieder in die Realität zu kommen. Es beruhigt mich, das Blut und die Wunden zu sehen. Ich habe mich nicht unter Kontrolle, und dann werden die Schnitte teilweise so tief, dass ich anschließend zum Nähen ins Krankenhaus muss. Das Schmerzempfinden setzt erst wieder ein, wenn ich nicht mehr in der hohen Anspannung bin.

Die andere Art ist die, dass ich gerade diesen Schmerz spüren will, da ich Gefühle - vor allem Traurigkeit, Enttäuschung - nicht aushalten kann. In der Vergangenheit war es oft Wut, die ich nicht an der richtigen Stelle rausgelassen habe, da ich Angst vor Konflikten habe. In diesen Momenten lenke ich den Schmerz in mir auf meinen Körper um.

In der Vergangenheit gab es allerdings auch Situationen, in denen ich durch die Selbstverletzung etwas erreichen wollte. Diese Momente haben sich vor allem in der Kindheit und im betrunkenen Zustand abgespielt. Allerdings ist mir bewusst geworden, dass es in Kliniken teilweise ebenfalls Momente gegeben hat, in denen ich gedacht habe, dass ich nur durch destruktives Verhalten gesehen werde. Es war für mich schwer, mir in hohen Spannungszuständen Hilfe zu holen. Zu der Zeit schien es für mich einfacher zu sein, mit dem Pflegepersonal in den Kontakt zu gehen, wenn ich schon destruktiv gehandelt habe. Ich holte mir die Aufmerksamkeit und die Zuwendung dadurch, dass sie meine Wunden verarzten mussten.

13. Rückblick aus heutiger Sicht

Nun möchte ich beginnen, aus heutiger Sicht auf die verschiedenen Bereiche und Stationen zu schauen.

Zu Kapitel 2: Grundschule

Ganz lange war ich der Meinung, dass ich gemobbt wurde, mittlerweile sehe ich das etwas anders. Ja, man hat mein Gewicht kommentiert, doch wir waren alle Kinder. Kinder sind sehr ehrlich und meistens nicht wirklich böse. Ich bin davon überzeugt, dass mich die Äußerungen nicht so verletzt hätten, wenn ich mit mir selbst zufrieden gewesen wäre. Zum Teil habe ich sie allerdings nicht verstanden, denn ich habe mich nie so dick gefühlt, wie ich mich jetzt auf den Fotos aus der Zeit sehe.

Wenn ich im Sportunterricht als letzte gewählt wurde, hat es nur daran gelegen, dass jedes Kind **natürlich** die beste Mannschaft zusammenstellen und gewinnen wollte. Ich war nun mal keine tolle Sportlerin.

Ich bin der Ansicht, dass die Art und Weise, wie im Sportunterricht Gruppen zusammengestellt werden, abgeschafft werden müsste. Es gibt viele Menschen, die meine Erfahrungen teilen, viele haben sich genauso schlecht damit gefühlt. Warum können die LehrerInnen es nicht für alle angenehmer machen und einfach durchzählen (1. Gruppe I, 2. Gruppe II, 3. Gruppe I …)?!

Zu den Kommentaren meiner Hausärztin fällt mir allerdings gar nichts ein. Die waren völlig daneben und unentschuldbar. Nichts rechtfertigt so einen Umgang mit Kindern rechtfertigen.

Nach manchen Erlebnissen in der Schule habe ich zu Hause Trost gesucht. Meine Eltern hatten viele Ideen, wie ich abnehmen kann, deshalb habe ich gedacht, dass sie mich genauso sehen wie meine MitschülerInnen. Sie haben dies quasi bestätigt. Mittlerweile habe ich großes Verständnis für meine Eltern. Mein Gewicht war so hoch, dass es ungesund war. Wenn Eltern ihre kleine, traurige Tochter vor sich stehen haben, suchen sie natürlich nach Lösungen. Sie meinen es zu jedem Zeitpunkt gut, da bin ich mir sicher.

Mir ist es nie gelungen, eine Diät durchzuhalten, da ich das Essen schon sehr früh als Tröster benutzt habe. Wenn es mir nicht gut ging, habe ich gegessen und das oft heimlich, da ich das Gefühl hatte, etwas Verbotenes zu tun. Aus diesem Grund hatte ich immer das Gefühl, dass die Beziehung zu meinen Eltern nicht sicher ist. Ich hatte immer im Kopf: „Wenn sie wissen würden, dass ich heimlich esse, ... dass ich sie bezüglich der Süßigkeiten angelogen habe ... **dann** würden sie mich ablehnen."

Ich kannte keinen anderen Weg, als zu essen und die Aufmerksamkeit durch Schmerzen und Verletzungen zu suchen.

Es schockiert mich, wie laut ich nach Aufmerksamkeit geschrien habe – durch Selbstverletzungen bereits in der Grundschule, durch Besonderheiten (das Schreiben mit der linken Hand) oder durch vorgespielte Szenarien (dass mir etwas weggenommen wurde).

Traurig finde ich, dass ich schon in der Grundschule gedacht habe, dass ich anderen Menschen aufgrund meines Aussehens peinlich bin. Ich frage mich, warum ich schon damals der Meinung war, dass es dünne Menschen im Leben leichter haben und sie von anderen mehr gemocht werden.

Hat das Thema „Gewicht" in unserer Familie eine besondere Rolle gespielt?

Neulich hatte ich ein sehr spannendes Gespräch mit meiner Schwester. Wir haben über das Essen von Süßigkeiten gesprochen. Ich war immer davon überzeugt, dass mein Papa die Süßigkeiten meinetwegen versteckt hat und nur ich, das dicke Kind, sie nicht essen darf. Dies war allerdings nicht der Fall. Meine Schwester hat erzählt, dass es grundsätzlich keine Süßigkeiten für uns Kinder gab. Es ist so interessant, was der Kopf fabriziert und sich zusammenbraut.

Zu Kapitel 3: Orientierungsstufe

Die Zeit in der Orientierungsstufe war sehr frustrierend für mich. Ich hatte keine festen Freundschaften, fand das erste Mal einen Jungen toll und wurde verarscht. Mein Gefühl, abgelehnt zu werden, hat überwogen, ich habe mich unheimlich einsam gefühlt.

Hier habe ich erfahren, dass es wirklich schlechte Menschen gibt, die meiner Meinung nach nicht auf Kinder losgelassen werden dürfen. Meine Angst vor dem Sportunterricht hat sich durch das Verhalten der Lehrerin sehr verstärkt. Brauchen diese Menschen die „Lacher" von den MitschülerInnen, um sich selber aufzuwerten? Finden sie das ernsthaft lustig? Oder müssen sie nur beweisen, dass sie **über** einem stehen und mehr Macht haben?

Zu Kapitel 4: Realschule
Wenn ich auf diese Zeit zurückblicke, sehe ich vor allem meine Einsamkeit. Immer wieder habe ich gedacht, Freunde gefunden zu haben, immer wieder gab es Streitereien und Enttäuschungen.
Noch heute frage ich mich, warum ich mir einige Kommentare von Freundinnen gefallen lassen habe. Ich hatte den Wunsch, beliebt zu sein und gemocht zu werden. Deshalb habe ich angefangen, Alkohol zu trinken, habe mich vollkommen verstellt und mich meinem Gegenüber angepasst. Niemals habe ich gesagt, wenn mich etwas gestört, verletzt oder enttäuscht hat.
In der achten Klasse habe ich mich zum ersten Mal richtig verliebt. Es war unendlich schwer für mich auszuhalten, ignoriert zu werden und immer wieder zu merken, dass die anderen Mädels besser ankommen. All das, was ich an Ungerechtigkeit und Ignoranz erfuhr, habe ich auf mein Äußeres geschoben. Auf Abweisungen von Männern habe ich immer mit einer Gewichtsabnahme reagiert, was nie den erwünschten Effekt gebracht hat.
Und jedes Mal ist das Gewicht hinterher wieder hochgegangen.
Ich war so verzweifelt, dass ich mein Leben beenden wollte. Eine lange Zeit bin ich davon ausgegangen, dass mich „nur" das unglücklich Verliebtsein so traurig gemacht hat.
Allerdings habe ich die ganzen Enttäuschungen, die es nebenher gab, mehr oder weniger verdrängt: die unendlich fiesen Kommentare von den LehrerInnen (da stellt sich die gleiche Frage wie schon in der Orientierungsstufe), die unterschwelligen Beleidigungen von sogenannten Freundinnen und vor allem der Bruch in der Beziehung zu Falk. Wir sind zusammen aufgewachsen,

er war wie ein Bruder, und dann hat es dieses Ende genommen. Mir ist klar, dass nicht nur **er** an dieser Geschichte die Schuld trägt. Es ist ganz klar, dass auch ich meinen Senf dazugegeben habe, aber die Verletzung war tiefer als ich gedacht habe. Mein Papa hat vor einiger Zeit gesagt, er hatte den Eindruck, dass ich nach diesem Vorfall lange sehr traurig war. Aus Selbstschutz habe ich das allerdings nahezu verdrängt.

Ich war sehr froh, dass meine Eltern nach meinem Suizidversuch mit den Tabletten nicht näher nachgefragt haben. Bis heute weiß ich nicht, was sie überhaupt von diesem Abend erfahren haben. Haben sie gewusst, dass ich nicht mehr leben wollte? Das Thema ist nie wieder auf den Tisch gekommen.

In der Zeit habe ich mich oft als Mülleimer für die Probleme der anderen gefühlt. Alles, was **mich** betroffen hat, habe ich jedoch mit mir selbst ausgemacht. Bei Freundinnen und zu Hause habe ich sehr wenig über meine Gefühle und meine Verzweiflung gesprochen.

Sehr verletzt hat mich der Umgang von Hauke mit meinem Abschiedsbrief. Aus heutiger Sicht ist mir klar, dass er kein Gefühl dafür hatte und seinen Freunden gegenüber cool sein wollte. Das war in diesem Alter das Wichtigste - egal, wie sich die Betroffenen damit fühlen.

Es gab immer wieder Beleidigungen - sowohl von Unbekannten, als auch von vertrauten Menschen. Für mich ist es unbegreiflich, warum Menschen das machen. Warum muss man anderen das Leben so schwer machen? Damals habe ich nie darauf reagiert, ich habe mich zurückgehalten und versucht, schnell aus den Situationen herauszukommen und nicht weiter beachtet zu werden. Heute wünsche ich mir manchmal, ich hätte mich für mich und meine Würde eingesetzt und etwas dagegen gesagt.

Mir tut es im Herzen richtig weh, wenn ich an die Zeit zurückdenke. Es tut mir leid, wie traurig und verzweifelt ich war.

In der zehnten Klasse habe ich Gewicht verloren und mich richtig gut gefühlt: Endlich schaffe ich mal etwas. Es war toll, Komplimente zu bekommen.

Zu Kapitel 5: Soziales Jahr im Kindergarten

In der Zeit meines sozialen Jahres wusste ich selbst nicht, wer ich bin, was ich in der Zukunft machen möchte und was meine Ziele sind. Es hat mich sehr gefreut, dass ich nette Menschen kennengelernt habe, mit denen ich so viel Spaß hatte - dies allerdings überwiegend in Verbindung mit dem Trinken von Alkohol.

Ich habe es schwer aushalten können, dass ich wieder viel zugenommen habe. Es ist mir nicht gelungen, das Gewicht nach dem Programm und ohne den Sport zu halten. Ich war enttäuscht von mir und habe mich sehr dafür geschämt, dass ich es nicht hinbekommen habe.

Als ich Robin kennengelernt habe, konnte ich nicht glauben, dass es einen Menschen gibt, der mich **so** annimmt, wie ich bin. Wie kann ich davon ausgehen, dass mich jemand annimmt, wenn ich es selber nicht kann?

Immer wieder habe ich versucht, für Robin gut zu sein, jedoch nicht daran gearbeitet, mich selber anzunehmen.

Das Abnehmprogramm von der AOK hat mir wieder eine Struktur gegeben. Ich habe viele Komplimente für die Gewichtsabnahme bekommen. Meine Hoffnung war sehr groß, dass ich mich durch die Abnahme selbst besser akzeptieren und endlich glauben kann, dass Robin wirkliches Interesse an mir hat und mich mag.

Er hat niemals gesagt, dass er mich zu dick findet. Es war einzig und allein in meinem Kopf.

Zu Kapitel 6: Sozialpflegeschule

Nachdem ich das Programm einige Zeit durchgezogen habe, kam der Heißhunger. Meine Angst davor, wieder zuzunehmen, war so groß, dass ich angefangen habe, mich zu übergeben.

In dieser Zeit war ich wieder einmal nicht ehrlich zu meinen Eltern. Immer wieder habe ich gedacht: „Wenn sie wüssten, dass ich bei Robin bin, obwohl sie das nicht gut finden...". Dadurch habe ich mir wieder die Chance auf eine sichere Beziehung verbaut, da ich gedacht habe, dass sie keinen Bestand hat, wenn sie alles wüssten.

Ein sehr großer Schmerz ist entstanden, als Robin die Beziehung beendet hat. Meine Hoffnung war groß, dass er an meiner Seite ist und mich im Kampf gegen die Essstörung unterstützt.

Im Anschluss daran war mir alles vollkommen egal: Ich habe mich immer mehr auf das Essen, Nichtessen und Kotzen versteift. Es war eine Beschäftigung und ein Versuch, die Emotionen zu regulieren. Es hat im Kopf nicht mehr aufgehört, es ist zwanghaft geworden, und ich wusste nicht, mit wem ich darüber reden kann, da ich mich sehr dafür geschämt habe. Meine Versuche, mit meinen Freundinnen darüber zu reden, haben mir gezeigt, dass ich verlassen werde. Offensichtlich wollten die Menschen in meinem Umfeld keine Probleme hören. Ganz sicher war es nicht richtig, nur betrunken darüber zu reden, doch nüchtern habe ich mich nicht getraut.

Als meine Eltern von meiner Essstörung erfahren haben, habe ich mich zuerst nur geschämt. Dann habe ich gehofft, dass es nun besser werden kann, aber die nächste Enttäuschung kam beim Arzttermin. Vielleicht sind einige Hausärzte nicht gut genug geschult, was psychische Erkrankungen betrifft?! Irgendwie war ich erleichtert, meinen Eltern sagen zu können, dass ich etwas unternommen habe. Geändert habe ich allerdings nichts. Ich weiß nicht, wie es für meine Eltern in dem Moment war.

Die Geschichte, die nach dem einen Kremlbesuch passiert ist, war später nie wieder Thema zwischen mir und meiner Familie. Noch heute schäme ich mich dafür, habe jedoch auch Mitgefühl und Verständnis für mich. Ich bin in etwas hereingerutscht und habe keine Chance gesehen, da wieder herauszukommen. Es war nie meine Absicht, jemand anderen in eine schwierige Situation zu bringen. Eigentlich wollte ich nur nicht, dass meine Eltern denken, dass ich bei **irgendjemandem** mitfahre, denn wir haben gelernt, dass man das nicht macht. Hätte ich gewusst, was sich daraus entwickelt, hätte ich niemals mit so einer Geschichte angefangen.

Zu Kapitel 7: Ausbildung

Da die Essstörung schon einen sehr großen Raum in meinem Leben eingenommen hat, habe ich meine Ausbildung eigentlich nur „nebenbei" gemacht.

Die Schule und das Praktikum waren für mich irgendwann nur noch anstrengend und ich wollte alles hinschmeißen. Damals habe ich gedacht, dass meinen Eltern meine Gesundheit total egal ist, doch heute bin ich unendlich dankbar, dass sie mich motiviert haben, weiterzumachen.

Ich habe mein Gefühl für meinen Körper vollkommen verloren, war nicht mehr in der Lage, ihn so wahrzunehmen, wie er ist. Auf der Waage habe ich gesehen, dass das Gewicht immer weniger wird, doch ich habe mich unendlich dick gefühlt: Der Kopf ist nicht hinterhergekommen. Die Kommentare von MitschülerInnen und meiner Familie, dass ich nicht mehr abnehmen darf, haben mich vollkommen verwirrt. In mir ist das Gefühl entstanden, nie „richtig" zu sein. Als ich dick war, hat man ständig etwas gesagt, jetzt ist es auch wieder verkehrt.

7.1: Erster Klinikaufenthalt in der Rosen-Klinik

Meine Kräfte haben mich mehr und mehr verlassen. Ich war froh, als endlich die Entscheidung getroffen war, in eine Klinik zu gehen, und ich hatte große Hoffnung auf Besserung.

Das Problem: Bei dem ersten Klinikaufenthalt hat man sehr viel Wert auf Selbstverantwortung gelegt. Es gab kaum Kontrollen von außen, und ich habe es in **dem** Stadium der Krankheit nicht geschafft, gut mit mir umzugehen und mit der Verantwortung für mich zurechtzukommen.

Außerdem musste ich das erste Mal erleben, dass es schwer ist, sich von anderen essgestörten Menschen abzugrenzen. Meine Zimmernachbarin war in dieser Hinsicht eine große Herausforderung, und ich habe es nicht geschafft, mich von ihrer Symptomatik **nicht** beeinflussen zu lassen.

Es ist total toll, Menschen zu treffen, die die gleiche Problematik haben wie man selbst. Endlich habe ich mich verstanden und ernst

genommen gefühlt. Schwierig wird es, wenn Menschen dabei sind, die nicht gesund werden wollen. Diese Leute haben mir oft noch Tipps für das Übergeben, Kalorieneinsparung und Hungerunterdrückung gegeben.
Im Großen und Ganzen war es eine tolle Zeit, allerdings eher in Richtung Klassenfahrt und nicht besonders förderlich für die Gesundheit. Trotzdem habe ich gehofft, dass ich es schaffe, besser zu mir zu sein.

Leider musste ich erfahren, dass es nicht klappt. Das Essverhalten war schnell wieder wie vor der Klinik, die Arbeit total anstrengend, mein Schamgefühl und das schlechte Gewissen meiner Familie gegenüber riesengroß. Ich habe mich wie eine Versagerin gefühlt.

7.2: Klinik am Park
Es war richtig gut, dass ich mich relativ bald für einen weiteren Klinikaufenthalt entschieden habe. Dort habe ich unendlich viel erreicht, gelernt und bin endlich angekommen.
Gefühlt war es so, dass ich mich endlich selbst gefunden habe. Endlich wusste ich, wer ich bin, wie ich auf andere Menschen wirke und was ich möchte. Der Aufenthalt hat mich sehr verändert, und das Essverhalten ist immer mehr in den Hintergrund gerückt. Es war nicht mehr so wichtig. Die Kontakte haben mir sehr gutgetan. Es gab auch hier Abgrenzungsschwierigkeiten, doch ich habe gelernt, damit umzugehen.
Es ging mir lange Zeit gut. Danach hatte ich große Hoffnung, dass ich in der Welt da draußen zurechtkommen kann. Allerdings hat mich die Realität ziemlich schnell eingeholt. In der Klinik hatte ich mit Menschen zu tun, die mich verstehen – oft ohne ein Wort. Es gab immer eine Tür, an die ich klopfen konnte, um mir Beistand zu holen.

Die Klinik ist ein geschützter Rahmen, eine Käseglocke, und ich hätte nicht erwartet, dass mich der Alltag so umhaut.

Relativ schnell bin ich in einem Teufelskreis aus Alkohol, Selbstverletzungen und Essanfällen geraten und habe gemerkt, dass es daheim nicht funktioniert und ich mehr Unterstützung brauche.

Meine Eltern und ich hatten eine ganz unterschiedliche Sicht auf die Situation, das hat mich sehr verwirrt. Sowohl in dem Elternworkshop als auch bei dem Gespräch mit der Frau vom Jugendamt ist deutlich geworden, dass ich mein Befinden und die Stimmung zu Hause sehr viel schlimmer einschätze als sie. Immer wieder habe ich mich gefragt, ob ich das alles dramatisiere oder woran das liegt. Wahrscheinlich konnten meine Eltern meine innere, so tiefe Verzweiflung nicht sehen. Irgendwie habe ich ja auch immer wieder alles getan, damit sie nichts mitbekommen, um sie nicht zu belasten. Sie hatten daher gar keine Chance, sie zu sehen.

Nach meinem Autounfall habe ich mich nur noch schlecht gefühlt. Mir war klar, dass ich gehasst werde, da ich nur Geld koste und Sorgen mache - sowohl auf das Auto bezogen als auch auf den Krankenhausaufenthalt. Heute schockiert es mich, dass ich ernsthaft gedacht habe, meine Eltern wollen, dass ich heimkomme, um Kosten zu sparen. Heute weiß ich, dass sie mich gerne zuhause umsorgen wollten. Meine Eltern sind die großzügigsten Eltern, die ich kenne. Sie haben uns immer alles gegeben, was wir brauchen. Meine Angst, dass mein Papa sauer auf mich ist, hat mich sehr in meinem Blick beeinflusst. Alles, was er gesagt und gemacht hat, habe ich als Bestätigung dafür gesehen, dass er wütend ist. Einige Jahre später haben wir über meinen Autounfall gesprochen. Er hat gesagt, es war der schlimmste Moment in seinem Leben, als die Polizei ihn zuerst nicht an die Unfallstelle lassen wollte und er nicht wusste, was mit mir ist. Damals habe ich seine ganzen Ängste und das, was **er** erlebt und durchgemacht hat, nicht gesehen.

Als mein Umzug in das betreute Wohnen beschlossene Sache war, hatte ich meinen Eltern gegenüber permanent ein schlechtes Gewissen. Sie hatten gerade mein Zimmer komplett renoviert und sich wirklich viel Mühe gegeben. Ich hatte große Angst, dass sie sich die Schuld daran geben, dass es zu Hause nicht klappt.

7.3: Klinik am Park zur Stabilisierung vor dem Veda
Ich bin mit einem schrecklichen Gefühl in die Klinik gegangen. Der Gedanke, nicht so schnell wieder nach Hause zu kommen und sich auf etwas Neues einlassen zu müssen, hat mich belastet. Auf der einen Seite habe ich mich darauf gefreut, auf der anderen hatte ich unheimliche Angst davor. Was ist, wenn ich dann kein Teil der Familie mehr bin und ausgeschlossen werde? Kann ich im Veda ankommen? Außerdem mussten meine Eltern Geld für die Einrichtung bezahlen, was mir große Schuldgefühle bereitet hat.
Meine Abgrenzungsschwierigkeiten, meine Eifersucht und meine Angst, nicht gesehen zu werden, sind extrem geworden. Für mich war alles unheimlich schwer auszuhalten.

Zu Kapitel 8: Betreute Wohneinrichtung: Veda
Es hat mich sehr schockiert, in den Einträgen zu lesen, dass ich vom Tag meines Einzugs an das Gefühl hatte, nicht gesehen zu werden. Dieses Gefühl hat es schon immer in mir gegeben, doch hier ist es extrem stark geworden.
Zwei Wochen später, nach meinem ersten Alkoholkonsum, bin ich in die Dauerbetreuung gekommen. Da ich nur im Wohnzimmer gesessen habe, habe ich alles an Dramen - Selbstverletzungen und Rückfälle - live mitbekommen. Das hat mich unheimlich unter Druck gesetzt. Ich hatte extreme Abgrenzungsschwierigkeiten, und es war schwer auszuhalten, dass die Mitbewohnerinnen die volle Aufmerksamkeit durch die dysfunktionalen Verhaltensweisen bekommen haben. Ich habe jede Möglichkeit des Alleinseins genutzt, um den Druck, der sich angestaut hat, mit Hilfe von Symptomatik loszuwerden.
Gefühlt hat es nicht lange gedauert, bis ich im Veda den Ruf hatte, wahnsinnig gestört zu sein. Im Nachhinein habe ich fast den Eindruck, dass ich das immer wieder beweisen musste. Ich habe wirklich keine Chance ausgelassen, Scheiße zu bauen, habe mir immer wieder Schlupflöcher gesucht.
Als wir versucht haben, die Dauerbetreuung zu streichen, ist sofort das Gefühl aufgekommen, allen egal zu sein. Daher klappte es nicht.

Es kommt mir so vor, als hätte es zu der Zeit keine richtige Betreuungsform für mich gegeben, da es entweder zu viel oder zu wenig war.

In dieser Zeit war ich nur wütend: auf alle und jeden. Ich wollte nichts und bin vollkommen in die Abwehr gegangen. Wenn ich darauf schaue, würde ich fast sagen, dass ich dort angefangen habe, meine Pubertät auszuleben. Teilweise war ich zu den Betreuerinnen so böse, dass selbst ich denke, meine Kündigung wäre gerechtfertigt gewesen. Heute tut es mir wirklich leid. Gerade bei den Betreuerinnen, die alles gut und perfekt machen wollten, bin ich abgehauen, habe Symptomatik gelebt und ihnen auch noch das Gefühl gegeben, schuld daran zu sein. Ich war unfreundlich und nicht wertschätzend. Er kam mir sogar fast so vor, als hätten einige Angst vor mir gehabt.

Das Gefühl, dass meine Schwestern daheim leben durften, wie sie wollten, hat mich ebenfalls sehr belastet: Sie durften Diäten machen, abnehmen, Sport machen und ich wurde in allem eingeschränkt. Hinzu kam, dass mein Gewicht angestiegen ist und die beiden immer mehr abgenommen haben. Einerseits habe ich mich um sie gesorgt, andererseits habe ich sie als Konkurrentinnen gesehen und war sauer über die Ungerechtigkeit.

Meine erste Nichte ist zu der Zeit geboren und ich hatte den Eindruck, dass es mich als Teil der Familie nicht mehr gibt. Meine Angst war sehr groß, dass die Kleine mich irgendwann nicht erkennt und mich nur als „gestörte Tante" im Kopf hat.

Die Abschlussphase meiner Ausbildungszeit hat mich wahnsinnig überfordert. Ich habe zu dem Zeitpunkt keine Chance gesehen, die Symptomatik zu unterlassen. Mit Blick auf die Regeln des Vedas und den Wunsch, meine Ausbildung zu Ende zu bringen, bin ich zu dem Schluss gekommen, dass ich nicht ehrlich sein darf. Dadurch hatte ich wieder einmal ein unsicheres Gefühl in den Beziehungen zu dem Personal im Veda. „Sie sind zwar nett zu mir, doch was würden sie von mir halten, wenn sie wüssten, dass ..." Das ist keine gute Basis für eine Beziehung.

Ben war wirklich immer für mich da, teilweise ist es aus heutiger Sicht für mich sogar unverständlich. Das zeigt mir, was für ein wunderbarer, guter Mensch er ist. Er hat versucht, mich zu schützen, da er wusste, dass ich Gefühle für ihn habe. Ich wollte das jedoch nicht hören. Es war mir lieber, **diese** Beziehung zu ihm zu haben als keine. Meine Angst, ihn zu verlieren, war unheimlich groß. Als er eine Frau kennengelernt hat, war ich am Boden zerstört, denn damit hatte ich die Bestätigung, dass es an **mir** liegt.

**8.1: Klinik am Park mit kurzer Unterbrechung in der
     Psychiatrie**

Im Klinikaufenthalt nach meiner Ausbildung war ich zuerst sehr optimistisch. Mit der Zeit bin ich immer mehr in die Abwehr gegangen und habe nicht mehr gewusst, wie ich meine innere Anspannung loswerden kann. Hier habe ich begonnen zu rauchen und zu klauen. Das Klauen war ein neuer, unbekannter Kick. Gefühlt brauchte ich irgendetwas Stärkeres als meine bisherige Symptomatik, um das innere Ungleichgewicht auszugleichen. Ich habe mich verloren gefühlt und wusste nicht, wie es weitergehen kann. Mit allen Mitteln habe ich versucht, meinen Kopf auszuschalten.

Der Umgang mit der Einstellung der Medikation einiger ÄrztInnen finde ich wirklich erschreckend. Zeitweise habe ich vier verschiedene Medikamente bekommen. Eine Freundin von mir hat mir im Nachhinein gesagt, dass es immer wahnsinnig lange gedauert hat, bis ich überhaupt mal auf ihre Fragen reagiert habe. Gefühlt haben die ÄrztInnen immer noch ein Medikament dazu genommen, wenn es mir noch nicht gut genug ging, und das ohne auf Nebenwirkungen wie zum Beispiel Gewichtszunahme zu schauen. Gerade **das** wäre wichtig bei Menschen, die eine Essstörung und sowieso schon mit ihrem Gewicht zu kämpfen haben. Damals fand ich die hohe Dosierung der Medikamente toll, da mir das die Hoffnung gegeben hat, das Leben besser aushalten zu können.

Allerdings ging dies auch fast in die Richtung Abhängigkeit, da ich der Meinung war, es **ohne** nicht mehr aushalten zu können.

Psychiatrie

Mein erster Aufenthalt in der Psychiatrie in Folge meines Alkoholkonsums war toll. Frau Stein war eine wahnsinnige Unterstützung für mich. Niemand vorher hat mir so klar gesagt, dass ich es schaffen kann und werde. Sie hat mich gestärkt und meine Hoffnung auf Besserung wieder geweckt. Ich spüre noch heute große Dankbarkeit, wenn ich daran zurückdenke. In diesem Aufenthalt habe ich das erste Mal gemerkt, welche Ängste ich mit Blick auf das Veda und die Klinik habe. Vor allem die Beziehungen zu Frau Fischer und Frau Weiß waren unsicher für mich. Man wusste nie, wie sie auf einen zukommen. Wenn man nichts Schlimmes erwartet hat, sind sie ausgerastet, dann waren sie wieder nett. Mit dieser Unsicherheit bin ich nicht klargekommen. Bei uns zu Hause kam es sehr selten vor, dass jemand laut geworden ist. Solche Ausraster wie die von den beiden habe ich vorher noch nie erlebt. Ich war diesen Umgang nicht gewohnt und bin damit nicht zurechtgekommen.

Und trotzdem habe ich ihnen immer wieder den Anlass dazu geben. Warum nur? Wenn ich meine Einträge durchlese, frage ich mich immer wieder: „Warum Wanda, bitte, warum machst du das jetzt schon wieder?" Für all das, was ich angestellt habe, habe ich mich in dieser Zeit selbst gehasst. Immer wieder habe ich die Reibung gesucht, ich bin nicht zur Ruhe gekommen und habe mir selber immer mehr Gründe gegeben, mich abzulehnen.

Zurück im Veda hatte ich große Hoffnung auf eine neue Arbeitsstelle. Es hat mich sehr deprimiert, dass es in Heringsbrügge trotz aller Anstrengung nicht geklappt hat. Ich frage mich oft, warum solche Menschen im sozialen Bereich arbeiten. Es gibt viele Leute, die zu den zu Betreuenden toll, aber zu den KollegInnen richtig scheiße sind. Warum wundern sich solche Einrichtungen, dass sie immer wieder neue Mitarbeiter einarbeiten müssen? Es freut mich, dass ich mir das nicht länger angetan und gekündigt habe.

Ich habe mich in meinem Körper immer unwohler gefühlt. Meine Gewichtszunahme hat mir zu schaffen gemacht und vor allem, dass alle anderen um mich herum so dünn waren. Es war irgendwie so wie immer, und ich war die Dicke.

Im Veda habe ich sehr viel Leid mitbekommen, ich konnte mich schlecht abgrenzen. Außerdem waren hier viele Leute auf einem Haufen, denen es schlecht ging. Man hat immer jemanden gefunden, der gemeinsam mit einem den Kopf ausschalten wollte. Daher ist es noch häufiger zu Regelverstößen gekommen, meistens in Form vom Alkoholkonsum.

Natürlich hat es auch in dieser Zeit immer wieder schöne Erlebnisse, Begegnungen und Tage gegeben, doch sie waren schnell wieder vergessen, da das Schlechte überwogen hat.

Wenn ich mir meine Tagebücher aus der Zeit durchlese, finde ich es schrecklich, wie wenig mich die Betreuerinnen und die Leitung verstanden haben und wie oft ich angeschrien wurde. Oft hat man nicht geschaut, aus welchen Gründen ich etwas gemacht habe, sondern mich nur bestraft. Selten habe ich ein Lob bekommen, wenn ich es ohne Symptomatik geschafft habe. Sie haben den Blick eher auf die Momente gerichtet, in denen ich nicht gut mit mir umgegangen bin.

Bei meiner Entscheidung, nach Drensburg zu ziehen, war die Essstörung schon fest mit eingeplant. Es konnte nicht klappen, da mein Körpergefühl unendlich schlecht und ich absolut nicht stabil genug war.

Meine Gedanken haben bereits vor dem Auszug nur darum gekreist, wie ich mein Gewicht schnellstmöglich wieder herunterbekomme.

8.3: Arbeit in Drensburg mit ambulanter Betreuung

Es ist mir nicht gelungen, über meine essgestörten Gedanken zu sprechen: Ich hatte den Wunsch, dünn zu sein, und nicht, die Essstörung loszuwerden.

Ich war davon überzeugt, dass ich meine Essstörung niemals loswerde und wollte trotzdem arbeiten. Das konnte im Veda nicht funktionieren. Meine Toleranzgrenze, was die Krankheit im

Zusammenhang mit der Arbeit anging, war einfach größer als das, was das Veda zugelassen hat. Aufgrund dessen war mir klar, dass ich ausziehen muss, wenn ich arbeiten möchte.

In der Zeit in Drensburg haben die Betreuerinnen wirklich mit allen Mitteln versucht, mich zu unterstützen, mich zu halten und mich abzusichern, doch ich konnte es nicht annehmen. Für mich war es großartig und motivierend, dass die Zahl auf der Waage immer weniger geworden ist.

Nach dem Verlust meiner Wohnung, dem Bruch im Veda und der Absage der anderen betreuten Wohneinrichtung wusste ich gar nicht mehr, was ich machen soll. Ich habe gemerkt, dass es mit diesem Ausmaß an Essstörung nicht funktioniert, zu arbeiten, da die Kräfte nicht ausreichten.

Als ich zwei Tage bei meiner Schwester gewohnt habe, habe ich eine unheimliche Ablehnung von ihr gespürt. Dabei habe ich allerdings ihre Situation - sie hat Klausuren geschrieben und musste dafür lernen - überhaupt nicht wahrgenommen. Meine Gedanken haben sich nur darum gedreht, dass und warum sie mich ablehnt.

Im Grunde genommen war es richtig vom Veda, mir die Pistole auf die Brust zu setzen. Ich denke, dass ich mich mit der Vollzeitstelle im Schichtdienst übernommen habe.

Selbst heute würde ich in diesem Bereich keine volle Stelle annehmen, da die unterschiedlichen Dienste eine große körperliche Belastung sind.

Zurück im Veda + Einzug ins Veda 2
Zurück im Veda ist es mir schwer gefallen, wieder mit den Einschränkungen zu leben. Meine Wut auf mich, es nicht geschafft zu haben, war so unendlich groß, dass ich die Symptomatik nicht aufgeben konnte. Immer wieder bin ich in diesen Teufelskreis gekommen. Ich habe gelogen, mich deswegen schlecht gefühlt und wieder Symptomatik gelebt.

Dass es Lara sehr schlecht ging, konnte ich schwer mit ansehen. Auf der einen Seite hat es mir unheimlich leidgetan, dass ich ihr nicht helfen kann, und auf der anderen konnte ich diese Ungerechtigkeit nicht aushalten. Warum mache ich seit Jahren Therapie und sie darf alles wie gewohnt zu Hause weitermachen? Ich habe das als sehr unfair empfunden. Unsere Treffen waren alles andere als gut, wir haben uns nicht gutgetan. Wir hatten beide Schuldgefühle und es ging uns so schlecht, dass wir gemeinsam versucht haben, schlechte Emotionen mit Alkohol zu betäuben. Die Stimmung zwischen uns ist immer schlechter geworden. Ich war unheimlich traurig darüber, dass wir es nicht geschafft haben, einen gesunden Kontakt zu halten.

8.5: Klinik am Park
In dem Klinikaufenthalt war ich wirklich erschrocken darüber, was für schlimme TherapeutInnen es gibt. Leider habe ich dies nicht das erste Mal in meinem Leben erlebt. Man muss es rechtzeitig kommunizieren, bevor es so eskaliert wie mit Frau Dr. Hilbert in meinem Aufenthalt.

8.6: Psychiatrie DBT Programm
Der sechswöchige Aufenthalt in der Psychiatrie hat mir sehr gutgetan, da ich endlich mal wieder Ansprechpartner außerhalb des Vedas und der Klinik am Park hatte. Hier habe ich die ersten Eindrücke in das DBT-Programm bekommen, was jedoch noch nicht in die Tiefe ging.

Leider bin ich wieder in die bulimische Symptomatik gefallen und wollte mir nicht helfen lassen. Mit dem Blick von heute erkenne ich, dass ich damals nicht den Eindruck vermittelt habe, dass ich es schaffen kann und schaffen will. Im Grunde genommen ist es kein Wunder, dass alle anderen um mich herum das so gesehen haben. Ich hatte so ein schlechtes Gewissen, dass ich nichts in meinem Alltag gemacht habe. Doch so symptomatisch, wie ich in dieser Zeit war, konnte es weder mit einem Auszug noch mit einer Arbeitsstelle klappen.
Richtig schlimm finde ich, dass ich über meine Probleme mit dem Alkohol und meine Ängste, in eine Sucht zu verfallen, nicht sprechen konnte. Meine Furcht vor den Konsequenzen war so groß,

dass ich mich nicht überwinden konnte und damit allein geblieben bin.

Die ehrenamtliche Arbeit hat mir richtig gutgetan und ich hatte große Hoffnung auf eine Festanstellung. Meiner Meinung nach wäre das perfekt gewesen, denn ich hätte die Unterstützung vom Veda gehabt, eine nicht so hohe Stundenzahl und endlich wieder ein geregeltes Leben. Viele Betreuerinnen haben mir die positive Wirkung bestätigt und ich habe wirklich bewiesen, dass ich meine Sache gut mache und symptomfrei dabei bleiben kann. Und das, obwohl es den Suizid gegeben hat! Selbst mit schwierigen Situationen konnte ich umgehen. Noch heute habe ich kein Verständnis dafür, dass ich diese Chance nicht bekommen habe. Frau Fischer hat nicht mehr an mich geglaubt.

Mich hat das sehr deprimiert und ich bin davon ausgegangen, dass es für mich keine Chance mehr gibt, ein normales Leben zu führen. Mit dem Absturz an Himmelfahrt habe ich das wohl allen noch einmal bewiesen.

8.7: Psychiatrie

In der Psychiatrie habe ich gemerkt, dass es für mich absolut keine Option ist, in Bösingen zu leben. Ich hatte große Angst, dass ich für immer dableiben muss. Es gab zu der Zeit Menschen, die seit über zehn Jahren dort wohnten und die keine Alltagsanforderungen hatten. Ich bezweifle, dass sie jemals wieder alleine leben werden. Immer wieder haben die Mitarbeiter uns gesagt, dass wir das betreute Wohnen brauchen, dass wir es ohne sie nicht schaffen können – fast hätte ich es geglaubt.

Frau Fischer hat eine unheimliche Macht, es ist fast gruselig. Kaum jemand hat sich getraut, sich gegen sie zu wehren. Dabei hätte sie zumindest für den Verstoß gegen die Schweigepflicht eine Anzeige verdient. Unsere Angst, etwas gegen sie zu unternehmen, war zu groß, Irgendwie hatten wir im Hinterkopf, dass wir sie brauchen. Was wäre denn, wenn sie aufgrund einer Anzeige nicht mehr dagewesen wäre?

Teilweise hat sie extreme Psychospielchen mit uns getrieben. In einem Moment ist sie ausgerastet, im nächsten ist sie wieder angekommen und dann komplett abweisend gewesen. Das ist alles andere als professionell.

Nach dem Aufenthalt in der Psychiatrie und dem „tollen" Angebot, in die Adipositas-Therapie zu gehen, ist bei mir innerlich alles zerbrochen. Ich habe jegliches Vertrauen verloren, konnte mich auf nichts mehr einlassen und habe mich innerlich total leer gefühlt.

Wenn ich auf meine Zeit dort zurückschaue, kann ich wirklich von riesengroßem Glück reden, dass ich keine Alkoholabhängigkeit entwickelt habe. Oft habe ich gedacht, dass ich es ohne Alkohol nicht schaffen kann, doch das war „nur" eine psychische Abhängigkeit. Durch meine immer wiederkehrenden Klinikaufenthalte bin ich der körperlichen Abhängigkeit entkommen. Hier habe ich es immer wieder phasenweise ohne Alkohol geschafft und bin unendlich froh darüber, dass es nicht so weit gekommen ist.

8.9: Psychiatrie
Der Aufenthalt in der Psychiatrie war nötig, allerdings hat es mich sehr schockiert, wie ich mit Medikamenten „abgeschossen" wurde. In meinen vorherigen Aufenthalten dort war dies nicht der Fall. Erst Jahre später habe ich meinen Block mit den Aufzeichnungen dieser Woche gefunden und mich total erschrocken. Mir war nicht klar, wie schlecht es mir ging, wie unendlich schwarz und selbstzerstörerisch meine Gedanken zu der Zeit waren. Ist das nicht heftig, wie sehr Tabletten die negativen Gedanken verschlimmern? Ich kann von Glück reden, dass ich nicht in der Lage war, meine schlimmen Gedanken in die Tat umzusetzen. Natürlich bin ich mit einer negativen Einstellung dort eingeliefert worden, doch diese Zeilen übertreffen alle Gedanken, die ich vorher je hatte. In dieser Zeit war ich unendlich einsam und verzweifelt, jedoch gab es einen kleinen

Hoffnungsschimmer, dass es durch die Therapie in Mattingen besser werden kann.

Zu Kapitel 9: Klinikaufenthalt in Mattingen + Auschecken aus dem Veda

Sehr auffällig finde ich meine Einstellung, dass ich mich erst melden darf, wenn ich mich schon verletzt habe, da es sonst nicht wichtig genug ist. Dies war ein großer Denkfehler.

Die Ansätze der Therapie haben mir wahnsinnig geholfen.

Ein Fehler in dieser Zeit war, heimlich Alkohol zu trinken. Immer wieder hatte ich Angst, erwischt zu werden. Ich habe mich dafür gehasst, gegen die Regeln zu verstoßen. Mein Druck ist dadurch sehr gestiegen und oft war er der Auslöser für Selbstverletzungen und bulimische Rückfälle. Leider konnte ich das nicht besprechen, da ich Angst vor den Konsequenzen hatte – wieder ein Teufelskreis. Die Beziehungen waren durch meine Unehrlichkeit auch hier nicht sicher. „Was würde das Pflegepersonal von mir denken, wenn sie wüssten, dass ..." Damit habe ich mir immer wieder vieles im Kontakt erschwert.

Das, was mir den nötigen Aufschwung gegeben hat, waren zum einen die Menschen in der Klinik, die an mich geglaubt haben, und zum anderen Schwester Julia, die von sich und ihrer Geschichte erzählt hat. Es hat mich motiviert, zu wissen, dass es geht und es schon andere Menschen geschafft haben. Dort habe ich endlich die feste Entscheidung **gegen** das Veda und **für** ein selbstbestimmtes Leben getroffen.

Im Veda

In der Übergangszeit im Veda habe ich mich sehr schlecht gefühlt. Immer wieder wurde mir gesagt, dass ich es nicht schaffen kann. Es war sehr schwer, dagegen anzukämpfen und den Schritt trotzdem zu gehen. Meine Angst ist immer größer geworden und ich habe mich wahnsinnig haltlos gefühlt.

Erschrocken hat mich meine Annahme, dass Lara mir dort das erste Mal von ihrer Bulimie erzählt hat. Durch meine Recherchen in den alten Tagebucheinträgen ist mir klar geworden, dass ich es schon sehr lange vorher gewusst und es immer wieder verdrängt habe. Es hat mir im Herzen wehgetan, zu sehen, wie schlecht es meiner Schwester geht.

Als ich das Veda verlassen habe, war ich voller Frust. Ich habe gedacht, dass die letzten viereinhalb Jahre nur „für die Tonne", verloren und umsonst waren. Mittlerweile sehe ich das nicht mehr so. Es sind mir tolle Menschen begegnet, ich hatte sehr viele schöne Erlebnisse dort, konnte meine Pubertät ausleben und habe gelernt, mich durchzusetzen. Das große Problem war, dass ich dort relativ schnell „die Gestörteste" war und ich diese Rolle perfekt ausgefüllt habe - sehr lange. Als ich wirklich an mir gearbeitet habe und sich in mir etwas verändert hat, konnten die Betreuerinnen das nicht glauben. Sie haben mir nicht mehr vertraut – kein Wunder, wenn man all die Geschichten liest. Sehr schade finde ich trotzdem, dass sie mir keine Chance gegeben haben. Menschen können sich ändern. Daher war es mehr als gut und richtig, es woanders zu versuchen und auszuziehen.

Mir ist es wichtig, noch einmal auf betreute Wohneinrichtungen, die psychiatrischen Kliniken und die Diagnosen, die gestellt werden, im Einzelnen einzugehen.

Um es voraus zu nehmen: Ich bereue nichts. Gedanken wie „Wenn ich doch nur ...", „Warum habe ich nicht ..." oder „Besser wäre es gewesen, wenn ...", habe ich nicht.

Allerdings glaube ich, dass für mich das betreute Wohnen zu jener Zeit nicht das Richtige war. Es gab viele Mädels dort, die Aufmerksamkeit brauchten, und meine Abgrenzungsschwierigkeiten und die Eifersucht auf die Beziehungen von anderen waren zu stark. Diese Dinge haben es mir dort erschwert. Es ist schwer, wenn viele Menschen aufeinandertreffen, die bedürftig sind und Probleme haben.

Ich möchte jedoch damit nicht sagen, dass ich diese Einrichtungen generell als schlecht betrachte. Meiner Meinung nach kommt es darauf an, in welcher Phase man sich befindet. Wichtig ist, dass es einem gelingt, sich von anderen Menschen und deren Problematiken abzugrenzen. Ebenfalls ist es wichtig, Beziehungen aufzubauen zu können, in denen man sich sicher fühlt. Und das, während es gleichzeitig andere Beziehungen dort gibt. Ich bin mir sicher, dass es dann eine sehr große Unterstützung sein kann.

Durch meine Fortbildung und Berichte anderer Menschen von deren Psychiatrieaufenthalten ist mir bewusst geworden, dass ich sehr viel Glück hatte. Die Psychiatrie in Bösingen war wirklich gut. Ich habe mich an diesem Ort immer wieder wohlgefühlt, da ich vor dem Veda und den Problemen dorthin flüchten konnte. Ich möchte die Psychiatrie jedoch nicht idealisieren. Es soll nicht so aussehen, als wäre es das Tollste, was einem passieren kann.

Ich frage mich heute noch, ob die „Borderlinestörung" bei mir richtig diagnostiziert wurde. Es gab ganz sicher Anzeichen einer Borderlinestörung, die auf mich zutrafen. Diese könnten allerdings auch der Pubertät zugeschrieben werden. Mir kam es fast so vor, als hätte sich mein Verhalten nach der Diagnose in bestimmten Kriterien verschlimmert. Von der Einrichtung bin ich darauf reduziert worden: Alles, was ich tat, wurde als „borderlinig" abgetan. Ich bin sehr froh, dass mein Therapeut in Hammen gesagt hat, er bringe die Diagnose nicht mit mir in Verbindung.

Zu Kapitel 10: Hammen
Hammen kam mir vor wie „verkehrte Welt". Mein Umfeld hat die „wahnsinnig gestörte Wanda" zu einer Person gemacht, die schon so viel geschafft hat und alles wunderbar hinbekommt. Das hat mich vollkommen verwirrt, und ich wusste nicht mehr, wer ich bin.
In mir war immer noch verankert, dass ich alleine nicht klarkommen kann und aufgrund dessen habe ich mich wahnsinnig in die Angst hineingesteigert, irgendwann keine Therapie und keine Betreuung mehr zu haben. Es hat sich fast so angefühlt, als könnte ich dann nicht überleben.

Schon vor dem Programm „Metabolic Balance" habe ich gewusst, dass es keine gute Idee ist. Meine Eltern haben mich wieder einmal leiden sehen und ich habe mich in meiner Haut schlecht gefühlt. Sie haben gehofft, dass es mir hilft. Mir war klar, dass es zu 95 Prozent schief gehen wird, doch ich konnte es nicht kommunizieren - vor allem, nachdem der teure Anfang schon gemacht war.

In diesem Abschnitt finde ich es auffällig, dass ich sehr oft ein richtiges Bauchgefühl hatte, jedoch immer wieder nicht darauf gehört habe. Mir war es wichtiger, es für alle anderen gut und passend zu machen, als für mich selber das Richtige zu tun.

Meine Schuldgefühle waren unheimlich groß, da ich mich für die Krankheit meiner Schwester verantwortlich gemacht habe. Immer wieder habe ich gedacht, dass ihr die Aufmerksamkeit gefehlt hat, die ich jahrelang durch meine Störung bekommen habe. Diese Schuldgefühle haben mir den Eindruck vermittelt, dass ich Verantwortung übernehmen und zusätzlich meine Eltern entlasten muss. Allerdings habe ich immer wieder gemerkt, dass es nicht möglich ist aufzupassen. Egal, ob ich mit ganz viel Liebe und Verständnis auf Lara zugegangen oder wütend geworden bin: Sie hat immer einen Grund gefunden zu trinken. Heute bin ich mir sicher, dass meine Eltern das ebenfalls wussten. Ihre Sucht hat sie dazu gebracht, nicht unser Verhalten.

In dieser Zeit habe ich so tief in der Essstörung gesteckt wie noch niemals in meinem Leben zuvor. Ich habe mich unendlich schlecht gefühlt, da ich meinen Eltern nicht auch noch Sorge bereiten wollte. Meine Verzweiflung ist immer größer geworden, weil ich nicht darüber sprechen konnte und wollte. Ich hatte Angst, nicht ernst genommen zu werden oder eine Belastung zu sein.

Die Menschen in meinem Umfeld haben nur meine Fortschritte gesehen und wieder habe ich mich wie in einer anderen Welt gefühlt. Ich bin sehr froh, dass ich es geschafft habe, mir in der Beratungsstelle Unterstützung zu holen, um damit nicht ganz alleine zu sein.

In meinem Kopf waren viele negative Dinge verankert, für die ich immer wieder Bestätigung fand. So habe ich wirklich vieles in den falschen Hals bekommen, es falsch interpretiert. Wenn meine Eltern gesagt haben „Geh doch mal an die frische Luft", habe ich nur gehört „Bewege dich mal, du bist fett."

In den vorherigen Jahren habe ich gemerkt, dass meine Eltern zu jeder Zeit an meiner Seite sind. Ich habe sie immer angerufen, egal was war, und sie hatten stets ein Ohr für mich. Ich wusste, dass sie mit Offenheit besser klarkommen, doch zu dieser Zeit war es nicht möglich. Ich konnte das Problem nicht aussprechen, und ihnen war es nicht möglich, es zu erkennen. Ich glaube, es war von beiden Seiten Selbstschutz. Die Situation daheim war so schlimm, dass meine Eltern kaputt gegangen wären, wenn sie auch um meine schreckliche Lage gewusst hätten. Es war in Ordnung: Ich hatte Betreuung, und es war wichtig, erst einmal Lara in die richtige Bahn zu bekommen.

Noch heute bin ich Frau Franke und Herrn Fuchs sehr dankbar, dass sie mich dazu gebracht haben, mich selbst immer besser zu verstehen. Endlich habe ich Mitgefühl für mich entwickelt und nicht immer nur schlecht über mich geredet. Dass die beiden die ganze Zeit an meiner Seite waren und immer an mich geglaubt haben, obwohl ich am Abgrund war, ist unbezahlbar.

Mit meinen BetreuerInnen habe ich so gut wie gar nicht darüber gesprochen, da ich mich von ihnen nicht ernst genommen gefühlt habe.

Ich bin mir sicher, dass es im Veda nie so weit gekommen wäre. Allerdings wäre dann auch **ich** niemals so weit gekommen, wie ich es jetzt bin. Die Chance zu erkennen, dass ich mich selbst aus der Scheiße ziehen kann, hätte ich nicht bekommen. Selbst für diese schwierige Zeit bin ich dankbar. Manchmal muss man ganz tief am Boden sein, bevor es hoch hinaus geht.

10.1: Zweiter Aufenthalt in Mattingen

Mein zweiter Aufenthalt in Mattingen war von Anfang an gefühlsmäßig anders als die vorherigen Klinikaufenthalte. Mein Wunsch danach, ein eigenständiges Leben zu führen, war groß, und ich war sehr viel reflektierter als die Jahre zuvor.

Endlich habe ich verstanden, dass Heimlichkeiten in den Beziehungen viel kaputt machen und ich dadurch nie ein sicheres Gefühl haben werde. Damit verbaue ich mir das Vertrauen darauf, dass mich die andere Person wirklich mag.

Stück für Stück habe ich schwierige Situationen analysiert, habe geschaut, wie es beim nächsten Mal besser funktionieren kann und was mich weiterbringt.

Die Diagnose „Borderline" hat mich teilweise sehr verwirrt. Ich wusste nicht, ob das, was ich denke und fühle, in Ordnung ist oder ob es nur von meiner Störung kommt.

Sehr auffällig finde ich, dass ich mir immer wieder die Schuld an den Erkrankungen anderer gebe. Sowohl für Laras Alkoholabhängigkeit als auch für Mats' Spielsucht habe ich mir die Verantwortung gegeben. Diese Schuldgefühle haben es mir teilweise schwer gemacht, gut zu mir selbst zu sein.

Das Wunderbare an Mattingen war, dass ich viele Menschen an meiner Seite hatte, die immer wieder versichert haben, an mich zu glauben. Das hat mir den Rücken gestärkt und mich endlich dazu gebracht, mich gegen die Essstörung zu entscheiden.

Wieder zurück

Ich hatte eine unheimliche Energie und wollte endlich allen beweisen, dass ich es kann. Vor allem mir.

Mein extrem zwanghaftes Bewegungs- und Essensprogramm hat mir in dieser unsicheren Zeit sehr viel Sicherheit gegeben. Ich habe es noch gebraucht, was ich in Ordnung und verständlich finde.

Mir ist es gelungen, mir nicht mehr alles gefallen zu lassen. Ich habe meine Rechte, und diese habe ich auch eingefordert - zum Beispiel den Betreuerinnenwechsel.

Dass sowohl Herr Fuchs als auch Herr Bruns an meiner Seite waren und mich begleitet haben, habe ich als großes Geschenk empfunden. Niemals haben sie die Hoffnung aufgegeben. Sie haben mich bestärkt und nichts dramatisiert, was ich gemacht habe. Und sie haben mir vertraut, dass ich meinen Weg finden werde, das ist wunderbar.

Es war sehr wichtig für mich, wieder gesunde Beziehungen aufzubauen.

Der Kontakt zu dem Fotografen hat mir sehr viel in Bezug auf den Blick auf meinen Körper geholfen. Es ist super, dass ich es geschafft habe, gegen mein Gefühl zu handeln und mich auch an Tagen mit ihm zu treffen, an denen es mir nicht gut ging.

Mich hat es große Überwindung gekostet, einen neuen Job zu beginnen, da ich immer noch die Worte von Frau Fischer im Ohr hatte. Es ist mir gelungen, mich immer mehr und immer besser in verschiedenen Bereichen selbst zu beruhigen.

Wenn ich mir die letzten Kapitel durchlese, bin ich unendlich stolz auf mich. Auf meinen Kampf für ein eigenes, selbstbestimmtes Leben mit viel Freude und Leichtigkeit.

14. Beiträge von WegbegleiterInnen

Als ich dabei war, an meinem Buch zu schreiben, habe ich Herrn Förster die Frage gestellt, wie es ihm gelungen ist, trotz meiner vielen Rückschläge die Hoffnung nicht zu verlieren, dass es gut werden kann und ihn gebeten, seine Rückmeldung in einem Beitrag für mein Buch zusammenzufassen. Ich bin sehr dankbar, dass er sich die Zeit genommen hat und folgende Worte dafür geschrieben hat.

Wie ist es ihnen gelungen, trotz der vielen Rückschläge an Frau S. zu glauben?
Diese Frage werde ich wohl nur unzureichend erklären können; ich bemühe mich um eine Annäherung.

Grundsätzlich bin ich als Mensch eher mit der Zuversicht versehen, es wird schon wieder, auch wenn es noch so schlecht aussieht. Ich bin der Meinung, in jedem Menschen findet sich etwas sowohl äußerlich als auch innerlich Schönes.

Diese Schönheit zu finden, gelang mir bei Frau S. Trotz aller Rückschläge, Wiederholungen und Niederlagen verlor sich diese Schönheit nie. Ebenso fand ich, Frau S. hatte etwas sehr Liebenswertes.

Das übertrug sich, und es entstand der Glaube und das Vertrauen, dass sie eine ihr gemäße Weise leben darf und kann.

Ich wusste es nie besser als Frau S., sie war ihre Expertin. Auch habe ich ihr Verhalten nie verurteilt. So konnte ich sie akzeptieren, wie sie war und war neugierig, wie ihre Entwicklung vonstattenging. Da sich mein Blick eher darauf richtete, wie sie war und nicht auf die Erwartung, wie sie sein sollte, hatte ich keine Angst vor Misserfolgen. Das entspannte.

Wenn es Rückschläge gab, habe ich diese als Ehrenrunden gesehen, die - warum auch immer - für die Entwicklung notwendig waren und nie als persönliche Kränkung meines therapeutischen Ehrgeizes. Daher war es möglich, Geschehenes genauer anzuschauen, die

Beziehung zu erhalten und trotz all der Scham und Selbstvorwürfe in Kontakt zu bleiben und miteinander zu sprechen.

Zu Beginn verschloss Frau S. ihr Herz nicht nur vor der Welt, sondern auch vor sich selbst. Sie fürchtete sich vor ihrer Traurigkeit, vor ihrer Freude, vor ihrer Schwäche, vor ihrer eigenen Stärke.
Es war für Frau S. hilfreich, sich ihres gesamten Gefühlspektrums bewusst zu werden. Darüber hinaus konnte sie durch die Bewusstmachung ihres gesamten Gefühlsspektrums und das Beachten momentaner Empfindungen eigene Freiheit finden. Ich ermutigte sie, zu ihren Gefühlen zu stehen, dies führte eine Heilung herbei: keine Heilung der Erkrankung, sondern eher eine innere Heilung.
Solange sie jedoch nicht zu ihren eigenen Gefühlen stehen konnte, machte sie sich und andere für ihre Probleme verantwortlich.
Es ging dann voran, wenn sie eigene Empfindungen zuließ. Sie begann, sich so zu akzeptieren, wie sie war ...

Zu meinem Erstaunen habe ich festgestellt, dass Frauen oft Angst vor ihrem Körper haben – auch Frau S. Ich glaube, kein Mann kennt das.
Sie hatte so einen Selbsthass und Wut auf ihren Körper. Das war mir selbst so fremd, dass ich mich da erst einmal einfühlen musste. Das war schwer.
Sie hielt wohl deshalb so hartnäckig an ihrem Hass fest, weil sie spürte, dass sie ohne diesen Hass selbst mit ihrem Schmerz fertig werden müsste. Dies zu akzeptieren, war mühselig für sie und für mich, doch ich spürte, in dem ich sie mit all ihren Eigenschaften so annahm und sie nicht verändern musste, konnte ich all diese destruktiven Elemente akzeptieren.
Ich fühlte mich frei, ihr Angebote zu machen (spazieren gehen statt zu Hause zu hocken, fotografieren statt zu kotzen...). Verwarf sie

diese, mochte ich sie trotzdem, die Beziehung konnte von meiner Seite stabil bleiben und weiter gehen.

Es war schon schwierig für Frau S., allein ihre körperliche Realität anzuerkennen. In den höchsten Weisheitslehren des Judentums werden die Sexualität und der Körper als heilig und ihr Missbrauch als Verunglimpfung des Göttlichen angesehen.
Ihr genauer Blick auf die eigenen Arme und Beine, auf Haare, Gesicht, Haut, Bauch, Brust und Genitalien schmerzte, jedoch wären die Folgen des Nichthinsehens schlimmer gewesen. Die Entfremdung vom eigenen Körper stellte dabei nicht nur ihr privates Problem dar; es ist ein Phänomen der uns von uns selbst immer stärker ablenkenden modernen Gesellschaft.
Wenn wir ganz werden wollen, müssen wir auch den Körper samt seinen Schmerzen und Begrenzungen annehmen.

Die Bereitschaft von Frau S., sich dem zu stellen, all die guten und schlechten Seiten gemeinsam anzuschauen, war maßgebend, dass der Glaube, wieder „Normalität" ins Leben einzulassen, erhalten blieb und sich weiterentwickelte.
Eine wunderbare und schöne Entwicklung.
Danke für Ihren Mut. Es war mir eine Freude und Ehre, Sie kennenlernen zu dürfen.

Bei meiner Fortbildung zur Genesungsbegleiterin hatte ich einen tollen Dozenten, Jörn. Schon damals bat er mir an, mich bei meinem Buchprojekt zu unterstützen. Er hatte Lust einen Text über Recovery und Empowerment beizutragen.

Mit besonderer Freude habe ich den vorliegenden Text der Autorin vorab gelesen. Ich habe die Autorin als stille, aber willensstarke, verlässliche und tapfere Person mit Humor und starker Ausstrahlung kennengelernt. Sie war war Teilnehmerin in einem EX-IN Kurs bei FOKUS, den ich geleitet habe. Der EX-IN Kurs qualifiziert die TeilnehmerInnen zu EX-IN GenesungsbegleiterInnen in der Gesundheitsversorgung. Sie reflektieren und teilen im Laufe des Kurses ihre eigene Krisen- und Psychiatrie-Erfahrung mit den anderen KursteilnehmerInnen. So werden sie ExpertInnen aus Erfahrung und können in psychiatrischen Diensten MitarbeiterInnen werden: EX-IN GenesungsbegleiterInnen.
Im Laufe des Kurses bringen wir die TeilnehmerInnen unter anderem mit Konzepten wie Empowerment (Selbstermächtigung) und Recovery (selbstbestimmte Genesung von psychischen Leiden) in Verbindung.
Ich möchte in diesem Geleitwort vor allem auf diese beiden Begriffe eingehen in Verbindung mit dem vorliegenden Text.

„Empowerment zielt darauf ab, Menschen zu befähigen, mittels Nutzung der eigenen personalen und sozialen Ressourcen, ihre soziale Lebenswelt und ihr Leben selbst zu gestalten." (Bundeszentrale für gesundheitliche Aufklärung/ https://leitbegriffe.bzga.de/alphabetisches-verzeichnis/empowermentbefaehigung/) Der Begriff wurde ursprünglich in der afroamerikanischen Antirassismusbewegung geprägt.

Recovery ist ein Konzept von Menschen mit Krisen- und Psychiatrie-Erfahrung. Es wurde entwickelt aus der Enttäuschung heraus, dass die psychiatrischen Hilfsangebote nur Verwahrung, Medikamente und lebensferne Behandlungsprogramme bereithielten für Menschen, die von schwerwiegenden psychischen Gesundheitsproblemen betroffen sind. So haben Psychiatrie-Erfahrene Konzepte entwickelt, in deren Zentrum die Begriffe: Selbstbestimmung, Hoffnung und Sinnhaftigkeit stehen.

Ich gebe für psychiatrische Fachkräfte Fortbildungen, und in diesen Fortbildungen diskutieren wir auch über Recovery. Natürlich nehmen alle Fachkräfte mittlerweile für sich in Anspruch, dass sie an der Genesung (Recovery) ihrer KlientInnen arbeiten. Wenn ich dann als Fachkraft-Dozent allein vor der Gruppe stehe, fällt es mir manchmal schwer, die richtigen Worte zu finden, die verdeutlichen, was der Kern einer Recovery-Orientierung in der Praxis bedeutet.
Dass wird viel einfacher, wenn ich im Tandem mit einer Psychiatrie-Erfahrenen EX-INlerin (wie die Autorin eine ist), gebucht wurde, denn Psychiatrie-Erfahrene können sehr klar benennen, welcher Dienst recovery-orientiert arbeitet und welcher nicht. Und sie können dies an konkreten Beispielen festmachen aus ihrer eigenen Geschichte. Diese Beispiele finden oft hinter verschlossenen Türen statt, im Nachtdienst, in der Krisenintervention, in der Alltagsbegleitung. Und sie sind häufig erst verständlich, wenn der genaue Kontext einer Situation bekannt ist.
Recoveryorientiert ist eine Behandlung oder Assistenzleistung dann, wenn sie daran ausgerichtet ist, Menschen zu stärken, sie in ihrer persönlichen Entscheidungsfindung zu unterstützen und zu begleiten, Ihnen Mut zuzusprechen und Hoffnung zu vermitteln. Bestandteil einer solchen Haltung ist auch die Erlaubnis dazu,

eigene Entscheidungen zu treffen, auch wenn sie risikobehaftet oder ungewöhnlich sind.

Nicht recovery orientierte Dienste arbeiten in schwierigen Situationen bevormundend, arbeiten am Erhalt des Status quo (weil chronisch Kranke nicht mit Verbesserungen rechnen sollten), sie packen PatientInnen in Watte und vorgefertigte Therapiekonzepte, anstatt sie zu ermuntern, sich eigene Genesungswege zu erschließen und ihnen Hoffnung zu vermitteln, dass es für jeden Menschen ein lebenswertes Leben geben kann.

Der Text der Autorin ist aus meiner Sicht ein gutes Beispiel für dieses Thema. Durch Therapieprogramme, durch Defizitorientierung und Entmutigung wird eine individuelle Reise zur persönlichen Recovery eher verhindert als gestärkt, die chronisch kranke Patientin muss sich ihr Empowerment gegen Widerstände erkämpfen, was ihr aber erst gelingt, nachdem sie positive Erlebnisse an anderen Orten gemacht hat und langsam merkt, dass ihr die Behandlung mehr schadet als nützt. Dieser Prozess zieht sich lange hin, weil Menschen mit psychischen Erkrankungen in unserer Gesellschaft nicht als mündige VerbraucherInnen behandelt werden, die selbst entscheiden können, welche Dienstleistung sie am hilfreichsten finden. Sie werden vielmehr immer noch als Menschen betrachtet, deren Urteil man nicht trauen kann, die ja aufgrund ihrer Erkrankung eine gefärbte und unzuverlässige Wahrnehmung haben.

Erst kleine Situationen führen dazu, dass die Autorin ihre Lage anders wahrnehmen kann. Da ist zum Beispiel die Pflegerin in der Psychiatrie, die sagt: „Ich trau dir die HEP-Ausbildung zu, ich glaube an dich, denn ich hatte auch eine psychiatrische Diagnose und bin trotzdem Pflegerin geworden." Dieser Satz markiert einen von mehreren Wendepunkten, weg von dem sich Unterwerfen unter defizitäre Fremdzuschreibungen hin zu einer hoffnungsvollen, ressourcenorientierten Selbstwahrnehmung.

Das Ende des Buches ist ermutigend und stärkend, auch wenn der Weg dahin für den Leser, die Leserin stellenweise steinig ist. Die Autorin lässt uns fühlen, wie ausweglos sich der Kreislauf aus: Psychiatrie - Jugendhilfe - Verselbständigung - Scheitern - Psychiatrie … anfühlen kann und wie zermürbend die Abwärtsspirale sich anfühlen muss. Diesen Weg lesend mitzugehen lohnt sich aus meiner Sicht unbedingt, denn an dessen Ende wird uns erst im Kontrast die volle Dimension des selbsterkämpften Auswegs klar.

Ich freue mich sehr für die Autorin, dass sie ihren Weg so erhobenen Hauptes gehen kann in diesen Tagen, dass sie in gesundem Maße von sich überzeugt ist und auch anderen Menschen etwas geben kann. Insofern ist sie für mich ein Recovery-Vorbild, eine Person, die zum Beispiel in der Jugendhilfe als Expertin aus Erfahrung eine tolle Hoffnungsträgerin für entmutigte junge Frauen mit Essstörungen oder Borderline-Störungen sein kann.

Menschen in ihrem Sosein zu akzeptieren, sie zu begleiten auf dem Weg, den sie selbst für sich wählen, ihnen den Rücken zu stärken und sie in ihren Träumen und Wünschen zu ermuntern, ist eine wunderbare Arbeit, viel interessanter und bereichernder als Menschen zu bevormunden und selbst zu wissen, was gut für sie ist!

Jörn Petersen
FOKUS – Zentrum für Bildung und Teilhabe
Gröpelinger Heerstraße 246 A
28237 Bremen
www.ex-in.info
joern.petersen@izsr.de

Meine Mutter hatte Lust, als Angehörige ein paar Worte zu schreiben.

Deine Biografie hat uns aufgewühlt. Die schweren Zeiten auf diese Weise noch einmal zu durchleben, macht uns traurig, auch wenn deine Geschichte eine „Hoffnungsgeschichte" ist. Wir sind unendlich froh und dankbar, dass du diese Phase hinter dir gelassen hast! Du hast bewiesen, wie stark du bist, und wir alle sind an deiner Krankheit gewachsen.

Als wir dein Problem erkannt haben bzw. du es vor uns nicht mehr geheim halten konntest, waren wir in größter Sorge, obwohl wir von der Tragweite deiner Krankheit wenig Ahnung hatten. Unser „Halbwissen" beschränkte sich auf das, was man aus „schlechten Filmen" kennt. Ich erinnere mich genau an unseren ersten Termin bei der Leiterin der Selbsthilfegruppe. Sie verabschiedete Papa und mich mitfühlend mit den Worten: „Sie Armen, Sie tun mir leid! Da haben Sie noch einen langen Weg vor sich." Wir waren ein bisschen irritiert, denn wir waren der Meinung, du stehst jetzt zu deiner Krankheit, und es gibt Menschen, die dir helfen. Wir waren sicher, alles wird gut - frei nach dem Motto „Problem erkannt, Problem gebannt." Wie naiv das war, wissen wir heute. Niemals hätten wir gedacht, dass dich deine Krankheit 15 Jahre gefangen hält, und dass sie dich ein Leben lang begleiten wird, auch wenn du jetzt schon lange symptomfrei bist.

Hilflosigkeit und zermürbende Selbstvorwürfe haben vor allem mich lange begleitet. Die Frage nach unserem Part an der „Schuld" haben wir irgendwann unbeantwortet zu den Akten gelegt. Einer deiner Therapeuten gab uns den guten Rat, diese Gedanken zu verbannen und stattdessen nach vorn zu schauen. Das haben wir versucht, Papa eher auf der rationalen, ich eher emotionalen

Ebene. Der Umgang mit der Problematik ist uns auf diese Weise mehr oder weniger gut gelungen.

Wir haben erst nach und nach gelernt, was deine Krankheit bedeutet. Wenn ich zurückdenke an die ersten Jahre, habe ich ein schlechtes Gewissen. Warum haben wir dich gedrängt, die Ausbildung durchzuziehen? Es tut mir unendlich leid, aber wir wussten damals nicht, dass du in deinem Zustand gar nicht die Kraft dazu hattest. Und du hast es trotzdem geschafft!

Du warst in vielen Kliniken. Immer wieder haben wir große Hoffnung in die Therapeuten gesetzt. Wir waren froh, dich in den Händen von Fachleuten zu wissen, denn es war offensichtlich, dass wir dir nicht helfen können. Was für Desaster du an manchen Orten erlebt hast, und wie tief du am Abgrund warst, haben wir im Detail nicht gewusst. Überhaupt haben wir nur die „Spitze des Eisbergs" gesehen. Es ist fast unerträglich zu lesen, wie heftig deine Symptomatik wirklich war. Du wolltest uns schützen. Danke! Aber deine Offenheit, zu der du dich jetzt durchgerungen hast, gefällt uns besser. Es ist gut, dass wir über alles reden können. Auch dafür danke! Danke für dein Vertrauen!

Was haben wir als Eltern gelernt? Nicht nur, dass Psychiatrische Kliniken nicht so schrecklich sind wie in oben genannten schlechten Filmen. Irgendwie sind wir sogar dankbar für diese Zeit. Sie hat unsere Eltern-Tochter-Beziehung und im Grunde genommen die ganze Familie noch enger zusammengeschweißt. Das, was wir an Lebenserfahrung gewonnen haben, möchten wir nicht missen.

Was würden wir anderen betroffenen Eltern raten? Überfordert euch und eure Kinder nicht mit zu hochgesteckten Zielen! Verliert die Hoffnung und den Glauben nicht! Versucht, nicht nur gut zu euren Kindern, sondern auch zu euch selbst zu sein; euer Kummer würde die Abwärtsspirale weiterdrehen, denn die Betroffenen würden die Schuld daran bei sich suchen.

Du hast dich am Ende für das Leben entschieden – Grundvoraussetzung für deine Gesundung. Du hast dich mit Mut und Selbstdisziplin aus deiner Krankheit gekämpft und dich zuversichtlich einem neuen Lebensabschnitt gestellt! Das macht uns sehr glücklich.

Danksagung

Zum Schluss dieses Buches möchte ich mich bei allen bedanken, die mich bei dem Schreiben meines Buches unterstützt haben.

Einen wichtigen Beitrag haben meine Freundin Anne und meine Eltern geleistet. Sie haben sich die Zeit genommen, mein Buch zu korrigieren und standen mir jederzeit bei Fragen und Unsicherheiten zur Seite. Dafür bin ich sehr dankbar.

Ich freue mich sehr darüber, dass auch meine Oma das Buch Korrektur gelesen hat und wir über meine Geschichte sprechen konnten, bevor sie verstorben ist. Das hat mir sehr viel bedeutet.

Ebenfalls möchte ich mich bei meiner gesamten Familie bedanken. Nachdem sie die Rohfassung meines Buches gelesen haben, haben wir vergangene Situationen aufgearbeitet, uns gegenseitig erklärt und reflektiert. Das hat mich noch einmal ein ganzes Stück weitergebracht.

Meiner Freundin Eva möchte ich danken, dass sie das tolle Cover für mich gestaltet hat.

Mein Mann hat mich sehr unterstützt, indem er mich immer wieder ins Hier und Jetzt geholt hat, als ich beim Schreiben emotional in die Vergangenheit gerutscht bin. Ich bin sehr dankbar, dass er an meiner Seite ist.

Die Beiträge von Herrn Förster und Jörn als Fachpersonal und meiner Mutter als Angehörige haben das Buch wunderbar abgerundet.
Ich bin unfassbar fasziniert davon, was für tolle Worte sie gefunden haben. Jeder einzelne Betrag hat mich sehr berührt.